教育工学選書 II 15

職業人教育と教育工学

日本教育工学会 監修
中山 実・鈴木克明 編著

ミネルヴァ書房

職業人教育と教育工学

目 次

第1章　職業人教育と教育工学——ダブルディグリーの勧め……1
 1.1　職業人教育と教育工学との親和性……1
 1.2　教育工学的思考の特徴……2
 1.3　教育工学と教育設計学の知見……5
 1.4　教育工学研究の展開と高まる職業人教育との親和性……10
 1.5　職業人教育と熟達化支援……13
 1.6　職業人教育に資するこれからの教育工学……16

第2章　医学教育と教育工学……20
 2.1　カリキュラム開発……21
 2.2　インストラクショナル・デザイン（ID）と医学教育……25
 2.3　カリキュラムの開発アプローチ……30
 2.4　まとめ……37

第3章　看護師養成と教育工学……43
 3.1　看護師養成と授業設計支援……43
 3.2　看護師の成長と質的研究法……54

第4章　医療シミュレーションと教育工学……63
 4.1　はじめに……63

4.2　医療シミュレーションの導入 …………………………………… 63
　4.3　医療と教育工学の出会い ………………………………………… 69
　4.4　医療教授システム学 ……………………………………………… 73
　4.5　医療シミュレーションの学習モデル …………………………… 80
　4.6　まとめ ……………………………………………………………… 87

第5章　製薬企業営業研修と教育工学 …………………………………… 90

　5.1　MRの仕事と資質 ………………………………………………… 90
　5.2　MR教育の歴史的背景 …………………………………………… 91
　5.3　MR認定試験制度と研修カリキュラム，MRテキスト ……… 92
　5.4　MRをめぐる環境の変化 ………………………………………… 94
　5.5　企業教育と学習について ………………………………………… 95
　5.6　企業における教育担当者の位置付けと役割 …………………… 97
　5.7　教育工学（インストラクショナル・デザイン）の影響 ……… 98
　5.8　「教えない教育」………………………………………………… 101
　5.9　MR教育の現状 ………………………………………………… 103
　5.10　各社における企業教育の取り組み例 ………………………… 105

第6章　技術経営（MOT）教育の現状とその課題 ………………… 111

　6.1　MOT教育を振り返る ………………………………………… 111
　6.2　MOT教育の現状 ……………………………………………… 112
　6.3　MOT専門職大学院 …………………………………………… 115
　6.4　企業におけるMOT人材に対する評価 ……………………… 125
　6.5　MOT教育に寄せる社会ニーズ ……………………………… 128
　6.6　MOT教育における課題と今後の期待 ……………………… 130

第7章　日本語教師養成と教育工学 …………………………………… 134
——教師養成・研修・支援の問題解決の助けとして
- 7.1　は じ め に ……………………………………………………… 134
- 7.2　現在の国内外の日本語教育の概観 …………………………… 134
- 7.3　日本語教師養成・支援における教育工学の知見・視点の活用 …… 140
  ——実践事例
- 7.4　総括と今後の展望 ……………………………………………… 155

第8章　技術者研修と教育工学（ISD）……………………………… 160
- 8.1　は じ め に ……………………………………………………… 160
- 8.2　技術者研修における講師の改善活動 ………………………… 162
- 8.3　組織的な訓練効果・効率改善活動 …………………………… 166
- 8.4　ISDとの出会いと導入 ………………………………………… 172
- 8.5　技術者研修にISDを適用する際のポイント ………………… 175
- 8.6　お わ り に ……………………………………………………… 180

第9章　職業人教育の認定評価 ……………………………………… 183
- 9.1　職業人のための必要能力 ……………………………………… 183
- 9.2　スキルフレームワーク ………………………………………… 188
- 9.3　実務能力教育の質保証 ………………………………………… 192
- 9.4　実務能力の認証認定 …………………………………………… 195
- 9.5　今後の課題 ……………………………………………………… 201

第10章　職業人の学習と教育工学研究の展開 …………………… 203
- 10.1　は じ め に ……………………………………………………… 203
- 10.2　職業人学習の位置づけ ………………………………………… 204

10.3　職業人の学習過程 …………………………………………… 210
10.4　職業人学習の支援 …………………………………………… 213
10.5　教育工学の貢献 ……………………………………………… 216
10.6　む す び ……………………………………………………… 218

あとがき

索　　引

第 1 章

職業人教育と教育工学——ダブルディグリーの勧め

鈴木克明

1.1 職業人教育と教育工学との親和性

日本教育工学会初代会長の東(1976)によれば,「教育工学とは,教育者がより適切な教育行為を選ぶことができるようにする工学である」(p.1)。そのための研究・実践の課題として,東は以下の4つを掲げていた。

1. 多様な教育手段や用具の特性の解明とその開発
2. 学習者や学習集団の特性,用具や教材の性質,環境条件等,教育行為の効果と交互作用をもつ諸条件の解明
3. 教育の諸目標を明確に定義し,その測定方法を開発し,所与条件のもとでのある教育行為の結果の解明
4. 所与条件との交互作用のもとで,教育行為とその結果との関係の解明

職業人の教育および職業人になるための教育は,育成目標が明確である。したがって,明確な学習目標を定め,それに基づいてより適切な教育方法を選択していく教育者の支援を目的とした教育工学との親和性が高い。本章に続く各章で紹介される職業人教育の各領域において,教育工学の研究成果が活用されてきた背景には,両者の間の親和性の高さがある。教育工学は,内容領域に依存しない,すべての職業人教育で(あるいはそれ以外の領域においても)応用可能な教育方法についての知見を蓄積してきている。各領域の内容の専門家 (Subject Matter Expert : SME) が教育工学の知見に精通し,それを自分自身の領域で活用することができれば,教育の質向上が図れる。他方で,教育工学研究者が研究知見を各領域に応用する手助けをし,その成果の汎用化を志すには,領域固有の特徴を把握する必要がある。教育内容と教育方法の両方の専門性を

兼ね備えた教育担当者の育成が求められることから，本章の副題を「ダブルディグリーの勧め」とした．一人の専門家が双方に精通することでも，あるいは双方の専門家が協働作業によって互いの専門性を補いながらでも，2つの専門性の相乗効果が期待でき，「ダブルディグリー」が成立する．

　本章は，各領域における職業人教育の専門家が教育工学の基礎を概観できるように，また他方で，教育工学研究者が各領域における職業人教育の特徴を概観できるように，両者の橋渡しを目的とした本書への導入である．まず，東(1976)による教育工学の定義の背景にある教育工学的思考の特徴を概観し，次に，そこから教育工学研究がどのように展開して職業人教育との親和性をますます高めてきているかを述べる．最後に，これまで教育工学研究の知見が応用されてきた各領域の特徴を概観し，それを踏まえた両者の連携について考察する．

　本書の次章以降で取り上げる領域では，教育工学研究の知見が活用されてきたとの解釈が成立する．一方で，それがどの程度意図的に為されてきたのか，あるいはそれがどの程度浸透してきたのかについては，必ずしも定かではない．本書を契機に，これまでの実践を振り返ってその意義を見定めることで，次の応用が深まるとともに他領域との交流が生まれ，教育工学研究への貢献が進むことを期待したい．翻って，教育工学研究者と一口に言っても，それぞれ特定の領域の特定の研究課題に取り組んでおり，必ずしも自分たちの研究知見が職業人教育においてどのように，あるいはどの程度，活用されているのかの実態に精通しているとは限らない．教育工学研究が伝統的に強い初等中等教育や，近年その活用が急速に広まっている高等教育に加えて，教育工学研究者の職業人教育への関心が高まり，両者の交流の準備につながることを期待している．

1.2　教育工学的思考の特徴

　教育工学は，あらゆる領域の教育活動を問題解決プロセスとして捉え，より効果的で（より多くの受講者が学習目標を達成し），効率が高く（コストや時間が節約でき），そして魅力的なもの（さらに学び続けたいと思って終わるもの）にするための方法を提案してきた．つまり，教育活動の現状に効果・効

率・魅力の側面で何らかの問題があることを同定し，それをどう解決できるかを模索してきた。情報通信技術（ICT）の発達とともに，「これも教育活動の向上に使える」と思える選択肢が次から次へと登場するので，ICTの活用法を研究する比重も小さくはない。しかし，その目的はあくまでも，東（1976）の言葉を用いれば「教育者がより適切な教育行為を選ぶことができるようにする」こと，すなわち教育活動の効果・効率・魅力を高める方法の提案にあった。

プログラム学習教材の研究で有名なA. A. ラムズディンは，教育工学の黎明期にあたる1964年の論文で，教育工学がハードウェアの利用だけでなく基礎科学を応用した問題解決学でもあることを，次のように述べた。このことは，教育工学研究とは何かを規定する上で大きな役割を果たしたと高く評価されている（坂元・永野 2012；中野 1979）。

> 教育工学の第一の意味は，授業の目標を達成するために利用される，機械的あるいは光学・機械的道具，またはハードウェアの活用，つまり，科学技術の教育的応用を意味する。（中略）第二の意味では，教育工学とは，必ずしもハードウエアに関係しない。むしろ"工学"という一般的意味において，基礎的科学の成果およびその応用，すなわち，機械工学が物理学に，医療が生物学に関係している，といった類のものである。……例えば，学習理論がその基礎科学として，授業の工学に貢献しているという意味としてである。さらに，学習理論に限定されず，（中略）コミュニケーション理論，サイバネティクス，パーソナリティ理論，人的・物的資源に関する補給や経済学の理論などが該当するであろう。
>
> （中野 1979：11の訳による）

「教育者がより適切な教育行為を選ぶことができるようにする」と一口に言っても，何を誰に教えるどんな状況でのことかによって，それぞれ適切な選択肢は異なる。心理学や学習科学に代表されるサイエンスがメカニズムの解明を目指した「結論指向」であるとすれば，それに対して教育工学は，「決定指向」である。すなわち，現時点で知り得る限りの研究知見を用いて，あるいはこれまでになかった斬新な道具を考案して，実行可能で最もよいと思われる選択肢を提案して，教育者の「より適切な選択」を支援する。何が正しいかではなく，何が可能で何がよりよさそうか，という見方をするのが教育工学的思考

表 1-1 教育工学的思考の 5 つの視点（中野 1979による）

(1) システム的思考〜教育現象をシステムとして捉える	授業要素の一つ（例：テレビ）を取り出してその教育効果を一般的に論ずることは不可能であり，授業システムに含まれる他の要素との関連によってのみ効果が明らかになるとする立場。
(2) 柔軟な思考，または可能な多様性からの選択	自由な思考実験によって慣習に捕われた思考を排除し，教育現象を多様な視点から再認識，再検討することを迫る。伝統的な教育に対する批判として反伝統を固定化しない。機械化＝教育工学ではない。
(3) 問題解決志向・決定志向である	必要な事実，方法，概念，原理を「具体的かつ有用な教育目標を達成するために」集める。教育科学における研究の「現実離れ」に対する警鐘。
(4) 一般化性への志向〜exportable（輸出可能）な情報を目指す	個別的・名人芸的現象に，あたかも幾何学のごとく理詰めに法則性や原理を確立しようとする。情報の着実な集積により「すぐれた教師の名人芸」の秘密を万人に共有することを目指す。個別の教育課題解決のなかに実証的研究の手続きを踏む（一般化への要請に応じるため）。
(5) 実証的・帰納的思考	従来の教育研究があまりにも理論的・演繹的であったこと，教育行為における意志決定の基盤があまりにも慣習的であったことへの批判。研究と実践を橋渡しする役割。

の特徴である。職業人教育において多数の選択肢に囲まれて，どれをどのように組み合わせるかに悩んでいる教育担当者を支援することを目指すのである。

中野（1979）は，教育工学的思考の特徴を表 1-1 に挙げる 5 つの視点に整理した。テクノロジの教育過程への適用として教育工学が発展を遂げてきたことは事実であり，これらの「テクノロジによる教育」としての教育工学の役割も重要である。しかし，現在の教育工学は，教育過程そのものをテクノロジとしてとらえ直すという役割を担っており，この「教育過程を意識化する」方法として教育工学の役割をとらえる立場を，「テクノロジとしての教育」という観点に立つ教育工学であるとした。ラムズディンが述べた教育工学の第二の意味に底通している主張であり，30 年以上が経過し，ICT 環境が当時よりもさらにめまぐるしく変化を続けている今日でも重要な考え方である。

表 1-1 の(1)のシステム的思考では，一つの要素（たとえば ICT 活用の有無）だけを取り出して実験群と統制群を比較する実験計画は無効（ないしは不適当）であると考えることが示唆されている。いつでも効果的な教育方法の万能薬を探すのではなく，課題適性処遇交互作用研究（TTTI）に代表されるよ

うに，この課題をこの人たちに教えるときにはこの方法がよいが，その他の文脈では別の方法がよいかもしれないと考える。(2)の柔軟な思考は，「昨年度までと同様に進める」という惰性に流されがちな教育実践をいったんゼロベースで見直すことが重要である一方で，新しく登場した ICT を取り入れること自体を目的化しないように警告している。映画を発明したエジソンは「教育はすべて映画にとってかわられる」と予言したが，残念ながら映画は万能薬にはならなかった。対面集合研修が教育のすべてではないし，ICT を使えば問題がすべて解決できるわけでもない。適材適所の多様な組み合わせを考える必要がある。

　(3)の問題解決志向・決定志向は，研究者が自分の関心だけで研究課題を決めるのではなく，教育現場の改善にとって役立つ課題を取り上げることの重要性を指摘している。職業人教育の現場で何が今求められているのかを吸い上げ，研究課題として取り組むことで現場の問題が解決し，そのプロセスの中から新しい教育工学知見を生み出していく姿勢を求めている。このことは(4)の一般化志向にもつながる。ある領域でうまくいった教育方法が他の領域でも（あるいは同業他社ですらも）うまくいくとは限らないのが，ヒトを相手にした教育という営みの複雑さ・不思議さである。すべてが解明できるわけではないのは承知の上で，何が一般化できるかを模索する。(5)の実証的・帰納的思考を用いて具体的な実践の成果を高めると同時に，他に拡大していくためにモデル化・理論化を志向する。これらの考え方をもとにして，結論指向のサイエンスで用いられてきた統制群を置く実験研究に代わって，デザイン研究（Design-based Research）が提唱されることになる（鈴木・根本 2013）。

1.3　教育工学と教育設計学の知見

　教育工学研究の中でも特に職業人教育との親和性が高い領域に，教育設計学（Instructional Design：ID）がある。わが国の教育工学研究では，教育工学研究の成果を主として企業内教育等に応用するための一つの下位領域として捉えられてきた。たとえば，日本教育工学会が2000年編集・発行した『教育工学事典』では，教育工学の研究領域には，認知，メディア，コンピュータ利用，

データ解析，ネットワーク，授業研究，教師教育，情報教育，インストラクショナル・デザイン（ID），教育工学一般の10分野があるとされている。一方の欧米では両者の区別はそれほど明確にはなされておらず，教育工学と ID とはほぼ同義に扱われてきた。教授システム学，教育システム工学，あるいは教育設計工学などの別の名称が付されていることも多い（リーサー 2013）。

　ID の知見にはさまざまなものがあるが，その創始者として知られているロバート・M・ガニェの教授理論が広く用いられている。なかでも，教育活動を構成する外部からの働きかけを認知主義心理学の情報処理モデルに依拠してまとめた9教授事象と，評価・支援方法の差異に基づいて学習目標を分類した枠組み（学習成果の5分類）は，ID の基盤である（表1-2参照，詳細はガニェほか 2007）。

　ID はその黎明期においては行動主義心理学に基づいて，たとえば即時確認の原理や学習者検証の原理などのプログラム学習教材作成の方法をモデル化した。心理学がヒトの内面をモデル化した認知主義に移行し，その後に他者や環境との相互作用で知識を構築していく点を強調した構成主義が注目されると，それらの知見を教育設計に応用したモデルや理論が数多く提案されてきた（鈴木 2005）。いずれの時代にも，ラムズディンの用語では第二の教育工学として関連する研究知見を教育実践に応用することを志向し，特定の主義主張に限定せずに役立つものは何でも取り入れる「折衷主義」（eclecticism）を貫いてきた。

　このようにして発展してきた ID の前提を表1-3に挙げる（鈴木 2012）。これらは，現在的な教育工学的思考の特徴を反映するものである。たとえば，一斉指導型の講義という教育方法では，学力や興味などのばらつきから，教育についていけない「落ちこぼれ」と，すでに知っている内容に退屈する「浮きこぼれ」が生じることは経験的にもわかっている。しかし，そこで生じる差異を能力差と捉えずに「学習に必要な時間の個人差」と捉えることによって，選抜のための教育から全員の学習を支援する教育へと視点を変えることができる（表1-3の前提1：キャロルの時間モデル）。これが，時間がかかる受講者へのより手厚い援助を組み込んだ完全習得学習モデルを受け入れるための前提である。相互に影響しあいながら学び合うことを大切にしながらも，習得の成否やそれに要する時間の長さは，個々に差が生じることを認める。この前提に依

表1-2 5種類の学習成果と評価・支援方法の違い（ガニェによる）

学習成果	言語情報	知的技能	認知的方略	運動技能	態度
成果の性質	指定されたものを覚える 宣言的知識 再生的学習	規則を未知の事例に適用する力 手続き的知識	自分の学習過程を効果的にする力 学習技能	筋肉を使って体を動かす／コントロールする力	ある物事や状況を選ぼう／避けようとする気持ち
事例 営業職	新製品情報を暗記する	顧客の特徴に応じてセリングトークを使い分ける	新製品情報を効率的に学ぶ	説得的なプレゼンを行う	コンプライアンスを遵守する、守秘義務を守る
事例 技術職	新しい作業手順を覚える	機器をトラブルシューティングする	新しい業務プロセスを効率的に身につける	制限時間内にミスなく加工処理する	ISO14001に従って環境保護的行動を選ぶ
学習成果の分類を示す行為動詞（事象2）	記述する	区別する 確認する 分類する 例証する 生成する	採用する	実行する	選択する
成果の評価（事象8）	あらかじめ提示された情報の再認または再生 全項目を対象とするか項目の無作為抽出を行う	未知の例に適用させる：規則自体の再生ではない 課題の全タイプから出題し適用できる範囲を確認する	学習の結果より過程に適用される 学習過程の観察や自己描写レポートなどを用いる	実演させる：やり方の知識と実現する力は違う リストを活用し正確さ、速さ、スムーズさをチェック	行動の観察または行動意図の表明 場を設定する。一般論でなく個人的な選択行動を扱う
前提条件（事象3）	関連する既習の熟知情報とその枠組みを思い出させる	新出技能の前提となる下位の基礎技能を思い出させる	習得済の類似の方略と関連知的技能を思い出させる	習得済の部分技能やより基礎的な技能を思い出させる	選択行動の内容とその場面の情報を思い出させる
情報提示（事象4）	全ての新出情報を類似性や特徴で整理して提示する	新出規則とその適用例を難易度別に段階的に提示する	新出方略の用い方を例示しその効果を説明する	新出技能を実行する状況を説明したのち手本を見せる	人間モデルが選択行動について実演／説明する
学習の指針（事象5）	語呂合わせ、比喩、イメージ、枠組みへの位置づけ	多種多様な適応例、規則を思い出す鍵、誤りやすい箇所の指摘	他の場面での適用例、方略使用場面の見分け方	注意点の指摘、成功例と失敗例の差の説明。イメージ訓練	選択行動の重要性についての解説、他者や世論の動向の紹介
練習とフィードバック（事象6, 7）	ヒント付きの再認、のちに再生の練習。自分独自の枠組みへの整理。習得項目の除去と未習事項への練習集中	単純で基本的な事例から複雑で例外的な事例へ。常に新しい事例を用いる。誤答の原因に応じた下位技能の復習	類似の適用例での強制的採用から自発的採用、無意識的採用への長期的な練習。他の学習課題に取り組む中での確認	手順を意識した補助付き実演から、自立した実行へ。手手順ができたらスピードやタイミングを磨く練習を重ねる	疑似的な選択行動場面（あなたならどうする）と選択肢別の結末の情報による疑似体験。意見交換によるゆさぶりと深化

出典：鈴木（1995）の表Ⅲ-2に事例2列を鈴木（2015）表5.2から追記した．

拠することから教育の改善や開発がスタートすると考えるのがID的である。

　もしも学習に必要な時間が受講者個々のこれまでに積み上げてきた経験や知識、あるいは集中力などで異なる、との前提を受け入れるのであれば、総学習時間ではなく、学習成果で習得度を評価することにせざるを得ない（表1-3の前提12）。すなわち、履修主義でなく習得主義に立脚することが求められる。

表1-3 教育設計学（ID）の前提（鈴木 2012による）

1）人によって学習ペースが違うが，結局はみんなやればできる（キャロルの時間モデル）	個人差を能力差から時間差へパラダイムシフトしたモデル。1963年に発表され，完全習得学習の基盤として影響を与えた。
2）学習課題の性質によって，最適な学習環境条件が異なる（ガニェの学習の条件）	表2に示す5種類の学びには，それぞれ評価方法と支援方法が異なるとする教授理論。IDの基盤として広く知られている。
3）よりシンプルなメディアを選んで，学習者を活動的にするのが良い（教育メディア研究の知見）	シュラムによる教育メディア研究の結論であり，高額な選択肢への傾倒を批判し，学習者の関与を強調したもの。
4）人は失敗を振り返ることで学ぶ．講義を聴くより実行させるのが効果的である（事例ベース推論モデル）	経験を蓄積した脳内辞書を応用しようとしたときに予期せぬ失敗に遭遇し，それを乗り越えようとすることで学ぶという人工知能モデル。失敗を避ける行動主義と対照的。
5）応用の文脈に近い文脈で学ぶのが良い．基礎からの積み上げよりジャストインタイム（状況学習論）	学習環境と実行環境の違いを少なくすることで学びの真正性を確保するのがよいと考える構成主義の考え方。応用場面を先に示すのが効果的学習環境だとする。
6）大人に最適な学習環境は子どもとは異なる．過去の経験を活用するのが効果的（成人学習学）	1980年代に社会教育領域で提起された考え方で，大人は子どもと異なる学習環境を好むという点で警鐘を鳴らしたもの。
7）IDは学習目標が書けるすべての学習課題に適用できる（IDの汎用性）	システム的アプローチで問題を解決するためにはゴールからの逆算で合目的的である必要があるが，応用分野は問わない。
8）ベテランの芸や暗黙知は，万人に共有できる形に形式知化できる（教育の科学化）	全部が形式知化できると考えるのではなく形式知化することが共有する前提となるのでその部分を増やしていく努力をする。
9）学習支援に役立つ基礎理論や実践成果は，適材適所に何でも使うのがよい（折衷主義）	ある特定の主義主張に傾倒するのではなく問題解決に資する可能性のあるものはすべて採用を検討するという「主義」。
10）IDの責任範囲は到達したい目標と現状とのギャップを埋めることにある（ギャップ分析）	目標（出口）と現状（入口）の差分を確認してから教育行為を開始する準備。前提・事前テストで資格・必要性を判定する。
11）インストラクションは教え込みと同等ではない．特定の教育方法を前提としない（学習者中心設計）	インストラクションは「学習を支援する営み」であり手段は折衷主義に基づいて何でも採用する。教える側が何をどうやったかではなく，学ぶ側に何が残ったかが基準。
12）総学習時間ではなく，学習成果で評価する（履修主義でなく習得主義）	学習時間の長さではなく，学習成果が目標とした合格基準に到達したかどうかで学習の成否を判断する。
13）「教えた」と「教えたつもり」を区別し，教える努力がなされたことではなく学びが成立したときに初めて「教えた」という（成功的教育観）	教えたと学んだは同義と考え，学んでいない場合は教えていない（教えたつもり）とみなす。教えようと努力したことで教えたと見なす意図的教育観と対照的。

注：本表の左列は鈴木（2012）の表1-1を再掲し，右列に解説を加えた．

修了認定要件に「出席点」などの努力の多寡を組み入れるべきでないことは領域によっては，徐々にその市民権を得つつある．一方で，最低限の総学習時間を規定し，その時間内で何をやっているか，あるいはその結果として何ができるようになったかは問われずに修了認定が行われているという矛盾も，依然として多くの領域における職業人教育で存在している．

　IDでは，学習時間を長く費やすよりも少ない時間で目標に到達するほうがより効率的であるとプラスに評価し，努力した量は真面目さの表れだとして加点する考え方を否定する．学習目標として掲げた目標の到達度（すなわち学習成果）のみを評価の対象とし，同じ効果があるのであれば，より短時間で完了に導くことで効率のよさを追求する．教育の責任範囲は到達したい目標と現状とのギャップを埋めることにある（表1-3の前提10：ギャップ分析）と考えるため，教育を受ける前にすでにその研修の目標に到達している受講者には研修を受けることなしに修了を認定すべきだとの立場をとる．これは，たとえば，TOEIC®得点で英語の研修を免除することを認める前提であり，認定評価を研修開始前にも行うこと（事前テストと呼ぶ；鈴木 2002）でギャップの存在を明らかにしてから研修を開始することを推奨している．研修を受けることが目的ではなく，職業人にとって必要な知識・スキル・態度を身につけることを目指すのであり，研修はそのための手段の一つにしか過ぎない．運転免許を教習所に通って取得する道だけでなく一発試験で合格する道も用意するというこの考え方は，職業人教育との親和性が極めて高いと考えられる．

　教育方法については，特定のやり方が万能薬ではないとの立場（表1-3の前提11）から，学習課題の性質（前提2）や受講者の状況により最適な方法を選ぶのが良いと考える．リーダーシップやチームワークを目指す教育目標として掲げる場合はプロジェクト型の学習は必須であるが，それ以外の場合にも学習者を活動的にすることが効果的である（前提3，前提4）．これらの観点からは，自己学習力が高くない受講者を相手にする場合には講義以外の協働的な教育方法を推奨する．一方で，教育の成果は個人に属する（認定証は個人に付与される）ことから，グループ活動における学習成果を個人ごとの評価・認定にどのように還元するかを工夫し，個別に評価する必要があると考える．「科目の中ではグループプロジェクトを設けて共同作業を課す場合もあるが，教育機関と

しての目的は個人を教育することに主眼がある。成績証明書は個人のものである」という米国流の教育観（鈴木・根本 2011）を支持することになる。

1.4　教育工学研究の展開と高まる職業人教育との親和性

　教育工学が誕生してから半世紀あまりの間に，心理学の基盤が変化しただけでなく，ICT 環境が劇的に変化し，それに伴い教育工学研究も変貌を遂げてきた。ICT 環境の変化に伴って職業人教育への要求も変化し，教育内容のみならず「適切な」教育方法が何であるかも変化してきた。たとえば，一斉指導型の集合研修など，少し前までは当たり前であった教育方法が時代遅れのものになりつつある。ICT の進化の恩恵を上手に組み込んで教育をより効果的・効率的・魅力的にする工夫が求められている。環境の変化によってより多くの選択肢や可能性が教育現場にもたらされるにつれて，「適切な教育方法を選ぶ」という行為が複雑化し，より速い対応やより高い専門性が求められるようになった。

　教育工学を取り巻く社会的変化の大きな流れとしては，技術の革新，急激な変化，コスト制御，知識社会・知識経済，市場の変化速度，グローバル化と多様化の 6 つがある（鈴木 2006）。これらの変化は，学校教育よりも，職業人教育により強いインパクトを与えてきた。教育工学，とりわけ職業人教育が主たる対象である ID にも，変革が求められてきた（表 1 - 4 参照）。要求レベルが高まり，また実績を重ねてきた ID への期待も高まるにつれて，教育のみならず教育以外の達成手段を含めて人材育成機能全体を設計する手法が求められるようになった。職業人教育にとって，学習すること自体が目的ではなく，職場でのパフォーマンスを向上させるのが目的であることが再認識されたからである。

　ICT 環境の充実により実現可能になってきた情報共有の仕組みや職場で学べる仕組みをも視野に入れると，事前に行う体系的な教育が必ずしも最善手ではない場面も多くなってきた。図 1 - 1 に示すローゼンバーグが提唱する「学習とパフォーマンスのアーキテクチャ」はこの変化を概念的に捉えるために有用である。これまでは図 1 - 1 の左側にある集合研修に ICT 利用のオンライン

第1章　職業人教育と教育工学

表1-4　IDに要求される変化と対応（Rothwell & Kazanas 1998による）

要求される変化	要求に対応したIDの変化
速さへの要求	ジャストインタイムの訓練提供，確実さと速さのバランス，実施しながらの設計（ラピッドプロトタイピング）
職能への焦点化	教室での実行能力ではなく職場での実行能力の評価手法，『学習する組織』の確立への寄与，現場に埋め込まれた学習の設計
学習理論の進歩	学習を支援する方法の多様化や，認知的・構成主義的アプローチに基づいたID手法の確立
IDへの要求の高度化	教材開発という活動から実行能力の向上・促進・実現（成果）への期待変化に伴う，ID専門職の職能基準の見直しと拡充
ID対象職能の解釈拡大	単なる知識・技能・態度の育成からコンピテンシー（高度な実行力）育成に対応した評価・学習環境構築の手法
結果責任の再調査	IDプロセスがID専門職の責任のみに帰されずに，管理者や学習者自身にも責任が及ぶことへ対応した報告手法など
ID専門職の認知	定型業務遂行者のイメージを脱皮し，偶発性に対処する高度な専門性としてIDが認知されたことへの対応
ID専門職の結果責任強化	ID専門職へのコスト効果の予測要求や積算業務の追加に伴う再学習

出典：Rothwell & Kazanas（1998）の第1章を鈴木が要約・訳出して表にまとめた．

研修を組み合わせる発想で教育を設計してきたが，それだけでは組織の求める人材育成には対応しきれなくなった．

そこで，もっと枠を広げて，職場での学び（Workplace learning）を支援する統合的な構造物（アーキテクチャ）として学習環境と職場環境全体を設計する発想が求められる．教育のみならず，教育以外の解決策を視野に入れて，情報で学ぶためのナレッジマネジメントや作業環境を改善してパフォーマンスを支援する仕組み（ジョブエイドや職務遂行支援システム），あるいは仲間同士で学ぶインフォーマル学習や上司からの支援（メンタリング・コーチング）も合わせて人材育成機能全体を設計し，提供していくという発想である．

以上に述べた教育工学研究の展開を受けて，鈴木はその近著『研修設計マニュアル』（2015）において，職業人教育と親和性が高いIDモデルを提起した．図1-2に示す「逆三角形研修設計法」である．

導入課題として設定したのは，研修事例の現状分析である．分析には，ID研究の成果として有用な枠組みを4つ活用した．①事前テストで不要な研修を

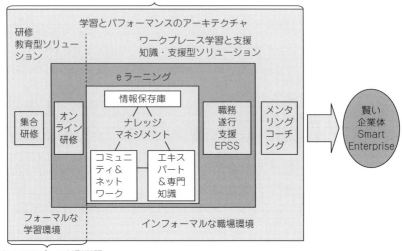

図 1-1　学習とパフォーマンスのアーキテクチャ（Rosenberg 2006）
出典：Rosenberg（2006：84）の図 3-4 を鈴木が訳出．

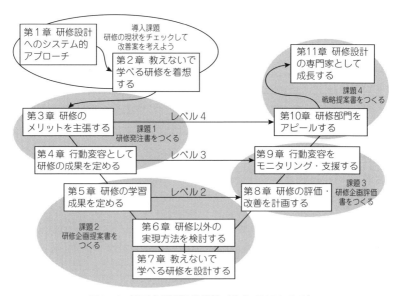

図 1-2　逆三角形研修設計法（鈴木 2015 による）

避けるための TOTE モデル，②研修評価を反応・学習・行動・結果の４レベルで捉えるカークパトリックの４段階モデル，③研修の魅力を注意・関連性・自信・満足感の４側面から捉えるケラーの ARCS モデル，そして④学習効果が高く職場の行動変容に直結させる研修の組み立てに必要な要素は問題・活性化・例示・応用・統合の５つであるとしたメリルの ID の第一原理である。

導入課題で教育工学的思考に基づいて現状を点検した後は，カークパトリックのレベル４・３・２と降順に設計し，レベル２・３・４と昇順に評価検討する「逆三角形」の手順で研修を設計する各論に入っていく。この手順を踏むことで，職業人教育がより効果的・効率的・魅力的になり，「お勉強」やリフレッシュ休暇の域を超えて組織に貢献する人材育成が実現することを意図している。

1.5 職業人教育と熟達化支援

職業人となった人が組織の一員となり，徐々に職務に精通していく過程をモデル化した研究としては，心理学者エリクソンによる熟達化の研究がよく知られている（楠見 2012）。エリクソンは，熟達化における高いレベルの知識やスキルの獲得のためには，およそ10年にわたる練習や経験が必要である（いわゆる10年ルール）とし，熟達化を表１−５に示す４段階にモデル化した。次の段階に移行する際に，キャリアプラトーと呼ばれる壁が存在し，それを乗り越えられないとそこで熟達化は止まってしまい，次の段階に進めないとした。

職業人教育は，これまで初心者段階を中心に扱うことが多かった。しかし，職業人の生涯にわたる熟達化を支援する観点から何ができるかを改めて考えてみる必要があるだろう。その際，少なくとも③中堅者に育てることを長期的な目標とした場合，現段階で何ができるかを遡って考える発想が求められる。

職業人教育には，表１−５の①初心者段階に至る以前の職業準備教育も含まれる。職業人になるための入口には資格試験が存在する場合が多く，それを通過させることが準備教育の主たる目的である。たとえば，医薬系の職業人になるためには，国家試験に合格しなくてはならない。その結果，国家試験に合格させることが準備教育の主たる関心事となってしまい，高等教育機関が予備校化する傾向もみられる。製薬企業の営業職（医療情報担当者＝MR）になるた

表 1-5 熟達化の 4 段階（エリクソンによる）

段 階	年 数	特 徴
①初心者	1 年目	指導を受けている，見習い段階。言葉による指導よりも実体験が重要。仕事の一般的手順やルールのような手続き的知識を学習→**手続き的熟達化**＝最初はミスも多いが次第に状況が見えるようになり手際よく仕事ができるようになる
②一人前	3～4 年で到達	定型的な仕事ならば，速く，正確に，自動化されたスキルによって実行できる＝**定型的熟達化**。新奇な状況での対処はできない。アルバイトなど多くの人はこの段階に留まる（キャリアプラトー）か辞めてしまう
③中堅者	6～10 年で到達	状況に応じて規則が適用できる。文脈を超えた類似性認識（類推）が可能になる＝**適応的熟達化**。仕事に関する手続き的知識を構造化することで全体像を把握でき，スキルの使い方が柔軟になる。40 歳代半ばでこの段階に留まる人が多い
④熟達者		膨大な質の高い経験を通して特別なスキルや知識からなる実践知を獲得。高いレベルの完璧なパフォーマンスを効率よく正確に発揮し，事態の予測や状況の直感的分析と判断が正確＝**創造的熟達化**。さらにその一部が新たな技を創造できる「達人，名人」になる

出典：楠見（2012）の本文（p. 35-38）を鈴木がまとめた．

めには，国家試験でないが，製薬業界が定める「MR 認定試験」が事実上の登竜門となっており，製薬企業に就職後の約 1 年間を費やして試験対策研修が実施されている。日本語教師になるためには国家試験はないが，日本国際教育支援協会が主催し日本語教育学会が認定している日本語教育能力検定試験がある。IT 技術者になるためには，業界として合意のもとに体系化された IT スキル標準などが定められており，また，情報処理技術者試験（国家試験）も存在し，社内の人材育成で無視できない存在となっている。

　一方で，資格試験に合格することが必ずしも職業人としての十分な準備にはなっていないことも指摘されている。医療系では，6 年制課程の学生が臨床実習に行く前に，臨床実習を行う臨床能力を身につけているかを試す実技試験（客観的臨床能力試験：OSCE）が導入されたり，国家試験そのものにも応用力を試す「状況設定問題」が課されるなど，実践現場で要求される知識やスキルの習得を直接的に確認しようとする動きがある。しかし，資格試験の大半は試験対策が講じられるような基礎知識問題であり，準備教育段階では資格試験対策と実践能力の育成という二枚看板を目指すことが強いられている。いずれ

にせよ，準備教育段階は資格試験を突破するための準備教育であり，それ以外はやらない，ということはできない。生涯の熟達化を視野に入れて準備段階で何ができるかを検討することは重要な課題である。

　勝原（2012）によれば，看護師の実践知には次の6種類がある。①患者の容体や病状の変化を識別できること，②多様な患者の共通問題に対応する中で他の看護師とも同様の認識を共有すること，③体験から得たことと新たに生じる疑問とをつき合わせる中で生まれる「予測や予期・構え」，④経験を積むことで状況に備える構えにつながる予備知識，⑤専門的な状況下で熟知している者だけが用いる言葉，⑥業務範囲の拡大に伴って増える仕事への対応である。これらの実践知を先輩看護師（プリセプタ）の指導を受けながら現場で学び，夜勤を任せられるようになり，計画通りに行かなくても修正がきき，全体を俯瞰する中心軸を自分の中に育てていく。やがて「この人がリーダーなら安心」と認められる存在になり，医師にも頼られる看護師になっていく。

　松尾（2012）は，営業担当者は組織の内部と外部をつなぐ「境界連結者」であるため，業界を超えて，顧客満足度を高める一方で売り上げや利益を上げるというバランスをとることが常に求められている職業であると指摘する。エキスパートと初心者の違いは顧客情報や製品情報などの客観的知識の多寡にあるのではなく，クロージング段階での交渉（自動車販売）や，「この人だったら任せられる」という信頼感（不動産仲介）など，カギとなる営業プロセスでのユニークかつ構造化されたスクリプト（台本）にあるとする。職務が非定形であるため柔軟で革新的な対応が求められ，対人コンフリクトに対処しなければならず，また直接管理されないため自己管理能力が必要になるとする。

　IT技術者のもつ実践知を，平田（2012）はITスキル標準などの業界の合意に基づいて体系化された「参照実践知」と実践での業務遂行に必要になる「遂行実践知」とに区別した。遂行実践知には，①実践の仕事場でタスクを選択したりタスクの優先順位をつけるタスクプライオリティ知，②タスクにおいて適切な認知資源を投入する資源分配知，③参照実践知を状況において実働可能にするための状況知があり，さらに，「関係者への配慮やタスク実行前に呼び水を撒いておくこと，予想外な事態への周到な対応，自らの信念や強みを反映させることなど，仕事場での『味つけ』ができるかどうかがエキスパート度を推

し量る指標となる」(p.153) と述べている。資格試験以外の要素がこの分野でも重要であることを示している。

職業人教育が職業への準備をさせることに貢献し，また職業人の熟達化に資することを目指すのであれば，各領域で求められるエキスパートの姿を長期目標に据えて，そこから逆順で各段階における教育の在り方を模索していく必要がある。これまで「基礎は教育で，熟達化は現場で」，あるいは「資格試験までは教育で，あとは現場で」という二分化の傾向があるとすれば，それは改めなければならない。そうでないと，教育の部分はやがて淘汰され，誰からもあてにされなくなるだろう。

1.6　職業人教育に資するこれからの教育工学

図1-3は，パフォーマンス習熟度が効果的な学習方略に与える影響をローゼンバーグが整理したものである（鈴木 2015）。あまり関連知識が豊富でない初心者には「どうやるか見せて」という欲求に答えるための，より構造的で共通内容の研修が相応しい。その一方で，自分で新しいやり方を編み出せる熟達者になれば，「私が自分で自分の学びを創造します」という希望が答えられるようにオーダーメイドでインフォーマルな学びの環境が必要となる。初心者が仕事を経験しながら学び，経験を重ねてやがて熟練者と呼ばれるようになっていくそれぞれの段階で，学びの主たる作戦は異なる。習熟度や経験の段階にふさわしい学びの形態を採用する工夫が求められよう。

そうであれば，初心者（あるいは準備教育）の段階では，やはり今まで通りの基礎知識の習得・理解を分担すればよい，との誤解を与えそうである。しかし，初心者は「基礎知識を教えて」とは言ってないことに注意が必要である。初心者は「どうやるか見せて」と言っている。今，ここで学べと言われている基礎知識が現場での実践にどう役立つのかを示してほしいのである。

熟達化全体につながっていく職業人教育を設計するカギは，準備教育の段階の基礎知識の習得をどのように現場での実践につなげていくかにある。これまでの職業準備教育では，基礎知識を段階的に理解させていく積み上げ式の教育方法が主流だった。そこでは，各段階の学習目標が明確であり，その達成を評

第1章　職業人教育と教育工学

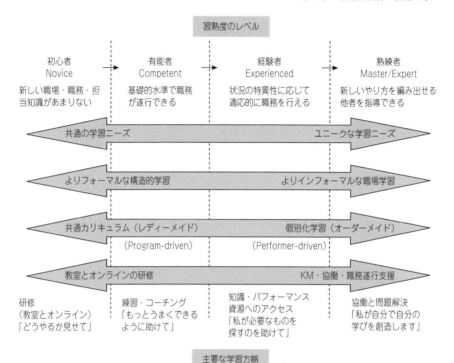

図1-3　パフォーマンス習熟度が学習方略に与える影響（Rosenberg 2006）
出典：Rosenberg（2006：94）の図3.5を鈴木が訳出した。

価する方法も単純であった。しかし，ガニェの分類（表1-2）によれば，丸暗記が可能な言語情報の習得に留まっている場合が多かったと言えよう。その証拠には，試験が終わったら忘れてしまう，という問題が指摘され続けてきた。知識が応用レベルで体系化できていない（知的技能として学べていない）から生じる問題である。

　職業人がやがて体験する職場でのパフォーマンスとは縁遠い学校環境で学んだ基礎知識は試験対策としては有用であるかもしれないが，現場での応用ができにくい。この問題を解決するために，医学教育から始まって他の領域にも広まった教育方法に，PBL（Problem-based Learning）や TBL（Team-based Learning）がある。現実的な問題（症例）をもとにして自らが必要な情報を調査し，仮説を形成していくプロセスを，小グループで互いに役割分担をしたり影響を

与えながら学び合う方式である。「PBL の支持者は，知識をまず獲得させてその後で問題解決のためにそれを適用させるよりも，問題解決の文脈内でその内容を学習させる方式がよいと主張した」(ロカティス 2013：343)。臨地実習では実際に体験する症例が少ないが，それ以前から数多くの症例に疑似的に触れさせるねらいがある。

　指導体制の確保（効率化）や基礎講義との連携（PBL は採用したが，依然として知識獲得が先行している状態が変わらないこと）など，実施上の問題が山積している領域も少なくない。しかし，ICT をうまく活用するなどして各領域の職業人準備教育の中核を担えるよう，成熟させたい有望な教育方法である。職業人が専門家として日常的に行っている思考プロセスを体験することで，学び続ける職業人の育成に寄与し，新しい事態にどう対処するかを学ぶ方法としても有益である。

　PBL の他にも，ID の研究成果として，応用レベルでの深い基礎学習を達成するためのシナリオ型教材設計モデルもさまざま提案されている。応用する文脈を先に示して疑似的な失敗体験を振り返ることで学ぶ学習環境の構築法としては，たとえば，ゴールベースシナリオ理論やストーリー中心型カリキュラム（根本・鈴木 2014）などがある。いずれにせよ，教育工学を学ぶメリットは，現在実施している教育の効果についての裏付けを得ることや，改善の糸口を探ることの他にも，他領域の職業人教育の実践成果から学ぶことがある。ある領域では常識になりつつあることも，領域を越境するだけで，それがイノベーションとなる可能性も秘めている。教育工学を共通基盤として，各領域における職業人教育の成果を互いに学び合っていきたい。

参考文献

東洋（1976）「教育工学について」『日本教育工学雑誌』1(1)：1-6.
R. M. ガニェ・W. W. ウェイジャー・K. C. ゴラス・J. M. ケラー（著）鈴木克明・岩崎信（監訳）（2007）『インストラクショナルデザインの原理』北大路書房.
平田謙次（2012）「Expert4-3 IT 技術者（第 4 章 組織の中で働くエキスパート）」金井壽宏・楠見孝（編著）『実践知――エキスパートの知性』有斐閣, 147-172.
勝原裕美子（2012）「Expert5-2 看護師（第 5 章 人を相手とする専門職）」金井壽宏・楠見孝（編著）『実践知――エキスパートの知性』有斐閣, 194-221.

楠見孝（2012）「実践知の獲得——熟達化のメカニズム（第2章）」金井壽宏・楠見孝（編著）（2012）『実践知——エキスパートの知性』有斐閣，33-57.
松尾睦（2012）「Expert4-1 営業職（第4章 組織の中で働くエキスパート）」金井壽宏・楠見孝（編著）『実践知——エキスパートの知性』有斐閣，108-120.
中野照海（1979）「教育工学の理念と方法（第1章）」中野照海（編著）『教育学講座第6巻 教育工学』学習研究社，1-17.
根本淳子・鈴木克明（2014）（編著）『ストーリー中心型カリキュラム（SCC）の理論と実践——オンライン大学院の挑戦とその波及効果』東信堂.
R. A. リーサー（2013）「あなたの専門領域は何って？ 領域を定義・命名する（第1章）」R. A. リーサー・J. V. デンプシー（編著）鈴木克明・合田美子（監訳）『インストラクショナルデザインとテクノロジ——教える技術の動向と課題』北大路書房，2-13.
ロカティス（2013）「保健医療教育における職能パフォーマンス・研修・テクノロジ（第20章）」R. A. リーサー・J. V. デンプシー（編著）鈴木克明・合田美子（監訳）『インストラクショナルデザインとテクノロジ——教える技術の動向と課題』北大路書房，339-354.
Rosenberg, M. J. (2006) *Beyond e-learning: Approaches and technologies to enhance organization knowledge, learning, and performance*, Pfeiffer.
Rothwell, W. J., Kazanas, H. C. (1998) *Mastering the instructional design process* (2nd Ed.), Jossey-Bass.
坂元昂・永野和男（2012）「教育工学の歴史と研究対象（第1章）」坂元昂・岡本敏雄・永野和男（編著）『教育工学とはどんな学問か（教育工学選書1）』ミネルヴァ書房，1-28.
鈴木克明（2015）『研修設計マニュアル』北大路書房.
鈴木克明（2012）「大学における教育方法の改善・開発［総説］」日本教育工学会論文集，36(3)（特集号：大学教育の改善・FD）：171-179.
鈴木克明（2006）「システム的アプローチと学習心理学に基づく ID（第6章）」野島栄一郎・鈴木克明・吉田文（編著）『人間情報学とeラーニング』放送大学振興会，91-103.
鈴木克明（2005）「教育・学習のモデルとICT利用の展望：教授設計理論の視座から［解説］」『教育システム情報学会誌』22(1)：42-53.
鈴木克明（2002）『教材設計マニュアル』北大路書房.
鈴木克明（1995）『放送利用からの授業デザイナー入門——若い先生へのメッセージ』（放送教育叢書23）日本放送教育協会.
鈴木克明・根本淳子（2013）「教育改善と研究実績の両立を目指して：デザイン研究論文を書こう［総説］」『医療職の能力開発』（日本医療教授システム学会論文誌）2(1)：45-53.
鈴木克明・根本淳子（2011）「米国の大学で用いている学習スキルの教科書に見られる工夫——多様性と個性伸長に関する章を中心に」日本教育工学会第27回全国大会発表論文集：849-850.

第2章

医学教育と教育工学

大西弘高

　医学教育は，一般的に卒前教育，生涯教育に分けられ，生涯教育からは，卒後初期研修，後期研修がさらに分離されることが多い。卒前教育は，わが国では大学医学部における6年間の教育課程で行われ，一般的に医師免許を獲得するまでの教育と位置づけられる（学校基本法第87条第2項）。医師免許はすべての医学専門分野に通じており，2004年の卒後研修必修化以降は，卒後2年間の初期研修は基本診療科である内科，救急，地域医療などを最低限ローテートする必要がある（厚生労働省 2003）。各専門領域に進む際には，それぞれの後期研修を受けて，認定医や専門医の試験に通ることが必要だが，現状わが国では学会の認定がなされているのみであり，改革が進行中である（厚生労働省 2013）。

　このように，医学教育は資格制度と常に表裏一体の関係で構築されている。また，社会的にこの資格制度に求められるハードルは高い。そのため，社会に求められるような専門職を育成するという意味合いが強くなり，職業訓練の色も帯びている。1991年に大学設置基準が大綱化され，教育課程に関する事細かな取り決めはかなり緩和されたが（大西 2013），2001年には文部科学省による医学教育モデル・コア・カリキュラムの制定，2004年には上述した卒後研修必修化の導入があった。そして，近い将来分野別認証評価が義務化されるとみられる（大西 2014）。

　近年，医学教育やその拡大概念である医療者教育は，国際的には専門職大学院が急増するような一つの専門分野として確立されつつある（Tekian, Harris 2012）。本章では，このような背景をもつ医学教育に対し，教育工学がどのような影響を与えてきたかを中心に論を進めたい。

第 2 章　医学教育と教育工学

2.1 カリキュラム開発

2.1.1 医学部カリキュラムと政府の関与

　近代的な医学教育は，わが国では19世紀初め頃から始まった．当初は，藩校医学科，独自の医学校などが出来上がり，蘭学や英独仏などの洋学を取り込んだ形で発達していった（海原 2012）．また，1877年の東京大学医学部を皮切りに，大学医学部や医学校，医科大学，医学専門学校も設置されていった．1918年の大学令公布により，一旦は医学専門学校が医学部に昇格する流れが高まったが，大正末期以降は地域医療に従事する医師が減ることが懸念されて，むしろ医学専門学校が増えるという現象もみられた．

　戦後になり，GHQ（連合国軍最高司令官総司令部）公衆衛生福祉局のSams局長が医学専門学校廃止，臨床実地研修制度（いわゆるインターン制度）の導入といった医学教育改革を断行した（福島 2012）．1947年には教育基本法，学校教育法が施行された．また，1948年には大学基準協会で承認された医学教育基準が出された．この医学教育基準は，たとえば解剖学10%，内科19%など，どの科目にどの程度の授業時間をかけるかを明示しており，医学教育の全体像を描いている．大学基準協会の起草した大学基準は，文部省が出した省令である大学設置基準として1956年に制定され，文部省による官僚統制の時代へと移っていく（横井 2008）．ただ，世界的な高等教育機関への自律性拡大の流れに沿って，1991年には文部省が高等教育の個性化に向けて大学設置基準の大綱化を打ち出した（文部科学省 1991）．その結果，各医学部は特に一般教育と専門教育の区分がなくなったことによる改革などに着手していった．

　一方で，2001年には文部科学省から医学教育モデル・コア・カリキュラム（コアカリ）が提示された（文部科学省高等教育局医学教育課 2011）．各大学はおよそ3分の2のカリキュラムをこれに充て，残り3分の1のカリキュラムで独自性を打ち出すという方向性を示すとともに，1,200を超える到達目標を列挙した（Onishi, Yoshida 2004）．また，直後より共用試験のトライアルが開始された（公益社団法人医療系大学間共用試験実施評価機構 2005）．これは，コアカリに対応した学習者評価であり，医学的知識を確認するcomputer-based testingと，

基本的臨床能力を患者接触のある臨床実習前に評価するための実技評価である objective structured clinical examination（客観的臨床能力試験：OSCE, オスキーと発音）で構成され, 2005年からは正式実施となった。

このように, 政府による医学教育への統制は緩められている部分もあるが, 方向性はそれなりに統制されているというべきであろう。文部科学省高等教育局には医学教育課が設置されている点でも, 医学教育に対する政府の統制は高いと言える。また, 2006年からは文部科学省高等教育局医学教育課と厚生労働省の間での人的交流も行われるようになっており, 卒前教育を管轄する文部科学省と, 国家試験や卒後研修以降を管轄する厚生労働省とのコミュニケーションは改善しているとも言われている（医学界新聞, 2007年4月9日）。

2.1.2　工学アプローチとカリキュラムサイクル

Papa & Harasym（1999）によると, 北米の医学教育は19世紀途中まで徒弟制で行われてきたが, Charles Eliot がハーバード大学長の時代以降, 学問分野基盤型へと変化を遂げていったとされる（Charles Eliot は単位制などにつながる自由選択制カリキュラムの導入で有名である）。解剖学, 微生物学といった学問分野が確立し, 大学というシステム自体も近代化を遂げつつあったというような時代背景がこのような変化を後押ししたと思われる。

この動きは, 1910年の Flexner 報告によって確固たるものとなった（Flexner 1910）。Abraham Flexner は, 当時乱立していた医学校が学問と言えないレベルの教育しかしていないと報告し, 多くを廃校に追い込んだ。学問的な基盤を構築していた医学校は生き残り, この改革以降, 米国の医学レベルは欧州と肩を並べ, やがて追い抜くようになっていった。

1950年代以降, Tyler（1950）や Taba（1962）による教育工学的なカリキュラム開発アプローチが医学教育にも影響を及ぼした。教育のニーズに基づいて教育目標を立て, 教育方略や学習者評価の計画に連携させ, さらに学習者評価やプログラム評価の結果を次回プログラムの改善に役立てるというような形でつながっていくモデルである（Kern et al. 2003）。これは, Deming らにより普及した PDCA サイクルとして有名なプロジェクトマネジメントの影響も受けているだろう。

わが国では，19世紀に始まった医学教育はドイツの影響を大いに受けていたが，前述したような経緯で戦後はその枠組みをかなり米国風に変更するに至った。それは，学問分野中心 (disciplinary) なカリキュラムから，よりプラグマティックなカリキュラムへの変化を意味する。しかし，制度だけで実際に教える人の気持ちまで変化するわけではなく，未だにドイツ風医学教育が残っているというような議論もあるぐらい，現場での変革は難しいと言われる。

　1970年代には，WHO が世界に8カ所の地域教員養成センター (Regional Teacher Training Centre) を医学教育分野に関して設置した。そのうち，豪州の地域教員養成センターで開催されたカリキュラム・プランニングに関する教員養成プログラムにおいて日本医学教育学会の先達たちが学び，この内容をさらなるワークショップによって他の医学教育関係者にも広げていくという流れを生み出した（牛場ほか 1975）。このような流れは，他の医療専門職にも引き継がれ，医療者教育に携わる者にとっての基本となっている（日本歯科医学教育学会「学会の特徴と活動」：日本薬学会薬学教育部会 2010）。

2.1.3　教育目標とタキソノミー

　これまでのところ，医学教育を中心に他の医療者教育にも広げられてきた教員養成プログラムのテーマは，かなりの割合でカリキュラム・プランニングを扱ってきた。このプログラムの基盤となっているのは，Tyler や Taba によるカリキュラム開発アプローチに加え，Bloom による教育目標分類の考え方の影響が大きかったと日本医学教育学会の先達たちは述べている（吉岡 1978；堀 2011）。たとえば，教育目標（先達たちは教授目標と呼んだ頃もあったようだが）を認知領域，情意領域，精神運動領域の3つに分け，そのうち認知領域については想起 (recall)，解釈 (interpretation)，問題解決 (problem solving) の3つのレベルにさらに分けるといった考え方が示されている（公益社団法人医療系大学間共用試験実施評価機構「社団法人医療系大学間共用試験実施評価機構の設立趣旨」）。また，これらを構成する際には，一般目標 (general instructional objective：GIO) と行動目標 (specific behavioural objective：SBO) に分けて全体が上手く機能するように取り計らうという。

　タキソノミーの利用が有効なのは，いくつかの理由によるのではないかと筆

者は考えている。1つは，認知，情意，精神運動という3つの領域が，それぞれ知識，態度，技能（スキル）という比較的理解しやすいカテゴリーとほぼ合致しており，初心者でも分類が比較的容易なことである。次いで，これらの分類を進めることで，教育方略（学習方略），学習者評価が選択しやすくなるのも大きな利点であろう。たとえば，「技能の教育には see one, do one, teach one モデル（Birnbaumer 2011），すなわち一回は見学し，次に自分でやってみて，最後には人に教えるという方法が使えるし，評価には OSCE がいいよ」というようなアドバイスがしやすくなる。また，認知領域においては，想起レベルの知識だけでなく，もう少し高度な理解や応用ができることが望ましいというメッセージも出しやすい。

　一方で，いくつかの問題も浮上してきた。細かな教育目標に分け，それぞれをしっかり習得すること（mastery）が，実際に現場で働ける（より統合的な教育目標である performance と呼ばれることもある）につながるのかという議論もみられる。SBOs の達成を積み重ねることで，GIOs の達成につながり，それが一人前の医療専門職としての能力を本当に保証できるのかという指摘である。この問題については，近年はアウトカム基盤型教育の広がりによって取って代わられようとしているが，この点については後述する。

　また，認知主義や構成主義といった考えが広がっていなかった時期に始まったためか，行動目標という用語が残っていることにも違和感は残る。「行動で表される目標でなければ，教育目標とは言えない」「知識，技能，態度にそれぞれ合致する動詞を使わなければ，タキソノミーを正しく理解できたとは言えない」という，やや原理主義的な運用がなされることも聞かれる。SBO の語については，Kern ら（2003）においては specific measurable objective という用語に代わっており，筆者は「個別目標」という新たな訳を充てている。そもそも，specific behavioural objective＝SBO という英語自体も日本以外ではほとんど残っていないという指摘もある（菰田ほか 2009）。

2.2 インストラクショナル・デザイン (ID) と医学教育

2.2.1 医学教育領域における ID の概要

　ID が用いられたのは，元々は軍隊においてであった。銃器の取り扱い，船や飛行機の操縦など，多くの人々を短時間で訓練する必要に迫られて学問基盤が出来上がったとされる (Reiser, Dempsey 2012)。その後，企業内研修などには ID の利用が進んでいった。しかし，医学・医療者教育領域において ID の重要性が知られるようになったのは最近になってからと言った方がよいかもしれない。

　わが国の医学教育分野においては，ID に関する報告は1977年の林によるものが最初であろう（林 1977）。前述した WHO ワークショップのテーマが Instructional Design だったようだが，林はカリキュラム・プランニングとの違いが見出しにくかったとしている。ただ，工学分野から発達してきた考え方であること，教育方法を改善するときに特に有効であることについては指摘されている。この後，学会誌を俯瞰しても ID に関する記述はほとんどみられないことから，わが国の医学教育領域が，いかにカリキュラム・プランニング一色に染まってきたかが明らかである。

　これと関連した内容としては，堀らによる「医学教育における教育工学」ワークショップの報告がある（堀・鈴木 1977）。電子通信学会との共催により，教育工学技術として CAI (computer-aided/computer-assisted instruction)，CMI (computer-managed instruction)，シミュレーションについてワークショップという形態で学び合う内容として紹介されている。教育工学という用語に関し，かなり狭義に理解されていたことがうかがわれる内容である。

　2000年以降，シミュレーション教育やeラーニングの普及が医学教育領域における ID への関心を高めた。特に救急蘇生関連のプログラムが普及し，身体モデル（manikin）にさまざまな機能を備えたシミュレータが広く利用されるようになったことが大きい（山畑 2010）。2008年には日本医療教授システム学会が立ち上がり，instructional systems design をその学会の根底的な原理と位置づけた（日本医療教授システム学会）。これにより，わが国においても医学

教育，医療者教育領域のIDの重要性は一層理解が進んだように思われるが，広く普及しているとは言い切れない部分もある。

2.2.2 シミュレーション教育

2000年に，*To Err Is Human*（Kohn, Corrigan, Donaldson 2000）という書籍が出版され，社会的に大きな影響が生じた。医療において，医療過誤や医療事故は日常的に起こり，そのうち一部は後遺症や死につながっているという指摘である。そのような過誤や事故の一定数は，システムの改善，トレーニングなどによって減らせるという議論が高まり，特に「初心者が行うことで患者の生命に危険が及びそうな領域」「患者—医師間や医療職種間においてコミュニケーションが必要な領域」を中心にシミュレーション教育の重要性が議論され始めた（Bradley 2006）。

それまで，シミュレーション教育は救急蘇生，麻酔シミュレータなどによって行われる比較的範囲の狭い領域と認識されていた。よって，全体的な医学教育の視点からシミュレーション教育に取り組むようになったのはこの20年余りと考えてよいだろう。図2-1では，3つの大きな変化がどの時代にどういうペースで広がったかを示している。医学教育改革の部分では，シミュレータを用いたシミュレーション教育だけでなく，学習者間，あるいは模擬患者（simulated patient 時に標準模擬患者＝standardized patient の意味も含めて，SPと略される）と学習者でのシミュレーション（ロールプレイなど）も急速に広まった（藤崎・尾関 1999）。また，コンピュータ上のバーチャルリアリティ，模擬手術室など部屋や状況自体のシミュレーション，触覚を活かしたシステム，忠実度の高い（high-fidelity）シミュレータなど，種類や方向性もかなり多様なものになりつつある。

シミュレーション教育と忠実度については，Alessi の報告が理解を助ける（Alessi 1988）。図2-2は，学習と忠実度の関係のグラフにおけるエキスパート，一定の経験を積んだ学生，経験をまだ積んでいない学生の影響を見ている。エキスパートは忠実度が高い方が学習効果が高いが，学生の場合，忠実度が高過ぎると学習効果が下がることが示されている。また，シミュレーション教育はコストの問題も大きいため，費用対効果も考え合わせた忠実度は結構低くて

第2章 医学教育と教育工学

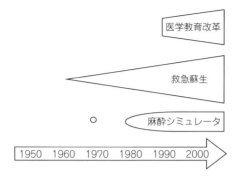

図2-1 20世紀後半以降のシミュレーション教育の広がり（Bradley 2006）

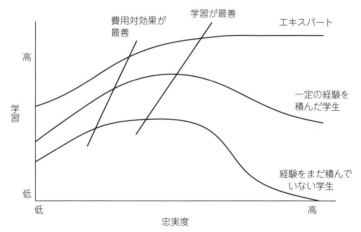

図2-2 学習-忠実度関係に対する経験の多寡の影響（Alessi 1988：42）

も容認されることも理解できる。

　シミュレータを用いた教育における最も大きな特徴は，実践では失敗を前提として治療や検査などを行うことは許されないが，シミュレーションなら失敗から学ぶことを前提にしても許されるという点だろう。知ってはいてもなかなか上手く実行に移せないような治療，検査手技などに対し，トライアンドエラーのような形で体得していくようなプログラムも考え得る（大西 2011）。たとえば，救急救命処置に関するトレーニングは人命に関わる内容なので，特にシミュレーションが重視されている。

27

一方で，シミュレーションの中でも SP とのロールプレイ，学習者同士のロールプレイにおける教育目標は，患者の気持ちに対応するというような情意領域の目標と共に，診断や治療の意思決定などの高度認知領域の目標が組み合わさっている。ロールプレイに関しては，さまざまなシナリオを準備し，SP ならばそれを事前に覚え，役作りをしてもらうことで，忠実度を上げる工夫もなされている。真に迫ったやり取りや，フィードバックにより，心理的トラウマになる学習者も生じ得るため，軽々しいトライアンドエラーでよいとも言えない (Seropian et al. 2004)。学習者同士のロールプレイでは，病気や死に関係する患者の役割を演じて，その重さを認識することがある（今道ほか 1996）。

　このように，シミュレーション教育の中に学習者を惹き付ける要素は多い。しかし，事前学習のレベル，心理的な準備，学習者のレベルと忠実度の関係，シミュレーションに対する真剣な取り組み，ファシリテーション，デブリーフィングといった項目を一つひとつ準備しておかなければ，リアリティとの乖離の間で，学んだことが現場で活かされない原因となり得る。

2.2.3　e ラーニング

　e ラーニングも，近年注目が集まっている教育手法の一つである。インターネット環境がありさえすれば学習者と指導者，あるいは学習者同士がどんなに離れていても学び合えること，学習者は自分の都合のよい時間を選んで学べること，各種学習リソースやソーシャルメディアなどの情報化社会のメリットを享受できることなどがその背景にあるだろう (Harden, Laidlaw 2013)。ただ，最終的に職業体験を積んで医師の卵になるという前提があるだけに，なぜ医学教育に e ラーニングなのかという点には理解しにくい面もあるかもしれない。

　医学教育界を牽引してきた Harden が2000年頃から打ち立てたビジョンは，かなり無理はあったが，常に未来を照らしていた。彼は，International Virtual Medical School (IVIMEDS) というイニシアチブを掲げ，全世界の50施設を協力者として巻き込んだ。コンピュータ，インターネットがどんどん普及し，国を超えた学び合いが一般的になるにつれ，互いの英知を持ち寄って，人類にとってベストな医学教育を創り上げることができるという崇高な目標であった (Harden, Hart 2002)。

筆者は，2003〜2005年にマレーシアの International Medical University において働いていたとき，この大学では IVIMEDS に学習資料を提供し始めていたが，同時にこのプロジェクトによってもたらされた困惑を経験した。多くの教員が，このイニシアチブに協力したい気持ちはもっていたが，それによって正当に評価されるのかどうかに不安を感じていた。テキストを書くのと同じ，あるいはそれ以上に手間暇のかかる作業となるため，その労力や貢献度に見合った評価を受けるなど，何らかのインセンティブがなければこのプロジェクトは前進しないだろうと筆者も感じたのだった。

　一方，2000〜2002年に米国 Illinois 大学で医療者教育学修士課程にいたときには，3つの重要な授業を敢えてオンラインで受講したが，むしろ対面授業よりも学べたと感じた。英語に相当難を抱えていたこともあり，口頭でのディスカッションにはほとんど参加できなかったが，掲示板やメールに書き込んでのディスカッションなら，時間をかければ，深いやり取りが可能だったからだ。また，日本に一時帰国した間も，常にやり取りを欠かさず行えたので，「いつでも，どこでも」という e ラーニングの長所を十分享受できた。

　e ラーニングを成功させるには，いくつかの要因があるだろう。一つは，学習者の動機づけである。若者が動画や TV ゲームに魅せられることが多いからと言って，これらを適当に入れておけば興味を惹く教材になるという訳ではない。対面授業でない分，事前に学習者を惹きつけるような仕掛けをし，学びと評価を連動させるなどの工夫が必要である。これは，e ラーニングや通信教育を包含する概念である distributed learning をイメージするとわかりやすいのかもしれない。提出物に対し，丁寧なフィードバックをすれば，学習者は学びへの活力をもつにちがいないだろう。

　e ラーニングの特徴の一つである時間的，空間的な自由度も大きく影響がある。近年，医学教育，医療者教育において，へき地で働く医療専門職を確保するというミッションがますます重視されている（高村・伴 2010）。へき地や地域でのキャリアを選ぶことと，そういった場所で実習や研修を行った経験があることには関連があることが示されてきたため（Rabinowitz et al. 2005 ; Okayama, Kajii 2011），地域基盤型医学／医療専門職教育（community-based medical/health professional education）の重要性が増している。その際，地域に指導者を

行かせることは時間や費用の面から困難なことも多く，e ラーニングの新たな
ニーズが生じる。

　今後高等教育において e ラーニングが重要な役割を果たしていく際，学習対
象（learning objects）をつなぎ合わせるようにして e ラーニングのモジュール
が形成されていくだろうと Harden らは改めて述べている（Harden et al. 2011）。
近年，米国医学校協会（Association of American Medical Colleges：AAMC）の
MedEdPORTAL のように，学習にまつわる資料集やカリキュラムを集めた共
同サイトが成功を収めつつあり，これらが学習対象となり得る。あとは，教員
がこういった学習対象をストーリーにつなぎ合わせていけば，自分なりの e
ラーニング教材が比較的簡単に作れるのである。MedEdPORTAL は査読シス
テムも携えており，ここに教材などを提供した実績は教育業績として認められ
ることが米国では増えているようである。

　一つの問題として，わが国では語学的ハンディキャップがあり，英語圏の
国々で共有しているような教材，学習対象を用いることのメリットはあまり大
きくない。そのため，Harden が言うような，学習対象のつなぎ合わせはまだ
まだ難しい。日本医学教育学会でも MedEdPORTAL 日本版と言えるような
ポータルサイトの立ち上げは検討されているが，まだ時間がかかりそうである
（大西ほか 2012）。

2.3　カリキュラムの開発アプローチ

2.3.1　アウトカム基盤型教育

　第 1 節の「カリキュラム開発」でも述べたように，医学教育は他の高等教育
領域と比べ，社会ニーズへの対応という観点がより重視される。その際，わが
国では医学教育モデルコアカリが重要な柱となっている。しかし，コアカリの
細かな教育目標を網羅したカリキュラムを策定し，これを完全に修得した場合，
どのような医師が生まれるのか，その医師は社会が求める像と一致するのかに
ついては，現状では検証が難しい状況にある。教育の質管理を行い，さまざま
なステークホルダー間で議論がしやすいようにするためには，数個程度の大づ
かみな教育目標を設定し，その目標に沿って学習者評価を行うなど，教育全体

像が見えやすいモデルを示すべきである。このように数個程度の教育アウトカムをさまざまなステークホルダー間で共有し，そのアウトカムの到達を目指すタイプの教育をアウトカム基盤型教育（outcome-based education：OBE）と呼ぶ。

OBE は，1972年に米国の義務教育レベルで開始されたモデルが最初と言われている（Evans, King 1994）。当時，授業時間割の管理や監督が教員の仕事の多くを占めることで，修得主義ではなく，履修主義に陥ってしまうという問題があった。Spady は，「最初に，生徒が卒業する時点でどのような知識，能力，クオリティを示せるようになってほしいかを設定することから始まる。そして，卒業時のアウトカムを意識しつつ，すべての生徒がそれを達成できるようにカリキュラムや教授法を計画する。既存のカリキュラムのために学習目標を記述するのではなく，生徒に達成して欲しいアウトカムからカリキュラムを開発する」と OBE の概要を示した（Spady 1988）。

米国では，AAMC が1984年に GPEP レポート（Report of the Panel on the General Professional Education of the Physician and College Preparation for Medicine）を出し，①専門職教育の一般目標，②学士教育，③学習スキルの獲得，④臨床教育，⑤教員の関わりの増強，の5項目について改善案を示した（Muller 1984）。専門職教育の一般目標に関しては，知識の獲得よりもスキルや態度の教育を重視するような変化，卒前に獲得すべき知識やスキルの明確化，医療や保健の変化への適応，健康増進や疾病予防の重視という4つの推奨案が唱えられた。これは，医学校に地域や国の保健ニーズへの対応という役割が与えられたと捉えることが可能であろう。

英国でも，保健・医療分野の変化に対して，医学教育が追いついていないという批判が出された（Lowry 1993）。これを受ける形で，General Medical Council（GMC）の教育委員会は，1993年末に卒前教育の推奨案という形で *Tomorrow's doctor* を出版した（General Medical Council 1993）。カリキュラムのテーマを，①臨床の方法・実践的スキル・患者ケア，②コミュニケーション・スキル，③人間の生物学，④人間の疾病，⑤社会における人間，⑥公衆衛生，⑦ハンディキャップ・障害・リハビリテーション，⑧見出すこと：研究と実験アウトカムの8つに大別した。

カナダ医師会（Royal College of Physicians and Surgeons of Canada）は，Can-

MEDS 2000というプロジェクトを1993年に立ち上げ，1996年には7つのコンピテンシーで定義される OBE モデルを公表した（Societal Needs Working Group, CanMEDS2000 Project 1996）。中央に，専門家としての医師（medical expert）という包括的な概念が掲げ，その周囲に，communicator, collaborator, manager, health advocate, scholar, professional といった訳しにくい包括的概念が並べられている。

さらに米国では，1998年にアウトカム・プロジェクトが開始され，米国卒後研修認証協議会（Accreditation Council for Graduate Medical Education：ACGME）が6つのアウトカム，①患者ケア（patient care），②医学知識（medical knowledge），③診療に基づく学習と改善（practice-based learning and improvement），④対人スキルとコミュニケーション・スキル（inter-personal and communication skills），⑤プロフェッショナリズム（professionalism），⑥システムに基づく診療（systems-based practice），を発表した（Swing 2007）。国家レベルでの組織的な取り組みとして世界的にインパクトを与えたと言えるだろう。

このような OBE の取り組みについては，わが国を含め，多くの国であまり進んでいなかった。2003年に世界医学教育連盟（World Federation of Medical Education：WFME）が，医学教育の国際基準を公開した（World Federation for Medical Education 2003）が，この基準は，途上国，先進国を問わず利用可能なユニバーサルなモデル，レベルで設定されており，そのエリア1の1.4では教育アウトカムを定めることが明記されているため，今後 WFME の国際基準が広がるにつれて OBE が進む可能性が高い。

OBE を各大学で進める際のプロセスには，まだ定まったものはないと言うべきだろう。一般的に，①数個程度のアウトカム領域を定める，②その下位のコンピテンシーを列挙する，③現状の教育において内容が不足しているアウトカム領域やコンピテンシーを同定し，④アウトカム領域や下位のコンピテンシーに学習者評価を当てはめる，改善する，⑤アウトカム領域やコンピテンシーの評価結果を鑑みて，さらなるカリキュラムの改善を行う，といったプロセスがあると思われる。千葉大学医学部では，①や②のプロセスについての論文も出されている（田邊ほか 2011）。ただ，assessment drives learning と言われるように（van der Vleuten 1996），④を重視することで，より学習を改善す

る効果が高い印象もあり，①から順番に進むべきかどうかは明確ではない．

①については，わが国全体で標準化されたモデルを示す流れができ始めた．モデルコアカリ平成22年版には，「医師として求められる基本的な資質」という項目が新たに加わり，医師としての職責，患者中心の視点，コミュニケーション能力，チーム医療，総合的診療能力，地域医療，医学研究への志向，自己研鑽の8つが挙げられるに至った（文部科学省高等教育局医学教育課 2010）．また，2015年春には日本医学教育学会がコンピテンシー案を議論中であり，近いうちに公表される予定である．

国際的には，職能とスキル獲得に関する Dreyfus の研究と絡めて，医師のコンピテンスを Novice, Advanced beginner, Competent, Proficient, Expert といった段階に分け，各段階におけるマイルストーンを評価していくという考え方も注目されている（Dreyfus, Dreyfus 1980；Carraccio et al. 2008）．また，診療業務を任せられるレベル，すなわち独り立ち可能な状態を示す Entrustable Professional Activity（EPA，プロとして信用可能な活動）を明示し，これを業務に基づく評価（Work-based assessment, たとえば Mini-CEX やポートフォリオ）に関連づける取り組みも広がりつつある（ten Cate, Scheele 2007）．

2.3.2 教育の基盤理論や方略の変化

アウトカム基盤型教育が注目されるに至った理由の一つとして，教育理論の変化を挙げることができるだろう．たとえば，医学教育の初学者に向けられた文献（Kaufman 2003）においては，成人学習理論，自己主導型学習／自己決定学習，自己効力感，構成主義，省察的実践が挙げられている．

この中で，構成主義については，心理学のパラダイム論が行動主義，認知主義，構成主義，社会構成主義と変遷してきたことも押さえておくべきであろう．教育工学の視点からは，そのような心理学のパラダイムは大きな問題ではなく，折衷主義でよいという議論もある（鈴木 1989）．ただ，日本医学教育学会の先達たちが未だに SBO といった行動主義的な用語を使い続けていることを考えると，認知主義以降の変遷を理解することの重要性を指摘しておくことも必要と思われる．

たとえば，問題基盤型学習（problem-based learning：PBL）は，事例シナリオ

表 2-1 講義中心カリキュラムと PBL カリキュラムに関する理論背景の違い(大西 2004)

	講義中心カリキュラム	PBL カリキュラム
成人学習理論	受動型学習が主体	能動型学習が主体
自己主導型学習	予習・復習程度	ディスカッションの基盤
自己効力感	特に意識していない	学び合いの中で,同僚によって強化される
構成主義	特に意識していない	自ら発見した課題に関して学習を積み上げ
状況学習	特に意識していない	知識を背景状況を含めて学ぶ

に対し数名程度のグループディスカッションで患者の健康問題や公衆衛生的な問題を分析し,その問題に関して各自が自己学習して,さらにグループで深めるという形の教育・学習方略である。1966年にカナダの McMaster 大学医学部が始めた教育・学習方略であり(Neufeld, Barrows 1974),1978年以降の Harvard 大医学部においては,講義を廃止して PBL を全面導入するという大改革の中心となった(Tosteson 1990)。

　McMaster 大学や Harvard 大学は,PBL をカリキュラムの基盤に据えたという意味で,卒前教育現場に大きな衝撃を与えた。PBL カリキュラムは,講義中心のカリキュラムと比較して,いくつかの教育理論的観点で大きく異なる(表2-1)。また,社会構成主義と関連の深い状況学習(situated learning)の観点からは,知識を背景状況を含めて学ぶのが PBL の一つの特徴とされ,学んだ状況とよく似た場でその知識を使えるようにするという意味が含まれている(Ntyonga-Pono 2006)。

　臨床実習など現場での指導については,従来徒弟制による on-the-job training (OJT) が用いられてきた(Ziv, Small, Wolpe 2000)。上述した see one, do one, teach one モデルも,OJT の一部と考えられる。また,疾病の診断の際に文脈や状況の影響が大きく,事例特異的(case specific)であることが知られてきた(Elstein, Schwarz 2002)。このことは,状況学習論重視の流れに関係していると言えるだろう。

2.3.3 カリキュラムの捉え方

　カリキュラムをどう捉えるかに関しても,さまざまな考え方の変化が生じた。たとえば,潜在的カリキュラムについては,Hafferty の報告以降医学教育領域にも知られるようになった(Hafferty, Franks 1994)。たとえば,「病に苦しむ

患者に対して常に耳を傾けるように」とある教員が講義した後に，その教員が
病棟で回診して実際に患者を対面する際には「忙しいから後で」と素っ気なく
話を断ち切る行動を見せたとすれば，観察学習の理論から，その教員の行動が
学習者の後の行動により大きな影響を与えることが予測される。「患者の訴え
を傾聴することの重要さ」について述べた講義がタテマエに過ぎないという
メッセージと受け止められるわけである。

　これは，カリキュラムの所有者は誰かという点とも密接に関連している。教
育プログラム，教育課程と呼ぶ場合には，教員側が計画したカリキュラムを意
味することが多い。一方，学習者中心性（student-centeredness）の議論が高ま
り，履歴書を英語で curriculum vitae というように，カリキュラムの「履歴」
の意味が改めてクローズアップされるようになったことから，カリキュラムの
所有者は学習者本人であるという考え方が広がってきた（奈須 1997）。

　カリキュラムが究極的に目指すところが何かという点も，前述のアウトカム
基盤型教育でかなり議論し尽くされているように思われるが，実際にはさほど
単純でもない。たとえば，わが国において保健医療行政を担う厚生労働省にお
いては，医学部卒業生は医師として最低限の臨床能力を備えていて欲しいと考
えるのは当然のことであろう。しかし，大学医学部側としては，それも重要だ
が研究者の卵としてより多系統につながる基本的な能力を身につけてほしいと
いうニーズもある。

　たとえば，高等教育全般を俯瞰すると，各教員が社会ニーズに照らしつつも
自由闊達な議論の基に研究を展開し，そこで得た知見を中心に教育に活かすと
いう流れは最善の方向性と考えられるかもしれない。しかし，医学・医療の分
野においては，研究そのものがもつ還元論的な考え方とも相俟って，研究が非
常に細かな部分に入り込んでしまうタコ壺的な展開を生じてしまうリスクも高
い（Gordon 1988）。カリキュラムを保健・医療のニーズに基づいて開発すべし
という意見は，医学やその研究に内在するこのような問題点に根差している面
もあるだろう。

2.3.4　カリキュラム管理と組織運営

　ここで，改めて医学教育の目標を，臨床現場で独立して業務を任せられるレ

ベルにするというところに置いてみよう。現状のわが国の医学教育においては，この目標，マイルストーンは，卒後臨床研修の2年が終わった時点で達成することが求められていると言ってよい。厚生労働省は医師臨床研修によってプライマリケアのできる医師を育てるという文言を使うこともあるが，ここでいうプライマリケアとは，地域医療や初期診療というような意味ではなく，臨床現場で独立して業務を任せられる EPA に該当すると考えるのが最も理解しやすい。

　この目標を満たすためには，一定以上の期間臨床業務に従事する必要があり，若手医師，あるいは医学生に臨床業務を経験してもらえるような医療施設も必要になる。教員や指導医も必要だし，図書館やインターネット環境，教室も必要であり，これらを全体的に管理する組織，組織全体のビジョンやミッション，計画されたカリキュラム，これら全体を継続的に評価し，質保証するためのシステムも必要になる。大学医学部に対しては，文部科学省が大学設置基準によりこれらを縛ってきた。また，研修病院に対しては，厚生労働省が管理している。今後大学医学部においては，分野別認証評価のシステムが開始される予定であり，上記のような項目について自己点検評価し，外部評価を経て認証を受けるという流れの中で質保証，質改善が図られることが期待される（大西 2014）。

　教育の質に関して吟味したり，比較したりするのは簡単なことではない。一つの指標として，大学医学部の質は医師国家試験の合格率によって測られている面がある。しかし，これによって一部の医学部ではカリキュラムの最後の1年近くを医師国家試験準備教育に割くなど，医師国家試験予備校のような対応もとっている。EPA を評価し，保証して卒業させるというような役割は，わが国の医学部にとって今後の大きな課題と言えよう。

　これらを鑑みて，医療専門職の教育プログラム評価は，今後ますます重要になるだろう。プログラム評価に関しては，以前はランダム化比較試験に代表されるような実験的な手法が重視されていた（Campbell 1969）。しかし，1980年頃から「評価も科学的研究と同様の科学的手続はとるが，評価の目的は科学的研究から明確に区別されるべき。ステークホルダーのニーズ充足を志向すべき」というように変化していった（Cronbach 1982；佐々木 2010）。

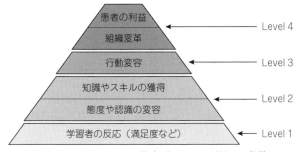
図 2-3 Kirkpatrick の教育プログラム評価の4段階

　評価の結果によって政策の変更が行われるような場合，評価自体がそこで教育，学習を行う人々に大きな影響を及ぼす。よって，実験的な評価方法に最も近い目標志向型評価だけでなく，マネジメント志向型評価，消費者志向型評価，専門家志向型評価，参加者評価などの新たなモデルも考慮されるようになってきている（上記の認証評価は，専門家志向型評価に近いだろう）(Worthen, Sanders, Fitzpatrick 1997)。

　また，直感的なわかりやすさという意味では，図2-3のKirkpatrickの教育プログラム評価の4段階がよく知られている（Kirkpatrick 1975)。教育プログラムの究極の目標は，社会的なインパクトが生じることであり，それは患者にとっての利益だったり，組織的な変革につながる影響だったりする。そのためには，学習者の行動変容が重要である。単に知識がある，最低限の技量が備わっているということだけでなく，患者安全に向けた実践，多職種での患者ケアの最適化，プロフェッショナルとしての倫理観や利他主義，といった点も加味した評価であることが望ましく，教育組織全体としてこのような医療の要点に合わせて組織を継続的に改善しなければならない時代になっているのである。

2.4　まとめ

　医学教育，医療者教育は，基本的に高等教育によって提供されているが，職能訓練の側面ももっている点で，かなり色合いが違っている面がある。また，免許制度があり，社会からはますます教育への要求度が増大していると考えら

れ，医学教育，医療者教育の説明責任，透明性が高く求められる時代と言えるだろう。

一方で，技術者である医療職，研究者である教員を，病院や学部といった組織において束ね，一つの方向性をもって管理運営するという意味でのガバナンスを発揮することは簡単ではない。目の前の患者さんに対して最善を尽くすことは当然なのだが，社会保障としての医療や保健のサービスを広く提供すること，疾病パターンの変化（以前は感染症が多かったが，今や生活習慣病が死因の大半を占めることなど），個人の好みに合わせてケアを最適化することなども考え併せると，教育の目標も常に変化している。

おそらく，今後学習者評価，プログラム評価のシステムは，より重視され，強化されていくだろう。たとえば，医学部の評価も，国際的なレベルの研究の展開が重視される施設，地域医療への貢献が重視される施設など，それぞれの特色に応じてなされていく必要がある。今後，そういったシステムを構築するために，さまざまレベルで教育工学の知見が利用されていくことが期待されている。

参考文献

Alessi, S. M. (1988) "Fidelity in the design of instructional simulations," *Journal of Computer-Based Instruction*, 15(2): 40-47.

Association of American Medical Colleges. MedEdPORTAL. https://www.mededportal.org/ （2015年2月26日アクセス）

Birnbaumer, D. M. (2011) "Teaching procedures: improving 'see one, do one, teach one'," *Canadian Journal of Emergency Medicine*, 13(6): 390-394.

Bradley, P. (2006) "The history of simulation in medical education and possible future directions," *Medical Education*, 40: 254-262.

Campbell, D. T. (1969) "Reform as experiments," *American Psychologist*, 24: 409-429.

Carraccio, C. L., Benson B. J., Nixon, L. J., Derstine, P. L. (2008) "From the educational bench to the clinical bedside: translating the Dreyfus developmental model to the learning of clinical skills," *Academic Medicine*, 83(8): 761-767.

Cronbach, L. J. (1982) *Designing evaluations of educational and social programs*, Jossey-Bass.

Dreyfus, S. E., Dreyfus, H. L. (1980) *A five-stage model of the mental activities involved in directed skill acquisition*, Unpublished report, University of California.

Elstein, A. S., Schwarz, A. (2002) "Clinical problem solving and diagnostic decision making:

selective review of the cognitive literature," *BMJ*, 324(7339): 729-732.
Evans, K. M., King, J. A. (1994) "Research on OBE: What we know and don't know," *Educational Leadership*, 51(6): 12-17.
Flexner, Abraham (1910) "Medical education in the United States and Canada: a report to the Carnegie Foundation for the Advancement of Teaching, No. 4," Carnegie Foundation for the Advancement of Teaching.
藤崎和彦・尾関俊紀(1999)「わが国での模擬患者(SP)活動の現状」『医学教育』30(2): 71-76.
福島統(2012)「戦後における医学教育制度改革」坂井建雄編『日本医学教育史』東北大学出版会, 213-245.
General Medical Council (1993) *Tomorrow's Doctors: Recommendations on Undergraduate Medical Education*, General Medical Council.
Gordon, D. R. (1988) "Tenacious assumptions in Western medicine," *Biomedicine Examined*, 13: 19-56.
Hafferty, F. W., Franks, R. (1994) "The hidden curriculum, ethics teaching and the structure of medical education," *Academic Medicine*, 69: 861-871.
Harden, R. M, Laidlaw J. M(著), 大西弘高(監訳)(2013)『医学教育を学び始める人のために』篠原出版新社.
Harden, R. M., Hart, I. R. (2002) "An international virtual medical school (IVIMEDS): the future for medical education?" *Medical Teacher*, 24(3): 261-267.
Harden, R. M., Gessner, I. H., Gunn, M., Issenberg, S. B., Pringle, S. D., Stewart, A. (2011) "Creating an e-learning module from learning objects using a commentary or 'personal learning assistant'," *Medical Teacher*, 33: 286-290.
林茂(1977)「WHO ワークショップ "Instructional Design" 参加報告」『医学教育』8(4): 276-282.
堀原一(2011)「日本の医学教育学理論の温新と実践の創出」『医学教育』42(5): 309-316.
堀原一・鈴木淳一(1977)「「医学教育における教育工学」ワークショップ」『医学教育』8(3): 199.
今道英秋・原健二・佐々木將人・飯島克巳・楡木満生・五十嵐正紘(1996)「ロール・プレイによる診療実習の新しい試み」『医学教育』27(4): 247-252.
公益社団法人医療系大学間共用試験実施評価機構(2005)「社団法人医療系大学間共用試験実施評価機構の設立趣旨」.
http://www.cato.umin.jp/01/0201outline.html(2015年2月26日アクセス)
Kaufman, D. M. (2003) "ABC of learning and teaching in medicine: applying educational theory in practice," *BMJ*, 326: 213-216.
Kern, D. E., Howard, D. M., Thomas, P. A., et al. (著), 小泉俊三監(訳)(2003)『医学教育プログラム開発――6段階アプローチによる学習と評価の一体化』篠原出版新社.
Kirkpatrick, D. L. (1975) "Techniques for Evaluating Training Programs," In Kirkpatrick, D. L., *Evaluating Training Programs: A Collection of Articles*, American Society for

Training and Development, 1-17.

Kohn, L. T., Corrigan, J. M., Donaldson, M. S. (2000) *To Err Is Human : Building a Safer Health System*, National Academy Press.

菰田孝行・阿部幸恵・大滝純司（2009）「日本の医学教育における学習目標の表現に関する一考察」『医学教育』40(4)：259-263.

厚生労働省（2003）「医師法第16条の２第１項に規定する臨床研修に関する省令の施行について」（平成15年６月12日）

 http://www.mhlw.go.jp/topics/bukyoku/isei/rinsyo/keii/030818/030818.html（2015年２月26日アクセス）

厚生労働省（2013）「専門医の在り方に関する検討会報告書」（平成25年４月22日）

 http://www.mhlw.go.jp/stf/shingi/2r9852000000300ju-att/2r9852000000300lb.pdf（2015年２月26日アクセス）

Lowry, S (1993) "Trends in health care and their effects on medical education," *BMJ*, 306 : 255-258.

「三浦公嗣氏（文部科学省高等教育局医学教育課長）に聞く」『医学界新聞』2727号（2007年４月９日）

 http://www.igaku-shoin.co.jp/paperDetail.do?id=PA02727_01（2015年２月26日アクセス）

文部科学省（1991）「大学設置基準の一部を改正する省令の施行等について」（平成３年６月24日）

 http://www.mext.go.jp/b_menu/hakusho/nc/t19910624001/t19910624001.html（2015年２月26日アクセス）

文部科学省高等教育局医学教育課（2010）「医学教育モデル・コア・カリキュラム（平成22年度改訂版），歯学教育モデル・コア・カリキュラム（平成22年度改訂版）の公表について」（2011年３月31日）

 http://www.mext.go.jp/b_menu/shingi/chousa/koutou/033-1/toushin/1304433.htm（2015年２月26日アクセス）

Muller, S. (1984) *Physicians for the twenty first century : The GPEP report*, Association of American medical Colleges.

奈須正裕（1997）「カリキュラム編成の原理をめぐって――内容論」鹿毛雅治・奈須正裕（編）『学ぶこと・教えること』金子書房，103-129.

Neufeld, V. R., Barrow, s H. S. (1974) "The 'McMaster Philosophy' an approach to medical education," *Journal of Medical Education*, 49 : 1040-1050.

日本医療教授システム学会

 http://www.asas.or.jp/jsish/index.html（2015年２月26日アクセス）

日本歯科医学教育学会「学会の特徴と活動」

 http://kokuhoken.net/jdea/info/index.html（2015年２月26日アクセス）

日本薬学会薬学教育部会　第３回医薬合同教育ワークショップ「薬学教育者のためのワークショップのあり方について」報告書（平成22年６月）

http://www.pharm.or.jp/kyoiku/pdf/iyakugodo3rd.pdf（2015年2月26日アクセス）
Ntyonga-Pono, M. P. (2006) "Problem-based learning at the Faculty of Medicine of the Université de Montréal: a situated cognition perspective," *Medical Education Online*, 11: 21.
Okayama, M., Kajii, E. (2011) "Does community-based education increase students' motivation to practice community health care? - a cross sectional study," *BMC Medical Education*, 11: 19.
大西弘高（2004）「学習，教育と教育理論，心理学的基盤との接点：PBL の意義や活用法」吉田一郎・大西弘高編『実践 PBL テュートリアルガイド』南山堂，xx.
大西弘高（2011）「シミュレーション教育のカリキュラム開発」藤崎和彦（編）『シミュレーション医学教育入門』篠原出版新社，54-61.
大西弘高（2013）「アウトカム基盤型教育の歴史，概念，理論」田邊政裕（編）『アウトカム基盤型教育の理論と実践』篠原出版新社，3-39.
大西弘高（2014）「医学教育認証評価の現状と展望：東大医学部での状況を含めて」『医学界新聞』3090号（2014年9月1日）
http://www.igaku-shoin.co.jp/paperDetail.do?id=PA03090_02（2015年2月26日アクセス）
大西弘高・川崎勝・椎橋実智男・阿部幸代・大久保由美子・片岡仁美・杉本なおみ・高村昭輝・内藤亮・丹羽雅之（2012）「医学教育情報館（MEAL）の構築プロセス」『医学教育』43(3)：215-220.
Onishi, H., Yoshida, I. (2004) "Rapid change in Japanese medical education," *Medical Teacher*, 26(5): 403-408.
Papa, F. J., Harasym, P. H. (1999) "Medical curriculum reform in North America, 1765 to the present: a cognitive science perspective," *Academic Medicine*, 74(2): 154-164.
Rabinowitz, H. K., Diamond, J. J., Markham, F. W., Rabinowitz, C. (2005) "Long-term retention of graduates from a program to increase the supply of rural family physicians," *Academic Medicine*, 80(8): 728-732.
Reiser, R. A., Dempsey, J. V. (2012) *Trends and issues in instructional design and technology*, Pearson.
佐々木亮（2010）「エビデンスに基づく開発援助評価――援助評価の歴史，ランダム化実験の起源，スクリヴェンとバナージェの考え方の比較」『日本評価研究』10(1)：63-73.
Seropian, M. A., Brown, K., Gavilanes, J. S., Driggers, B. (2004) "Simulation: not just a manikin," *Journal of Nursing Education*, 43(4): 164-169.
Societal Needs Working Group, CanMEDS2000 Project (1996) "Skills for the new millennium," *Annals of Royal College of Physicians and Surgeons of Canada*, 29(4): 206-216.
Spady, W. G. (1988) "Organising for results: the basis of authentic restructuring and reform," *Educational Leadership*, 46(2): 4-8.
鈴木克明（1989）「米国における授業設計モデル研究の動向」『日本教育工学雑誌』13(1)：1-14.

Swing, S. R. (2007) "The ACGME outcome project: retrospective and prospective," *Academic Medicine*, 29: 648-654.

Taba, H. (1962) *Curriculum development: Theory and practice*, Harcort, Brace & World.

高村昭輝・伴信太郎(2010)「地域立脚型の卒前医学教育——医学教育の新しいパラダイム」『医学教育』41(4):255-258.

田邊政裕・朝比奈真由美・伊藤彰一・前田崇・野口穂高・白澤浩・田川まさみ(2011)「千葉大学医学部における学習成果基盤型教育(Outcome-based Education)の実質化——順次性のあるカリキュラム編成の工夫」『医学教育』42(5):263-269.

Tekian, A., Harris, I. (2012) "Preparing health professions education leaders worldwide: A description of masters-level programs," *Medical Teacher*, 34(1): 52-58.

ten Cate, O., Scheele, F. (2007) "Viewpoint: Competency-based postgraduate training: can we bridge the gap between theory and clinical practice?" *Academic Medicine*, 82(6): 542-547.

Tosteson, D. C. (1990) "New pathways in general medical education," *New England Journal of Medicine*, 322(4): 234-238.

Tyler, R. W. (1950) *Basic principles of curriculum and instruction*, University of Chicago Press, 1-83.

海原亮(2012)「江戸時代の医学教育」坂井建雄(編)『日本医学教育史』東北大学出版会, 1-33.

牛場大蔵・尾島昭次・鈴木淳一・田中勧・吉岡昭正(1975)「第1回医学教育者ワークショップ」『医学教育』6(1):9-98.

van der Vleuten, C. P. M. (1996) "The assessment of professional competence: developments, research and practical implications," *Advances in Health Sciences Education*, 1(1): 41-67.

World Federation for Medical Education. Basic Medical Education WFME Global Standards for Quality Improvement.
http://wfme.org/standards/bme/3-quality-improvement-in-basic-medical-education-english/file (2015年2月26日アクセス)

Worthen, B. R., Sanders, J. R., Fitzpatrick, J. L. (1997) *Program evaluation: alternative approaches and practical guidelines* (2nd ed.), Longman.

山畑佳篤(2010)「救急関連のシミュレーション教育」日本医学教育学会(編)『医学教育白書2010年版』篠原出版新社, 172-176.

横井隆志(2008)「日本の大学ガバナンスをめぐる歴史と制度的背景」『創価大学大学院紀要』30:17-33.

吉岡昭正(1978)「3 教授目標:3-1 教授目標をどのように分類するか」日本医学教育学会教育開発委員会(編)『医学教育マニュアル1 医学教育の原理と進め方』篠原出版新社, 28-32.

Ziv, A., Small S. D., Wolpe P. R. (2000) "Patient safety and simulation-based medical education," *Medical Teacher*, 22(5): 489-495.

第3章

看護師養成と教育工学

村中陽子／三宮有里

3.1 看護師養成と授業設計支援

3.1.1 看護教育に活用されてきた授業設計
① 看護教員養成課程で教えられてきた授業設計

　看護師等養成所の運営に関する指導要領第4条「教員に関する事項」1．専任教員及び教務主任(3)看護師養成所の専任教員になることのできる者は，次のいずれにも該当するものであること，と規定されている。それは，1) 保健師，助産師又は看護師として5年以上業務に従事した者，2) 専任教員として必要な研修を修了した者又は看護師の教育に関し，これと同等以上の学識経験を有すると認められる者，である。「必要な研修」とは，2008（平成20）年現在，1年課程の厚生労働省看護研修センターにおける看護教員養成課程及び神奈川県立保健福祉大学実践教育センターにおける教員・教育担当者養成課程看護コース，そして厚生労働省が都道府県に委託した8ヵ月間の看護教員養成講習会（全国11ヵ所，総定員450名）である。また，学識経験を有すると認められる条件は教育に関する科目4単位の修得となっており，教育原理，教育心理学，教育評価，教育方法などの教育の基礎となる科目が設定されている。

　これらの教育に関する知識については，教育工学の専門家に依拠してきたところが大きい。その一人として，故沼野一男（1923〜2013）が挙げられる。沼野は，『看護教育の技法』(1970)，『看護教育評価 その目的と方法』(1975)，そして『教育の方法・技術』(1989) を著わし，看護教員に教育工学的視点を与えた。この頃，看護教育界では，完全習得学習理論やブルーム（Bloom, B. S.）の教育目標分類学が普及した。学習者のほぼ全員が教育内容を完全に習得するための学習理論である完全習得学習についてブルームは，全体的な見通しで

き，目標を明確にし，形成的評価を生かして，適切な指導をすることで90％以上の学習者が学習の達成ができると主張した。この理論が受け入れられた背景には，看護教育は資格試験に結び付いていることが挙げられる。

また，故藤岡完治（1945～2004）は，『わかる授業をつくる看護教育技法』を著わした。それはシリーズ本となり，1）講義法（1999），2）討議を取り入れた学習法（2001），3）シミュレーション・体験学習（2000），4）メディア・教材（1999）というトピックスを扱っている。また，授業についての知識や技術が問題解決的に体験できるように構成され，授業設計について自己学習するワークブックとなっている『看護教員のための授業設計ワークブック』（1994），『学生とともに創る臨床実習指導ワークブック第2版』（2001）が発刊されている。また，たいていの場合，授業設計と授業デザインは同意語として使われているが，藤岡は，「授業設計」と「授業デザイン」を区別し，表現，発見，対話，相互性，気づきを重視する円環的・循環的な羅生門的アプローチであるとする「授業デザイン」を志向していた。そして，「授業デザインの6つの構成要素（ねがい，目標，学習者の実態，教材の研究，教授方略，学習環境・条件）を提唱した。「『授業デザインの6つの構成要素』は，授業を構想する際の考え方であると同時に，6つの構成要素の『一つ一つを明確にし，相互に関係づけ，相互の関連において修正し，ねがいを中心とした全体として調和のとれた，意図の明確な授業の世界を構想していく』ためのものである」と表現している。神奈川県立保健福祉大学実践教育センターにおける教員・教育担当者養成課程看護コースでは，この6つの構成要素をもとに授業をデザインし，マイクロティーチング（模擬授業）を行っている。直接，藤岡に教えを受け，その遺志を継ぐ看護職者や看護教員は多く，今日もなお藤岡の看護教育への貢献が認められる。

このように，教育工学者の協力のもと，看護教員が教育学の専門的な知識を獲得できたこともあり，佐藤みつ子らは，看護教員だけで『看護教育における授業設計』（第1版1993，第2版1999，第3版2006，第4版2009）を執筆した。本書は，東京都立医療技術短期大学に設置された看護教員養成講座において，教員教育の重要課題である授業設計をどのように学習させればよいのかの試行錯誤から生まれたと言われている。

② 授業設計において焦点化されてきたこと

　工学的アプローチでは，ニーズアセスメントの後に，まず一般的目標の設定，より具体的な特殊目標の設定，その特殊目標が，ブルームの提唱した「行動目標」に定式化される。測定可能に表現された行動目標を実現するための教材開発，それを用いて教授・学習活動が試みられる。最後にその目標がどれだけ達成されたかを行動目標に照らして学習者たちの行動で評価し，その結果を基にカリキュラム評価を行うことになる。このように，工学的アプローチは分析的であり，教材を重視し，適切な教材の選択や，その配列が教授・学習過程を規定すると考えられている。そして，工学的アプローチの評価は，客観性，妥当性，信頼性が要請されるため，一般化された規定概念並びに一定基準を設定する必要が生じる。

　このことに関連し，佐藤らは，「授業設計とは，課題のねらいを達成するために，目標から具体的な指導内容（学習内容）を明確にし，教授・学習活動をあらかじめ想定して教材を組み立て，授業評価の視点まで加えて表すことである。教授・学習活動では，資料や発問のタイミングを考え，何に重点をおくのかなど，具体的に設計する」（佐藤ほか 2009：25）と定義している。そして，「授業設計を指導案と同義語にとらえ，看護教育に用いるにあたり，講義，演習（技術），実習の授業計画から，授業の実施方法および授業の評価計画までを授業設計と考えた」（同）としている。

　授業設計の要素として挙げられているものをみると，先ず，単元全体の指導計画には，①指導対象（単元，学校名，学級，学生数，指導年月日，指導者），②単元設定の理由（教材観，学生観，指導観），③単元の指導目標（認知領域・精神運動領域・情意領域に沿って具体的に設定，中心的な目標と従属的な目標の区別），④単元全体の展開（指導目標，指導内容，学習形態，各主題に要する時間配当など），⑤単元の評価計画（時期，評価観点，測定方法，評価結果の活用法）がある。次に，本時の指導案には，①指導案の形式（フローチャート形式など，使いやすさ，見やすさから決定），②指導案の構成要素（主題名，本時の指導目標，行動目標，指導過程，評価など）が挙げられている。

　これらの基本を示しながら，授業設計が，実践を通して立案・実施・評価を

繰り返すことによって新たな観点を見出し，より実用的なものになっていくことが望ましいとされている。つまり，看護教員は自分の授業をリフレクションするという行為を重ね，教えることの意味を探求することが，授業設計をブラッシュアップすることにつながるということを示唆している。

3.1.2 授業設計の教育工学的アプローチが看護教育に与えた影響
① 効果的・効率的な教育方法の必要性

看護基礎教育は，1951年保健婦助産婦看護婦法の指定規則制定に基づく教育課程から，1967年（第1次改正），1990年（第2次改正），1997年（第3次改正），2009年（第4次改正），と改正を重ねてきた。それは，社会構造や家族構造の変化等による社会のニーズへの対応が大きな理由である。それと共に，看護基礎教育では，医学モデルや徒弟的な教育からの脱却が図られ，学士課程における看護師養成のための教育課程が検討されてきた。一方で，看護師国家試験受験資格に必要な教育時間数は，初期の5077時間から現在の3000時間に減少しており，知識偏重や技術教育の削減が，学生の実践能力の育成に大きく影響する状況が指摘されている。

さらに，医療の発達・医療技術の進歩に伴い，看護師に必要とされる知識量の増加，高度な専門知識の必要性により，学習内容は豊富かつ多岐にわたる。そのため，従来の教育方法では限界があり，より効果的で効率的な教育方法が問われるようになった。まさに，教育における問題解決のための意思決定を支援する学問である教育工学，そして教育工学的アプローチの必要性がここにあった。

② CAIへの関心の始まり

日本の看護教育は，米国の看護教育に影響を受けてきた。それは，第二次世界大戦の敗戦により，GHQ（連合国軍最高司令官総司令部）の指揮下に置かれたことに端を発している。米国の看護指導者によって新しい看護の考え方が導入され，日本の看護教育の基礎がつくられた。米国は，世界的に見ても看護教育の学問的な発達が早く，さまざまな面において進歩的な取り組みを実践している。その一つに，CAI（Computer-assisted Instruction）の導入がある。1980

年代以降，米国での看護 CAI を体験・見聞した日本の看護教育者や研究者たちはそれを伝え，日本の看護教育への CAI 導入に貢献してきた。

　1991年には，看護系雑誌で，特集「看護と情報教育」が組まれた。その中で，看護教育 CAI 研究会によって行われた CAI 教材開発をもとに具体的な提案がなされた。それは，1) 情報化社会への変化に対応する看護教育を，2) CAI 導入の意義，3) CAI 教材開発のプロセス，4) 開発した教材の価値，5) 教材開発過程の評価と今後の課題，であった。同研究会は，次に，高齢社会に役立つ老人看護のための教育用ソフトの開発に取り組んだ。いずれも，IT 企業との連携によって教材開発が遂行されていった。

　1998年には，別の看護系雑誌で，「新たな看護教育方法の選択肢：CAI (Computer Assisted Instruction)」というタイトルで 5 回の連載が組まれた。この連載で村中（1998）は，情報化社会という情勢を踏まえて，看護教育におけるコンピュータ活用について論じている。第 1 回目は，「米国における看護 CAI の発達と日本の現状」と題して，1970年以降の文献検索に基づき，米国と日本の看護 CAI の発達経過を明らかにし，また CAI の概念を解説した。第 2 回目は，「CAI 導入のための必要条件」と題して，CAI の開発には看護・コンピュータ・教育方法に関する専門的な知識，財政的なサポート，そして時間は必要不可欠であり，看護教師の個人的レベルでの取り組みは極めて難しいことを明らかにした。そこで，CAI が看護教育の中に導入され，有効な方法として浸透していくためには何が必要なのかに焦点を当て，「CAI 導入のための必要条件」について論じている。具体的には，CAI 導入に対する教師の認識・アセスメント，プログラムデザインを取り上げている。第 3 回目は，「意思決定能力を促進する学習プログラム」と題し，イリノイ大学とカリフォルニア大学で実際に使ってみた看護 CAI の中で，意思決定能力を促進すると実感したプログラムを分析的に紹介している。ケーススタディで，コンピュータにアクセスするたびに，患者の背景に関するデータをシャッフルして提示する（性別や年齢の変更など）プログラムがそれである。第 4 回目は，「モチベーションを高める看護」と題して，教育学及び情報学の知識を使い，看護 CAI と学習へのモチベーションとの関係を分析的に示した。そこには，看護教育 CAI 研究会が開発した看護 CAI の運用評価を例に挙げて，CAI の特徴と学生

の学習へのモチベーションについて解説している。第5回目は,「看護CAIの将来的展望」と題して,看護教育における顕在的・潜在的な課題,コンピュータ教育の時代性,CAIの学問的な位置づけから,看護CAIの将来的展望を述べている。

このように,1990年代には,日本でも看護CAIに関する研究が行われるようになり,1995年頃から研究報告が認められ,看護教育分野におけるコンピュータやメディアの有効な活用方法を追求するという教育工学的アプローチが使われるようになった。

③ 日本教育工学会と看護教育

日本教育工学会第12回全国大会(1996年)では,初めて「看護・福祉教育」のセッションが設けられた。その時の演題は6題であった。研究課題は,「タイプの異なる体験学習が授業観察に及ぼす影響」「外因性肥満に対処する看護者の意思決定を促進する発問」「地域住民の主体的健康管理能力を高める集団学習の展開モデル構築のための検討」「保健・医療用情報システムのユーザーモデル」「看護教員によるCAI開発の要件――『栄養・代謝のアセスメント』コースウェア作成過程を通して」「看護職への継続教育用CAI」であった。これら学習経験,教授法,学習方法,システムモデル,CAI開発などさまざまな側面からのアプローチによる実践研究が発表されたのである。

これが契機となり,日本教育工学会において,看護教育に関する研究発表が増加していった。教育工学研究は,学校教育から高等教育,企業内教育,生涯学習など教育全般にわたり,それぞれの場で抱えるアップデートな課題を研究対象としており,そこでの実践知や理論知の共有は,看護教育への新たな発見をもたらすと言える。

もともと学際的学問である看護学は,行動科学や人間工学の知識を,人間理解や看護技術を学ぶ上での基礎知識として取り入れてきた。それらが教育工学という名のもとにさらなる発展を遂げることは,ひいては看護学の発展をもたらすと言える。

3.1.3 看護師養成の課題解決のための授業設計
① 看護学の授業の特徴と教育上の課題

　新保（2013）は，看護の授業には他の学問領域の授業とは異なった特徴があり，看護教員には2つの面からの関わりが求められる，としている。1つは，内容的な側面の関わりである。看護に関する知識や技術など，看護学が蓄積してきた知の一端を学生にわかりやすく説明したり，技術が身につくように指導を行うことなどがこれに当たる。この側面は，学生の知的な側面や技術・技能的な側面に大きな影響を与える。もう1つは関係的な側面での関わりである。たとえば，看護の授業のなかでは，よく「患者さんの語りにしっかりと耳を傾けて，その悩み苦しみを受け止めることが重要である」という。このうち，後者の関係的な側面のもつ意味が，他の学問領域の授業と比べて格段に大きいと捉えられている。

　これに関連するものに，学生の個別性を尊重し，看護専門職に不可欠なケアリング資質を発達させるための教育のあり方を探求した研究がある（村中ほか2001）。カリキュラム・教師教育・教育環境・専門職性に関する文献レビュー（1994～99）を行い，次いで，看護教育実践上の問題点と課題を抽出し，学生の個別性とケアリング資質を発達させるために可能な教育のあり方を示している。そこでは，教師と学生の「対話の関係」において教授・学習過程が進められることが重要であり，教師個々の異なる資質向上のためのサポートシステムやネットワーク，多様な教授・学習方略の実現が中心的課題となることが明らかにされている。この結果から，看護基礎教育における教授方略は，学生の学習ニーズや学習スタイルの多様性にも焦点が当てられていたことがわかる。

　新保（2013）の見解にも示された通り，看護学の授業では，専門的な知識や技術であるテクニカルスキルとともに，コミュニケーション，チームワーク，リーダーシップ，状況認識，意思決定などを包含するノンテクニカルスキルをも取り扱う必要がある。なぜならば，看護師は，医療チームの中では24時間継続して対人関係を基盤に患者をケアしている唯一の専門職である。看護は実践の科学であり，患者中心で個別的であるために，患者を理解するところから始まり，患者との援助的人間関係を築くことが，適切な看護ケアの提供へとつながるからである。そのため，講義，演習，実習という段階的な授業形態では，

教員には，講義の段階から，理論を実践につなげられるような工夫が必要となる。

しかし，今日，看護師養成機関の増加と入学生定員数の増加に伴う教員不足，入学生の学力低下，無資格の学生が保健医療福祉分野で実習をするうえでの制限などによって，授業設計において考慮しなければならないさまざまな課題がある。それに加え，看護教員は教員免許状の資格を問われないので，教職に関する基礎的な学習を積んでいない教員が多く存在しているのが現状であり，看護教員の教育力向上のための FD や自己研鑽が行われているとしても，授業設計に関連する知識が十分に備わっていない教員が少なくないことも課題として挙げられる。

② インストラクショナル・デザインに基づく授業設計

米国では，米国看護連盟（NLN：National League for Nursing）が看護教員の資格認定（CNE：Certified Nurse Educator）を行っている。その資格認定のために修士課程では 9 単位以上の科目設定があり，インストラクショナル・デザイン（ID）の学習が含まれている。日本の看護教育においても ID が認知され始めており，教員として ID を学習する意義は大きい。

細田（2013）は，米国において新しい臨床教育モデルを提案した OCNE（Oregon Consortium for Nursing Education）における ID についてのフィールドスタディの結果を報告した。それによれば，OCNE の開発の背景には，看護師不足，ヘルスケア環境の変化，教員の不足，実習施設や教室の不足等により，学士レベルの看護学教育のニーズに対応できる教育プログラムが必要であったことが記されている。そこで，OCNE は13キャンパスを連携校として教育資源の有効活用を行い，急速に変化するヘルスケアニーズに対応するため，先ずコンピテンシーに基づくカリキュラムを提供した。カリキュラムは，「新しい看護師」としての 10 のコアコンピテンシーを明示した。それは，臨床判断，クリティカルシンキング，EBN，関係中心のケア，学際的協力，リーダーシップ，健康増進と慢性疾患の管理に向けた患者と家族のセルフケアの支援，介護者の教育，委任，監督に熟達する必要性に取り組む，である。そして，教育原理に基づいた詳細な学習コースとシラバス，推奨内容，ケーススタディ，シミュレーションのシナリオ，その他の教材を開発している。

このことが示すように，授業を改善するには，IDの基本プロセスであるADDIE（Analyze, Design, Development, Implement, Evaluate）モデルの第一段階におけるニーズ分析を多面的に実施し，その結果から導き出された問題を教員間で共有することが先決である。そうして，授業によって習得されるテクニカルスキルとノンテクニカルスキルが，ニーズ分析によって明らかになった課題解決にどのように役立つのかを考える必要がある。

　分析の次の段階（Design：設計）では，看護教育に特有の課題解決目標に加え，情報知識基盤社会といわれる21世紀においては，ICTを活用しながら，学生の自己調整学習能力を高めることも必要であると言える。自己調整学習は，「学習者自身が動機づけや学習スキルを高めることによって，自らの学習を積極的かつ前向きにコントロールしていく学習活動」のことである。先行研究からも，今日大学教育の目標の１つとなっている「自ら学ぶ力」を育成するためには，学生の自己調整学習能力を高めていくことの重要性が示唆されている。

　Development：開発の段階では，学習者の特性を把握する必要がある。学習スタイルの分類では，米国の教員や学生によく使われているVARKモデルがある。これは，自分にとって，どのような学習方法が最も効果的に学べるかということを意味する。視覚資料で考える視覚学習者（Visual Learners），聴くことを通して学ぶ聴覚学習者（Auditory Learners），教科書を読みノートをとることを好む読み書き優先学習者（Reading-writing Preference Learners），体験型の学習を好む触覚／運動感覚学習者（Kinesthetic Learners or Tactile Learners）の４つに分類されている。このような学生の学習スタイルの多様性を考慮すると，さまざまな種類の教材（媒体）を使って学習できるように準備するとよいことがわかる。一辺倒な教え方では，学習スタイルの好みが異なる学生の注意を引き，集中力を維持させることは難しい。

　講義，演習，実習という段階的な授業形態をとる場合には，コンピュータを利用した教材や教授システム開発が行われている。それにより，マルチメディアを用いたリアリティのある医療・看護場面の提示による学習が可能となることで，実習前のレディネスを高める，授業後の学習を強化する，学習の動機づけを高めるなどの効果も報告されている。今日，マルチメディアを活用したeラーニングが看護教育にも積極的に導入されるようになり，知識や看護技術の

習得を効果的・効率的・魅力的に行うことができるような取り組みがなされるようになった。そこには、Evidence-based teaching への志向の高まりが感じられる。

これまでに述べた看護師養成の課題解決のために、米国では、従来行われてきた看護基礎教育の実習教育に替えて、体系化された教育プログラムとしてシミュレーション教育が開発された。学生が実習場で体験し、学ぶことには限界があるため、再現性（Fidelity）があり安全性が保たれるシミュレーション教育の必要性は高いという信念のもとに、戦略的に実践している。The National Council of State Boards of Nursing において、2011年秋から2年間計画でシミュレーション教育の効果について評価研究が実施されている。7つの臨床コースで、100時間のうちシミュレーション教育を10％、25％、50％実施の3群に分けて分析をしている。3群間の臨床能力・知識・学習ニーズへの適合・コア臨床コースにおける臨床能力の差をみて評価している。シミュレーション教育のネガティブな結果が出たら即中止の方向で行ったが、ネガティブな結果は出ておらず、今ではほとんどの看護大学が、シミュレーションセンターを併設するまでになっている。

日本では、看護基礎教育課程の規則があるため、実習教育を大幅にシミュレーション教育に替えるということは、今のところ難しい。むしろ、継続教育においてシミュレーション教育が取り組まれるようになった。早期からシミュレーション教育に専従してきた阿部（2013）は、看護シミュレーション教育を、「実際の臨床の場や患者などを再現した学習環境の中で、学習者が課題に対応する経験と振り返りやディスカッションを通して、『知識・技術・態度』の統合を行うことにより、反省的実践家を育てていく教育」（阿部 2013：56）と表現している。

また、津嘉山（2013）は、ID プロセスを使って、院内シミュレーション教育を発展させている。ID の基礎になる学習心理学（行動主義、認知主義、構成主義）、ID モデル（ID の基本プロセス：ADDIE モデル、メリルの ID 第一原理、ガニェの9教授事象）等の知識を得て、ID を活用している。津嘉山は、自身の実践の中で、研修では、「何を学ばせるのか」「誰に学ばせるのか」「目標を達成するにはインストラクションが必要か」ということを意識するように

している，という。さらに，IDの基本的な考えは「教えることではなく，学習することへの支援に焦点化する」ことだともいう。そして，ガニェの教授事象を活用するのであれば，事象6の「練習の機会をつくる」がシミュレーションにあたることから，学習目標に到達するための適切な指導手段がシミュレーション研修かどうか確認することの重要性を述べている。

これからの看護基礎教育では，記憶を必要とする専門知識や一般的なスキルの習得には，直接教授モデル（Direct Instruction Model）をもとにシステマティックかつ構造的に教授するとともに，問題解決力や創造性を育てるためには構成主義的学習モデル（Constructivist Learning Model）をもとにシナリオ課題によるグループワークなどを取り入れる工夫が必要である。Tennyson（1990）によれば，定められた学習時間のうち，直接教授モデルに約30％，構成主義的学習モデルに約70％を分配するのが効果的だという。このことから，シナリオで学ぶシミュレーション教育をどのように看護基礎教育に導入すべきかについて検討することが重要であると考える。

筆者が2013年にジョンズ・ホプキンス大学シミュレーションセンターを視察したとき，患者中心のケアにおけるコミュニケーションとディブリーフィングのプロセスでクリティカルシンキングを学ぶ，というSkill Basedのシナリオが作成されていた。7つの臨床コースで，患者中心のケアにおける患者とのコミュニケーション，関係の構築，コミュニケーションと基礎技能等をコースごとに実施するという形式で学習が行われていた。コミュニケーション一つとっても，看護の対象や対象が置かれている状況が異なれば，コミュニケーションのあり方の違いが求められる。それらの課題が提示されて，シミュレーションを通して統合的にコミュニケーションを学習する環境が整えられていた。

この教授法は，成人教育の考え方である「状況的学習論」に通じるものがある。それは，「そもそも知識とは常に環境あるいは状況に埋め込まれているものであり，したがって本当の『学び』とは環境や状況の中で，それらと相互作用しながら成立すると考える。生きていくために役立つ『知』は決して頭の中にあるのではなく，状況に埋め込まれている。したがって，私たちの『学び』は状況との相互作用によって生じることを『状況的学習論』は強調する（Suchman 1987）」（佐伯ほか 2010：547-548）といわれる。香川ら（2007）は，こ

の状況論の「移動」概念に依拠して，看護学生の変化・学習過程を質的研究により明らかにした。そこには，学生の学習過程を把握し，その現象が生じる機序を明確にすることが教育デザインを考える上で重要であるという考えがあった。

職業人教育においては，まさに現場にいるように考えることができる，看護師のように考えることができる，といった理論と実践のコンテキストが重要である。看護師養成で肝要なことは，入学から卒業に至る過程において，学生が学習したことに対して自信と満足感を高めていくことである。そうでなければ，卒業と同時に始まる看護職としての第一歩は，不安に満ちたものになる。そのような現実を直視し，理論と実践，基礎教育と継続教育との乖離をなくすような教育の取り組みが必要だと考える。そのためにも，教育工学的な観点をもって現状分析を多角的に行いたいものである。

このような観点をもった看護教員を養成することの必要性から，図3-1に示す「アカデミックな看護教育実践のためのコンピタンス育成プログラム（案）」を考案した（村中 2015）。この中で，「アウトカム」とは「修了コンピテンシー」を示しており，看護教員はこれらを常に意識して学習内容をリフレクションすることが重要であると考える。また，リフレクションの内容をポートフォリオとして蓄積することは，さらなる教育力の向上に役立つと考える。

3.2　看護師の成長と質的研究法

3.2.1　看護師のキャリアデベロップメントに関わる質的研究の動向

医療技術の進歩，患者の高齢化・重症化，平均在院日数の短縮化，医療に対する国民の意識の高まりや患者・家族のニーズの拡大等の社会的背景のなか，看護の役割や能力向上に対する期待はますます大きくなってきている。患者・家族に対して直接的にケアを提供する看護師には，このような社会の期待に対応しなければならない社会的責任が強く問われている。急速な保健・医療・福祉をめぐる環境の変化を捉え，最適な看護を実践するために，看護師は日々学習を積み重ねていくことが必要不可欠であり，看護師が専門職として自分のキャリアをデザインし，看護実践能力を広げたり深めたりしていくことができ

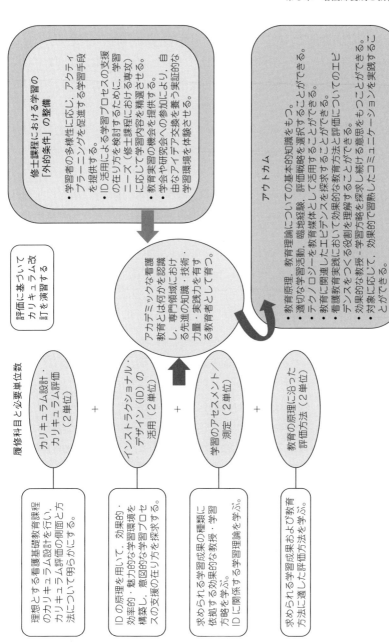

図3-1 アカデミックな看護教育実践のためのコンピテンス育成プログラム(案)

るよう学習を支援していくことが重要であると言える。

　看護師のキャリアデベロップメントは，「看護職は専門職なのか」という問いに看護師が向き合ってきたことと関係がある。専門職の基準や特徴から，医師，法律家や聖職者は「完全な専門職」と位置づけられる一方，看護師は「準専門職（セミ・プロフェッション）」と位置づけられてきたという経緯があった。多様な保健・医療・福祉の職種と関わりながら看護職の専門職化をめざすというパラダイムの中で，医療を取り巻く環境や国民の医療に対する意識が大きく変化した情勢を背景に，看護の役割や能力向上に対する期待が社会的に拡大していった。1987（昭和62）年厚生省の「看護制度検討会報告書（21世紀に向けての看護制度のあり方）」を受け，専門看護師制度・認定看護師制度による認定を開始した。1992（平成4）年「看護師等人材確保法」の制定以降，看護系大学は増加し，修士・博士課程の設置の動きがみられた。このような教育・研究体制の整備によって，専門特化した看護師の育成のみならず，看護師一人ひとりが専門的な知識・技術・態度を持ち合わせ，仕事に従事し続けられるよう支援することがより一層求められるようになっていった。こうして，看護師のキャリアデベロップメントへの関心が急速に高まり，看護師のキャリアデベロップメントに関する研究が展開されていった。

　看護師のキャリアデベロップメントに関する研究動向をみる前に，質的研究法について確認したい。米国は，世界的に見ても看護学の学問的発達が早いということは前述したとおりであるが，米国の看護学において質的研究法が注目されるようになったのは，1970年代後半のことである。そして，1990年代には学術的な研究法として認められ，研究助成金を獲得できるようになったと言われている。他方，日本ではGrounded Theory Approach（以下，GTA）の提唱者の一人，アンセルム・ストラウス（Anselm Leonard Strauss）の共同研究者であるShizuko Fagerhaughにより，参加観察法という質的研究法が1980年代に紹介されたが，実際に質的研究法を用いた論文が急増したのは，2000年以降だと言われている。

　日本の医療分野における質的研究法の定着状況に関する報告に，1990年から2010年までに質的研究法を用いて，医療系雑誌に掲載された原著論文の年度別推移を検討したものがある（戈木クレイグヒル 2012a，2012b）。ここでは，エス

ノグラフィー，ライフストーリー／ライフヒストリー，GTA，フィールドワーク，エスノメソドロジーと会話分析，ナラティブ，現象学，アクションリサーチ，談話・ディスコース分析，KJ法，内容分析といった11種類の質的研究法を検討対象にしていた。

　その結果によると，質的研究法を用いた原著論文の発表数は，2000年以降，年を追うごとに増え続け，2010年の論文数は2000年の論文数の10倍以上であったと報告している。その一方で，質的研究法は医療分野の原著論文の全体でみると１％以下にすぎず，質的研究法は普及しているものの，研究方法の少数派であることには変わりはないことが明らかとなった。また戈木クレイグヒルらは，GTAに焦点をあて，質的研究法が適切に用いられているのかを検討した。その結果，ストラウスとグレイザーによって開発されたオリジナル版のGTAと，木下康仁が提唱した修正版グラウンデッド・セオリー・アプローチ（Modified grounded theory approach；以下，M-GTA）との混同が生じていること，その研究になぜGTAを用いることが適切なのかについて説明された論文が少ないこと，新しい知見を適切に示した論文が少ないことを指摘し，研究手法に関する書籍が多く出版されているGTAであってもこのような状況にあることから，他の質的研究法を用いた研究でも同じような状況が生じている可能性が高いと推測している。

　看護師のキャリアデベロップメントに関する研究の動向については，小海・津島（2007）が1986年から2006年の間の保健・看護職のキャリア発達に関する研究論文をレビューした結果を報告している。それによると，1990年以降に発表された原著論文の多くは2000年以降に発表された論文であること，質的研究法を用いて発表された論文は2000年以降に見られるようになったと述べられている。このように，2000年以降，質的研究法を用いたキャリアデベロップメントに関する論文が発表されるようになった。

　1996年に発表された「看護管理者のライフコースとキャリア発達に関する実証研究」では，看護管理者のキャリア発達・形成過程を見出し，看護師のキャリア発達の過程，構造を明らかにしていた（草刈 1996）。この研究の特筆すべきところは，日本の看護師に初めてライフコース研究の視点を取り入れ，"ライフコース"と"キャリア発達"の２つの視点から看護師のキャリア発達の全

貌を検討したところにある。この研究自体は，質的研究法を用いていないが，今堀ら (2008) は，「看護界におけるキャリア発達に関する研究は，草刈 (1996) がライフコースの観点で看護管理者のキャリア発達・形成過程を見出したのに端を発し，看護師の組織内キャリア発達の詳細を明らかにしようとする動きが現れ始めた」(今堀ほか 2008：50) と述べている。その現れが，質的研究法を用いた論文「臨床看護婦のキャリア発達過程に関する研究」(水野ほか 2000) や「臨床看護師のキャリア発達の構造」(グレッグほか 2003) である。

これ以後，新人看護師，中堅看護師，中間管理者といった対象者に焦点を当てて，それらの看護職がどのように成長していったのかという経験内容やプロセスを，質的研究法を用いて明らかにした研究が発表されている。また，異動，転職，再就職，正規雇用から非正規雇用へ，といったキャリアの変化の様相を明らかにした論文も報告されている。このように，看護師のキャリアデベロップメントに関わる質的研究は，キャリア課題をもつさまざまな看護師に目を向け，1人ひとり看護師としての経験がいかに成り立っているのか，それがどのように成長をもたらしているのか，といった変化のプロセスや方向性を動的に把握することを可能にしている。

3.2.2 質的研究法の活用と教育工学的視点からみた今後の展望

キャリアデベロップメントに関する質的研究の多くは，看護師を取り巻く職場環境，生活環境の現象と看護師個人の経験を合わせて，帰納的に分析している。また，職場環境，生活環境の中で，看護師として成長することに困難な状況に置かれた者の経験が詳細に記述されている。質的研究法を用いた研究の蓄積は，看護師がキャリアを形成する過程において，どのような問題を抱えているのかを多角的に把握することを可能にする。そのため，この経験の記述の蓄積が，看護師のキャリアデベロップメントにかかわる全ての者にとって，看護師の成長に関してよりよい理解をもたらし，どのような支援が必要なのかあらゆるインストラクションを検討する機会が与えられ，ひいては創造性に富んだ研修プログラムの設計・開発につながるのではないかと考える。

そもそも，看護職の職能団体である日本看護協会 (2012) は，キャリア開発について，「キャリア開発とは，個々の看護職者が社会のニーズや各個人の能

力および生活（ライフサイクル）に応じてキャリアをデザインし，自己の責任でその目標達成に必要な能力の向上に取り組むことである。また，一定の組織の中でキャリアを発展させようとする場合は，その組織の目標を踏まえたキャリアデザインとなり，組織はその取り組みを支援するものである」と説明している。実際のところ，2010（平成22）年の新人看護職員研修の努力義務化により，国や職能団体が看護師の能力開発の枠組みを提示していることもあり，現在では多くの病院組織で，看護師の生涯学習を支援する教育理念に基づいて，学習機会の拡充が図られ，人材育成に関する事業の開発・運用がなされている。たとえば，目標管理システムやクリニカルラダーの一部として，ポートフォリオを導入したり，施設認定のエキスパート制度や異動・人事交流，委員会活動，学生や新人の指導といった活動を通して，組織内での新たな役割を獲得したり，新たな能力を開発したりする取り組みがなされている。

　キャリアデベロップメントの支援システムの設計・開発に向けての動きとしては，2009（平成21）年度と2010（平成22）年度，文部科学省の大学推進事業で実施された5年間のプロジェクト「看護師の人材養成システムの確立」がある。これは，「大学病院と自大学看護学部等が連携して臨床研修体制・方法を，学問的検討を加えながら開発することにより，看護職の効率的・継続的な専門能力の習得と向上が図られること，また生涯を通じて看護職が活躍し続けられるキャリアパスを明示すること等により，国民に対する安心・安全な医療提供体制の構築に資することを目的」とし，12の選定された大学・病院施設それぞれが，教育プログラムを開発している。現時点では，中間評価まで公表されており，その評価の中に，事業として取り組んだ内容の一部が報告されていた。看護師や看護学生に対して，効果的かつ効率的な看護師のキャリアデベロップメントのプログラム設計・開発を試みた報告があり，これらの具体的な事業開発のプロセスと評価が早々に公表されることが望まれる。

　看護師のキャリアデベロップメントに関わる際には，これまでに開発された効果的かつ効率的なプログラムを共有することが必要である。また，質的研究法を用いた研究報告から，予測される問題や課題を読み取ったり，看護師の置かれた状況の理解を深めたりして，組織が求める看護師像と看護師一個人がもつ専門職としての目標を互いに確認しながら，キャリアデベロップメントの支

援システムや研修プログラムを設計・開発，評価することが必要であるといえ，そのために教育工学の研究知見を活用していくことが望まれる。そのような中で，看護師自身が，対象者に最善の看護を提供するために日々学習を積み重ねていくことの必要性を感じ，専門職として自分のキャリアをデザインすることに意欲的に取り組めるようになることを期待する。

注
(1) 看護職とは，看護基礎教育課程を修了し，保健師助産師看護師法の規定に基づき保健師，助産師，看護師および准看護師のいずれかもしくは複数の免許を受け，看護を行う権限を与えられた者である。これらの免許取得者の総称として用いられる場合もある。(日本看護科学学会 2011)

参考文献
阿部幸英（編著）(2013)『臨床実践能力を育てる！ 看護のためのシミュレーション教育』医学書院.
赤倉貴子 (1996)「保健・医療用情報システムのユーザーモデル」『日本教育工学会第12回大会講演論文集』：545-546.
藤岡完治 (1994)『看護教員のための授業設計ワークブック』医学書院.
藤岡完治 (2001)『学生とともに創る臨床実習指導ワークブック 第2版』医学書院.
藤村龍子・古橋洋子・山下香枝子・山本捷子・村中陽子 (1997)『患者ケアの問題解決のためのマルチメディアシステム CAI ソフト開発，課題番号 6558023，平成6年度～平成8年度科学研究費補助金，基盤研究（B），研究成果報告書』.
グレッグ美鈴・池邉敏子・池西悦子ほか (2003)「臨床看護師のキャリア発達の構造」『岐阜県立看護大学紀要』3(1)：1-8.
細田泰子 (2013)「米国における看護学教育のインストラクショナルデザインに関するフィールドスタディ」『大阪府立大学看護学部紀要』19(1)：111-119.
今堀陽子・作田裕美・坂口桃子 (2008)「看護師におけるメンタリングとキャリア結果の関連」『日本看護管理学会誌』12(1)：49-59.
香川秀太・櫻井利江 (2007)「学内から臨地実習へのプロセスにおける看護学生の学習の変化：状況論における「移動」概念の視点から」『日本看護研究学会雑誌』30(5)：39-51
近藤美知子・屋宜譜美子・有田清子・村中陽子 (1996)「外因性肥満に対処する看護者の意思決定を促進する発問」『日本教育工学会第12回大会講演論文集』：541-542.
小海節美・津島ひろ江 (2007)「保健・看護職のキャリア発達に関する研究動向」『川崎医療福祉学会誌』17(1)：185-193.
草刈淳子 (1996)「看護管理者のライフコースとキャリア発達に関する実証的研究」『看護研究』29(2)：31-45.
真嶋由貴恵・西田恭仁子・石原逸子・渡辺智恵・藤本由美子・蓑田昇一・渡邊定博 (1996)

「看護職への継続教育用 CAI」『日本教育工学会第12回大会講演論文集』: 549-550.
村中陽子 (1998)「新たな看護教育方法の選択肢：CAI (Computer Assisted Instruction)［1］米国における看護 CAI の発達と日本の現状」『Quality Nursing』4(1)：64-69.
村中陽子 (1998)「新たな看護教育方法の選択肢：CAI (Computer Assisted Instruction)［2］CAI 導入のための必要条件」『Quality Nursing』4(2)：70-74.
村中陽子 (1998)「新たな看護教育方法の選択肢：CAI (Computer Assisted Instruction)［3］意思決定能力を促進する学習プログラム」『Quality Nursing』4(3)：62-67.
村中陽子 (1998)「新たな看護教育方法の選択肢：CAI (Computer Assisted Instruction)［4］モチベーションを高める看護 CAI」『Quality Nursing』4(4)：65-71.
村中陽子 (1998)「新たな看護教育方法の選択肢：CAI (Computer Assisted Instruction)［5］看護 CAI の将来的展望」『Quality Nursing』4(5)：61-67.
村中陽子 (2015)「看護教員が教育力 UP のためにやってきたこと，やっていくこと」『看護教育』56(1)：20-26.
村中陽子・荒木郁乃・榎悦子・五十嵐典子・小笹優美 (2001)「学生の個別性とケアリング資質を発達させるための看護基礎教育のあり方」『東海大学健康科学部紀要』6：27-34.
村松照美・澤本和子 (1996)「地域住民の主体的健康管理能力を高める集団学習の展開モデル構築のための検討」『日本教育工学会第12回大会講演論文集』：543-544.
水野暢子・三上れつ (2000)「臨床看護婦のキャリア発達過程に関する研究」『日本看護管理学会誌』4(1)：13-22.
日本看護協会 (2012)『継続教育の基準 Ver. 2』.
日本看護科学学会 (2011)「看護学を構成する重要な用語」：11.
佐伯胖監修，渡部信一 (編) (2010)『「学び」の認知科学辞典』大修館書店.
佐藤みつ子・宇佐美千恵子・青木康子 (2009)『看護教育における授業設計 第4版』医学書院.
佐々木秀美 (2006)「戦後教育時間数の変化とその影響に関する検討　看護教育課程改革がもたらしたもの (総説)」『看護学統合研究』8(1)：1-9.
新道幸恵・山下香枝子・村中陽子・古橋洋子・藤村龍子 (1991)「「看護過程」の CAI 教材開発」『看護教育』32(6)：340-352.
新保幸洋 (2013)「「教員」が学んできた授業設計，「看護教員が学んできた授業設計」」『看護教育』54(4)：265-273.
戈木クレイグヒル滋子・三戸由恵・関美佐 (2012a)「日本の医療分野における質的研究論文の検討 (第1報) 論文数の推移と研究法の混用」『看護研究』45(5)：481-489.
戈木クレイグヒル滋子・三戸由恵・関美佐 (2012b)「日本の医療分野における質的研究論文の検討 (第3報) データ分析」『看護研究』45(7)：694-703.
高島尚美・藤岡完治 (1996)「タイプの異なる体験学習が授業観察に及ぼす影響」『日本教育工学会第12回大会講演論文集』：539-540.
Tennyson, R. (1990) Integrated instructional design theory: Advancements from cognitive science and instructional technology. *Educational Technology*, 31 (9)：41-43.
津嘉山みどり (2013)「考える看護師を育む院内シミュレーション教育〜シナリオづくりか

ら運営,評価まで～ Vol.3. シミュレーション教育に欠かせないインストラクショナルデザイン（ID）」『看護展望』38(4)：72-79.
屋宜譜美子・有田清子・近藤美知子・村中陽子（1996）「看護教員によるCAI開発の要件――「栄養・代謝のアセスメント」コースウェア作成過程を通して」『日本教育工学会第12回大会講演論文集』：547-548.

第4章

医療シミュレーションと教育工学

池上敬一

4.1 はじめに

　わが国で医療と教育工学が交流が継続的かつ本格的になってきたのはおそらく2005年以降だと思われる。2007年12月には日本医療教授システム学会が設立され，これからの時代に活躍できる医療者を育成する教育・トレーニングシステムを社会的基盤として開発している。

　医療シミュレーションは，地域社会と住民が必要とする医療を安全・確実に提供できる医療者・チームを養成する教育・トレーニング技法と言える。その開発には教育工学を医療領域に最適化した医療教授システム学が必要と考える。

　教育工学的な視点で医療者を育成するためには，プラン（Plan）－実行（Do）－チェック（Check）－アクション（Action）のPDCAサイクルを回す必要がある。学術的なPDCAサイクルにより医療教授システム学を構築し，かつ実践的なPDCAサイクルにより医療シミュレーションの基本的なモデルとツール群が開発されつつある。

　この章ではわが国における教育工学と医療との化学反応が，どのように始まり進んできたのか，そしてどのような成果を生みつつあるのかを概観したい。

4.2 医療シミュレーションの導入

4.2.1 医療シミュレーション導入の背景

　従来の医学教育の主流は，医学の知識体系を教授者が学習者に伝達し，学習者は伝達された情報を記憶し，試験で基準以上の得点を得れば合格するという知識再生型の教育であった。医師の卒後教育は伝統的な徒弟制度により行われ

てきた。

　このような伝統的な教育・トレーニングのあり方は，21世紀に入り次第に変化している。わが国でこのような変化を引き起こした要因は，1）新医師診療研修制度の導入，2）医療システムの危険性への警鐘，3）「患者安全と医療シミュレーション」という概念の一般化という3つの潮流があると思われる。本稿の第2節では1），2），3）について解説し，医療者養成に医療シミュレーションが正式に取り入れられるようになった背景を概観する。

4.2.2　新医師臨床研修制度の導入

　従来の医師の臨床研修制度（医学部を卒業後，一定年限は研修医としてトレーニングを積む制度）は，以下の問題があった。すなわち，1）どのような技能（態度，問題解決，技術，自己成長）をもった医師になるのかゴールが設定されていない，2）プログラム策定は努力規定にとどまる，3）経済的に不安定で研修に専念できないことであった（厚生労働省　医師臨床研修の変遷）。

　2000年の医師法改正により新医師臨床研修制度が必修化され，2年間で到達すべき行動目標がゴールとして示された（厚生労働省 2003）。臨床研修病院は研修に専念できる経済的処遇を保証するとともに，研修医がゴールを達成できるプログラムを提供することになった。

　2年間の臨床研修プログラムがそのゴールを達成すべくうまく運用されれば，すべての臨床医は「医師としての人格をかん養し，将来専門とする分野に関わらず，医学及び医療の果たすべき社会的役割を認識しつつ，一般的な診療において頻繁に関わる負傷又は疾病に適切に対応できるよう，基本的な診療能力を身につける」ことになる（厚生労働省 2003）。すべての医師がこれらのアウトカムを達成すれば，能力的には国民が必要とするときに必要な医療を提供することが可能になると考えられる。プログラムを修了した研修医が一般的な救急患者や初診患者の初期診療ができなければ，そのプログラムを改善することが必要になる（臨床研修プログラムの形成的評価とプログラム改善，PDSサイクル，Plan-Do-See）。

　現在では臨床研修体制は次のように運用されている（厚労省 医師臨床研修マッチング）。すなわち，臨床研修病院はゴールを達成できる魅力的な研修プロ

グラムを医学生に提示する。医学生は研修プログラムと研修を受けた医師のアウトカムを吟味し臨床研修病院を選択する。臨床研修病院と医学生のマッチングはコンピュータプログラムによって自動的に行われる。マッチングの結果は公表され医学生の動向が明らかになり，その分析が可能になる。臨床研修病院は，研修に関するさまざまなフィードバックを活用し研修プログラムを改善する。

　このように臨床研修病院が研修医を獲得するためには，研修プログラムを設計する（Plan），研修プログラムを実行する（Do），研修プログラムを形成的に評価して対応しつつ（Check-Action），その結果から研修プログラムを改善する（Plan）という PDCA サイクルを回し続ける必要が生じた。新医師臨床研修制度は臨床研修病院に研修プログラムの設計・実行・評価と改善，すなわち医師育成の PDCA サイクルの導入を必須化したと言っても良い。

　PDCA サイクルを回すには，テクノロジーとそれを駆使するコンピテンシー（能力）を備えた人材が必要になる。かつてわが国の製造業では，Total Quality Management（TQM）に基づく PDCA サイクルを製造ラインで活用し，生産性を飛躍的に向上した。企業は TQM を組織的に導入し，現場にはさまざまなツール（カンバン方式など）とインストラクター（インストラクターのトレーニングを受けた社員）を配置した。臨床研修病院が PDCA サイクルにより研修プログラムを改善し多くの研修医を惹きつけるためには，そのためのテクノロジー[1]とそれを使いこなす人材が必要となるのは，かつて製造業で成功した TQM の場合と同様である。

　臨床研修の必修化は，臨床研修病院に教育・研修をデザインする必要性を導入した。研修プログラムにデザイン（研修の成果として何ができるようになるのか，成果はどのように評価されるのか，成果を達成するためにどのように研修を行うのか）がなければ，そのプログラムが研修医を獲得することは難しい。デザインの基本的なノウハウを提供するテクノロジーは，教育工学と人材育成のテクノロジーである。臨床研修病院が医学生・研修医に選択されるためには，病院と指導医は医療環境を臨床研修の場としてデザインし，研修医がアウトカムを達成することを担保することが求められるようになった。

4.2.3 「人は誰でも間違える」のインパクト

1999年12月,米国医療の質委員会医学研究所（Institute of Medicine：IOM）は医療関連死の実態をまとめた"To Err is Human：Building A Safer Health System"（「人は誰でも間違える」）と題するレポートを刊行した。このレポートでは,医療者のミス（ヒューマンエラー）による医療過誤で年間4万4,000～9万8,000人の入院患者が死亡しているとした。この数字は米国における乳がん,エイズ,交通事故死亡数よりも多いという衝撃的な数字で,従来の医療システムが患者安全という観点では機能していないことが明らかとなった（Kohn et al. 1999）。後年の研究でこれらの数字が過大に試算されていることが指摘されたが（齊尾 2009）,医療では患者安全を確保する方向にシステムを設計し直す必要があるということは世界のコンセンサスになった。

このレポートには患者安全を確保する方策の例として,航空会社におけるフライト・シミュレータを用いた Crew Resource Management（CRM）[2]の訓練が取り上げられた。CRM は安全な運航を達成するために,操縦室（コックピット）内で利用可能なすべてのリソース（クルー,機器・計器,情報など）を有効かつ効果的に活用し,チームメンバーの力を結集してチームの業務遂行能力を状況に最適化する思考・言動・チームワークの技能をいう（福井 2002）。

CRM が誕生した背景は,航空機の改良,航法の改善,パイロットの技術向上にもかかわらず,航空機事故（墜落,衝突など）による旅客の死亡がゼロにならないことから,技術的な問題解決よりも人的要因（ヒューマンファクター）が事故の原因として注目されるようになったことが挙げられる。訓練の方法としては,クルーによるフライト前の打ち合わせ（ブリーフィング）から高機能シミュレータを用いたフライトの再現,フライト中に発生するイベント（急病人発生,天候悪化,エンジン火災など）への対応（CRM）,模擬フライト後の振り返り（デブリーフィング）を行う（サラスほか 2007）。

本書で紹介された航空産業における高機能シミュレータを用いた CRM の訓練は,医療における患者安全を確保する方法として期待され（医療における CRM の"C"は Crisis を意味する）,2000年代における医療シミュレーションのビッグバンのきっかけの一つとなった（「人は誰でも間違える」）。ビッグバンにより欧米を中心に多くのシミュレーションセンターが設立されたが,その

キーコンセプトは「人は誰でも間違える」が示唆した「高機能シミュレータを用いて医療版 CRM のトレーニングを行い患者安全を確保する」ことであり，多くの施設で "Patient Safety and Simulation" が施設の名称あるいはミッションに用いられることになった．

4.2.4 Teachable moment を再現する

　筆者は救急医療の専門医である．救急医療の特徴は，救急隊からの限られた情報をもとに，患者の状態（心停止への近接性とその原因など）と処置の優先順位について仮説を形成し，患者が搬入されたら仮説をとりあえずの出発点とし，クリティカル・シンキングと処置の PDCA サイクルを回しながら診療を進めていく診療スタイルにある．

　救急医療の学習法は，実診療で PDCA サイクルを能動的に回しながら瞬時瞬時に振り返ることと（reflection-in-action）と，診療が一段落した時点でそれまでの診療の成果と改善点を振り返る（reflection-on-action）ことの2つがある．Reflection-in-action は，仮説に基づいて組み立てたプランを実行し，実行した結果が予想通りなのか否かを評価（チェック，PDCA サイクルのC）し，結果によってはなんらかの手を打つ（アクション，PDCA サイクルのA）という診療プロセスの中で行う．一方，reflection-on-action は診療が終わった後に，診療プロセス全体を対象に行う．救急医療を学ぶには，reflection-in-action と reflection-on-action の2つの振り返りを行うが，前者はその場にいなければ経験できないという制約がある．救急医療の学習者である研修医は，救急外来に張り付いて救急患者が搬送されるのを待ち構え，搬入されたら医療チームに正統的に参加し（正統的周辺参加，Legitimate Peripheral Participation：LPP）（加藤 2002；鈴木 2009），PDCA サイクルを指導医とともに回す．指導医は研修医に対し reflection-in-action と reflection-on-action を行い，研修医は発達の最近接領域（Zone of Proximal Development：ZPD）の中で統合された臨床技能を獲得していく（鈴木 2009）．この認知的徒弟制（Cognitive Apprenticeship）（西城 2012）は現代の臨床研修の基本的な方法論と言える．

　実臨床で認知的徒弟制を行う場合の課題は，どのような患者にあたるのかは指導医が制御できない偶然の要因（季節，曜日，時間帯など）や確率（発症頻

度など）によって決定されることである。急な傷病により心停止が近接した患者に救命の鍵となる処置を行う場面は15分程度で終了してしまう。この15分間の学習成果はきわめて高いが学習の機会に巡りあうためには，ランダムにやってくる救急患者を待ち続けるという時間的なコストが必要になる。このような不具合（待ち時間が多い）を改善する一つの方法論が，医療シミュレーションを用いた教育・トレーニングである。

　筆者が米国で見学したシミュレーションセンターの管理者は，「医療シミュレーションの利点は，臨床ではランダムに遭遇するしかない teachable moment [6] を，学習者のニーズに合わせて何度でも再現できることだ」と強調していた。この説明は，救急の現場で効率的（待ち時間がない）な学習法を模索していた筆者の腑に落ちた。医療シミュレーションは次のように定義することができよう。すなわち，医療シミュレーションは，実臨床で遭遇したり経験することが難しい状況をテクノロジーを用いて再現し（できるだけ実臨床に似せる），学習目的に応じて設定した teachable moment を埋め込んだシナリオを経験する学習法で（Gaba 2007），学習の効果はリフレクション・イン・アクションとリフレクション・オン・アクションによる対話によって生じる学習活動である（ショーン 2001）。

4.2.5　医療シミュレーションのビッグバン

　医療シミュレーションのビッグバンは，2000年代初頭に欧米を中心に起こった。そのきっかけになったのは，「人は誰でも間違える」が，医療システムが社会が期待するほど安全ではないことを世界に示したこと，また同報告の中で航空産業が高機能シミュレーションを用いた CRM のトレーニングを行い乗客の安全性を向上した事実から医療への応用を示唆したことであった。

　ビッグバンのモットーは "Patient Safety and Simulation" であり，それは医療シミュレーションによる教育・トレーニングで医療版 CRM のスキルを獲得し患者安全を確保することを意味していた。

　欧米で始まった医療シミュレーションのビッグバンの特徴は，1) "Patient Safety and Simulation"，すなわち航空産業のような高機能シミュレータを使った CRM のトレーニングにより患者安全を確保することがコンセプトに

なったこと，2）比較的規模が大きく予算・経費を必要とするシミュレーション・センターがモデルとなった（独立した施設，高機能シミュレータ，施設・資器材（AV機器を含む），ラーニング・マネジメント・システムとITエンジニア，シミュレータ・機器のオペレーター，インストラクター，インストラクショナル・デザイナーなどで構成される）こと，3）患者の急な容態変化への対応トレーニングが活発に行われるようになったことであろう。

　わが国における医療シミュレーションのビッグバンの要因は，上記のグローバルな要因に加えて，新医師臨床研修制度の導入に備えるために，医療シミュレーション教育に用いる人体モデルやシミュレータを購入する予算が大学病院についたことがあると思われる。「患者安全と医療シミュレーション」「シミュレータを用いた患者安全教育」「臨床研修と医療シミュレーション」はわかりやすいフレーズであり，配分された予算でさまざまなシミュレータが臨床研修病院に納入され，倉庫に保管された（わが国ではシミュレータの購入だけが進み，学習環境の整備やインストラクター確保のための予算はなかった）。わが国の医療シミュレーションのビッグバンは，多くの施設で人体のモデルやシミュレータの購入ラッシュとしてスタートした。

　欧州では医療シミュレータのビックバンを契機に，卒前教育あるいは卒後教育からシミュレーションセンターの専従ファカルティとなる人材が現れ，このグループを中心に医療シミュレーション教育を実践し始め，次第にネットワーク化し医療シミュレーション学会を形作ることになった。米国では従来から広く行われてきた一次救命講習・二次救命講習や，麻酔科で発展した手術中の危機管理の訓練などをシミュレーションセンターで提供するようになった。また大学病院・ヘルスシステムがシミュレーションセンターを設置し，独立採算で運営するというスタイルが一般的になっていった。

4.3　医療と教育工学の出会い

4.3.1　心肺蘇生のトレーニングプログラム

　新医師臨床研修制度では救急医療の現場の経験が必修とされ，生命や機能的予後に係る，緊急を要する病態や疾病，外傷に対し適切な対応を取るために7

つの学習目標（そのうちの一つが二次救命処置）が設定された。二次救命処置のトレーニング法のモデルとなったのはアメリカ心臓協会の ACLS（Advanced Cardiovascular Life Support）であった。

アメリカ心臓協会は心肺蘇生のガイドラインが改訂された2005年を契機に、アメリカ心臓協会の Emergency Cardiovascular Care（ECC）プログラムのシミュレーションコース開発をインストラクショナル・デザイナーのグループに委ねるようになった。ECC プログラムのシミュレーションコースの教材の構成と使い方はインストラクショナル・デザインで首尾一貫してデザインされているため、一定のトレーニングを受けたインストラクターであれば、コースで精度の高い学習成果を収めることができる。

心肺蘇生のサイエンスは5年毎に新しいエビデンスとして公開され、世界の蘇生関連学会は最新の研究成果をもとにそれぞれのガイドラインと教材を改訂している。2010年のガイドライン改訂で話題になったことに、シミュレーションコースを受講した人が必ずしも現場で蘇生を実行するわけではないという事実があった。シミュレーションでの学習成果が、現場での行動変容に結びついていないという指摘であった。インストラクショナル・デザインで解釈すると、シミュレーションコースでは心肺蘇生に必要な知的技能と運動技能は学習できるが、学習成果を現場で実行する際に必要となる態度技能の修得は不足していると考えられる。知的技能（「知っている」）あるいは運動技能（「手技として実行できる」）を発揮するためには態度技能が必要なこと、言い換えればある状況で知的技能・運動技能を発揮するためには態度技能の獲得必要になるという事実が知られていなかったと言える。

2015年10月15日に公開されたアメリカ心臓協会のガイドラインアップデートでは、「メーガーの3つの質問」や「カークパトリックの4つのレベル」などが引用されるなど、心肺蘇生の教育と患者のアウトカムを改善する教授システムの開発に、インストラクショナル・システムズ・デザインやパフォーマンステクノロジーの視点がこれまで以上に取り入れられている（アメリカ心臓協会 2015）。

4.3.2 インストラクター・コンピテンシー

　医療シミュレーションコースを行うには教材（受講者用教材，インストラクター用教材），資器材（マネキンや蘇生に用いる器具など）とインストラクターが必要となる。2005年までのアメリカ心臓協会 ECC プログラムでは，シミュレーションコース毎にインストラクターコースがあり，あるコースのインストラクターになるにはそのコースのインストラクターコースを受講する必要があった。2005年，アメリカ心臓協会は ibstpi（International Board of Standards for Training, Performance and Instruction）が開発したインストラクターコンピテンシー（Klein et al. 2004）を採用し，コア・インストラクター・コース（オンラインコースと集合学習コースが用意された）を制作した。心肺蘇生プログラムのインストラクター候補者にコア・インストラクター・コースの受講を必修化し，インストラクショナル・デザインされた教材を適切に活用するための技能を紹介した。この方針転換の目的は，受講者がシミュレーションコースで学習成果をあげるだけでなく現場で行動変容を起こすために，インストラクター中心の知識移転型学習から学習者中心の能動的学習活動の導入にあった。

　筆者はコア・インストラクター・コースをオンラインで受講したが，それまでに学習したことのない内容を，経験したことのない方法で学習した。内容には成人教育，インストラクションの原理，動機づけなど，従来のインストラクター養成ではまったく言及されていなかった概念がいくつも紹介されていた。

　コア・インストラクター・コース，すなわち ibstpi のインストラクター・コンピテンシーは，おもに医療シミュレーションコースのインストラクター（医療者）にさまざまな影響を与えた。とくにインストラクションのあり方についての素朴な議論を，コンピテンシーと標的行動といった定義された概念を用いた議論にレベルアップできたことは，インストラクターの考え方とインストラクション技法を更新するうえできわめて有用であった。医療シミュレーションでは，医療の専門家である医療者がその領域の経験が多いという理由でインストラクションを行っている場合が多く，そのためインストラクションも専門知識や経験談を受講者に講義するといった，いわゆる「壇上の聖人」（Sage on the Stage）に陥りやすいという課題があった。このピットフォールに陥らないようにする処方がコア・インストラクター・コースであるが，より一

般的に利用するには ibstpi のインストラクター・コンピテンシーを組織的に普及させる必要があると思われる（松本 2011）。

　アメリカ心臓協会の心肺蘇生プログラムが普及するためにインストラクショナル・デザインされた医療シミュレーションコースの教材群と，教材を効果的・効率的・魅力的に活用するために準備されたコア・インストラクター・コースの組み合わせは，わが国で蘇生教育，特に医療シミュレーションを実践する医療者にインパクトを与えた。

4.3.3　「患者急変対応コース for Nurses」の開発

　2000年代の欧米と豪州の病院では，入院患者の予期せぬ心停止に対応する態勢としてラピッド・レスポンス・システム（Rapid Response Systems：RRS）と緊急対応チーム（Emergency Medical Team：EMT）が導入されるようになった。わが国でも，医療者が心肺停止に遭遇したときすぐに対応できるように，一次救命処置と二次救命処置のシミュレーションコースが多くの病院で行われるようになった。

　入院患者が予期せぬ心停止に陥った例の入院記録の分析から，心停止例の80％の症例で心停止に先行する6～8時間以内に何らかの異常（呼吸の変化や意識状態の変化など）が記録されていた。この事実から，心停止に先行する異常を早期に察知し迅速に対応するほうが患者により高い安全性を確保できると考えられる。具体的には患者にとっていちばん身近な存在である看護師が，生命の危険につながる危険な徴候にいち早く気づき，患者の急な変化に対し適切な対応を行うことで患者の安全を確保する。これが「患者急変対応コース for Nurses」のコンセプトである。

　このコンセプトを作った急性期病院に勤務する看護師グループが SME[(7)] として，そして教授システム学の専門家がインストラクショナル・デザイナーとして協働し，医療シミュレーションコース（「患者急変対応コース for Nurses」）を開発した（日本医療教授システム学会 2008）。本コースは第1回日米シミュレーション医学教育合同シンポジウム（2007年）において試行を行い，その後，日本医療教授システム学会として普及を開始した。わが国でインストラクショナル・デザインを採用したはじめての医療シミュレーションコースと考えられる。

4.4 医療教授システム学

4.4.1 日本医療教授システム学会とそのミッション

2005年の米国シミュレーションセンター見学ツアーでみた医療シミュレーションにインパクトを受けたメンバーが中心となり2006年に SimClub を設立した。2007年の日米シミュレーション医学教育シンポジウム（ピッツバーグ大学医学部シミュレーションセンターおよびハワイ大学医学部シミュレーションセンターと共催）を経て，2007年12月に日本医療教授システム学会（Japan Society for Instructional Systems in Healthcare：JSISH）が設立された。

米国における医療シミュレーションに啓発されたことが JSISH 設立の契機になっているが，医療シミュレーションは一つの方法論であり，その基盤は医療職の卒前教育，卒後教育と生涯発達のサイエンスとテクノロジーであると考えた。このように考えた背景には，アメリカ心臓協会が2005年のガイドラインを普及させるために開発した心肺蘇生プログラムが，インストラクショナル・デザインとインストラクター・コンピテンシーを採用したことや教育工学との出会いがあった。

JSISH は名前の通り医療教授システム学というサイエンスの領域を確立することを目指している。医療教授システム学の「医療」は，わが国のヘルスケアシステムを利用する国民の視点で捉えている。国民にとってのヘルスケアは，ヘルスケアを提供する・ヘルスケアを受ける場所により，家庭（介護，慢性疾患のケア，急な傷病のケア），公共的な機関（交通機関，学校など），病院前医療（消防組織による現場から病院までの医療），病院での医療，市中での医療（クリニック，訪問看護・診療），施設での介護など多岐にわたる。わが国の人口動向，医療リソースの供給体制と財政の現状と将来を考慮すると，ヘルスケアの提供者（医療者だけでなく市民を含む）だけでなくその利用者にもヘルスケアを効果的・効率的に利用する技能を教育・トレーニングする必要がある。これが医療教授システム学の活用法であり，その成果として標準的なヘルスケアを確実かつ安全に提供する医療者と医療チームの育成による安心・安全な医療，ヘルスケアの適正な利用と医療者の負担軽減，ヘスルケアのコスト削減な

どが期待できる．

　JSISHのミッションは，標準的な医療を安全・確実に提供できる医療職の育成を実施・改善するための方法論やシステムを構築することである（池上 2011）．医療サービスをそれぞれの現場で実践するのは，さまざまな職種からなる医療職のチームであり，患者のニーズに合致し，限りある医療資源を最適化した医療を提供するためには，これらの人材・チームを育成するシステムが必要となりこれが医療教授システムである（このシステムを開発・実践・改善するサイエンスが医療教授システム学）．医療教授システム学は，現場における人・チームのパフォーマンスの仕組みとその学習プロセスを理解する学際領域（教育工学とその基盤）を横断する応用サイエンスと言える．

4.4.2　現場で活用できるサイエンス

　医療教授システム学は，現場の教育・トレーニングの実践から得られた研究成果をナレッジベースとして集積し，さらにナレッジベースを活用した研究によりその外的妥当性や転移性・有用性を検証するプロセスにより形成される．医療教授システム学が採用している研究方法は従来の自然科学の実験方法ではなく，デザイン研究（Design-based Research）と呼ばれる手法である（鈴木・根本 2012）．

　デザイン研究は，従来の実験室でのコントロール群と実験群の比較による検証方法とは根本的に異なっている．デザイン研究は，複雑な要因が絡み合っている教育実践やトレーニングの場で実践者自らが研究者となって，実践をデザインするなかでこれまでの研究知見を活用し，それを応用し発展させていくための枠組みである．

　デザイン研究を行う前提は，「現在行っている教育は，私たち（教育実践者・デザイン研究者のグループ）がベストだと考える方法で行っている」ことであり，これがデザイン研究者に求められる倫理となる．デザイン研究のプロセスは次のよう考えて良いだろう．「現在行っている教育はベストだと考えている．にもかかわらず，よりよい教育の実践はありうる」「今回は，現在行っている教育実践をさらに改善するために，ある教育工学の知見を活用し，教材やインストラクションの方法などに幾つかの変更を加えた」「このデザイン研

究では，改善前に比べ，改善後の教育効果がどのように向上したのかのかを評価する」。医療者が教育担当者としての職能を開発していくとき，実践と研究の両立を可能にするデザイン研究の枠組みはきわめて有用だと考えられる。

4.4.3 医療教授システムの構造

教育工学，医療教授システム学と医療教授システムの関係を図4-1に示した。教育工学は人文社会系と理工系，並びに人間に関する学問分野を融合した学際的な学問である（清水 2002）。その特徴として，教育工学の研究領域は幅広く，きっちりした体系を提示することが難しいことが挙げられる。教育工学は学問だけで閉じておらず，社会や時代の要請に応じて対応している。ジョンソンらは，教育工学（インストラクショナル・テクノロジー）や教育設計（インストラクショナル・デザイン）を構成している基礎となる学問を，学習心理学，情報科学，システム工学の3つに分類してその関わりを歴史的に述べている（赤堀 2002）。

医療と教育工学，特にインストラクショナル・デザインとの出会いから，実践事例研究を繰り返しながら，しだいに医療教授システム学が形成されてきている。医療教授システム学の目的はヘルスケア領域の実践サイエンスとして「標準的な医療を安全・確実に提供できる医療職（あるいはヘルスケアプロバイダー）の育成を実施・改善するための方法論やシステムを構築する」ことにある。その成果として医療職の卒前教育・卒後教育と生涯発達を支援する医療教授システムを学習者の環境として構築することを目指している（図4-1）。

医療職の学習を支援する医療教授システムの基本的な単位を図4-2に示した（Gibbons 2014）。学習環境の中で学習者は，意図的にデザインされた学習活動を行う。学習環境に存在する何らかの学習装置は学習者に情報を提示し，学習者はその情報を処理し判断を作り，その判断に基づいて問題解決の方法を選択し，選択したプランに従って行動する。学習者の行動は学習装置に入力され，学習装置は学習者に結果を返す（学習装置は学習者の介入により結果を生じる回路が組込まれたシステム）。学習者は自分が決定した行動の結果を（学習装置から）情報として受け取る。

学習装置から返された結果と予想した結果を比較しギャップがある（予想と

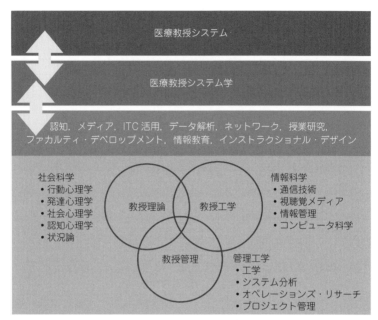

図4-1 教育工学,医療教授システム学と医療教授システムのレイヤー
注:教育工学の体系と背景となる分野については『教育工学事典』の図(分野別目次体系と教育工学の背景となる分野)を参考にした.

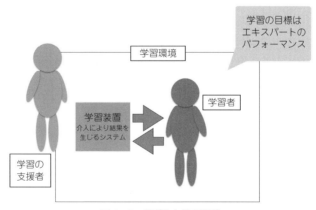

図4-2 学習者と学習環境
出典:Gibbons(2014)の図5.1を引用・和訳した.

第 4 章　医療シミュレーションと教育工学

表 4-1　学習者と学習環境の事例

	学習環境	学習装置	学習装置との相互作用	予想される結果と学習効果	学習の支援者と役割
研修としての学び	スキルラボ（卒前教育で医療・看護技術を学ぶ実習室）	医療行為を練習するためのモデル（心肺蘇生人形，静脈注射モデル，血圧測定の練習など）	手順を示し，手技の達成度に対するフィードバック（心肺蘇生の胸骨圧迫の深さなど）	行為の結果に対し，フィードバックを与える．学習者はやり方を調整	スキルラボの管理者，指導者：時間管理，安全管理，練習の仕方の説明など
	心肺蘇生法のシミュレーションコースのステーション	全身マネキン，モニタ，除細動器など	モニタが不整脈の情報を表示し，学習者が緊急度を判断，問題解決行動を開始する	情報の誤った解釈と治療の失敗，心室細動ならマネキンに除細動を行えば不整脈が解除される	インストラクター：資器材の操作，振返りの支援
	模擬患者を用い医療面接の練習を行う	模擬患者	学習者の質問に対し返事を返す	質問・返事のやり取りのたびに reflection in action が生じる	インストラクター：時間管理，練習プロセスの観察と調整，振返り
	PBL (problem-based learning)	指導教官，学習者グループのメンバー	問題の同定と解決の仮説形成，および解決の方法に関する対話	学習者が組み立てた仮説・問題解決が効果的でない→振返り・改善	指導教官：時間管理，対話の学習効果を維持する，振返り
現場での学び	回診	状況のなかで入院した患者と指導医	学習者のプレゼンテーション（判断，仮説形成，プランニング）に対し，指導医・患者が装置として機能する	判断，仮説形成，プランニングに利用した患者情報などの解釈・判断の改善や，仮説形成の精度をあげる	指導医：学習者の思考プロセスにフィードバックを与える，患者に情報提供を促しエキスパートの判断を示す
	医療行為	状況にある患者	医療技術の知識と手技を適応し，好ましい効果・好ましくない効果，目的とする効果，副作用・合併症を評価・判断する	判断→プラン確認→実行→結果の評価と判断→次の行動プランの確認という PDS サイクルを回す	指導医：患者の安全確保，必要なときに介入，時間管理・業務管理，医療の質確保
	看護ケア	状況にある患者	看護技術の知識と技術実践プロセスの理解を実行し，患者の反応をモニタしながら患者にとって価値ある成果をもたらす	ケア後の患者の主観的な判断から，なぜそうなったのか，どのような改善を行えばよいのかを振り返る	プリセプターナース：患者の安全・安楽確保，必要なときに介入，患者の評価の聞き取り，振返りとフォローアップ
	カンファレンス	指導医	学習者のプレゼンテーション（判断，仮説形成，プランニング）に対し，指導医が評価装置として機能する	判断，仮説形成，プランニングに利用した患者情報などの解釈・判断の改善や，仮説形成の精度をあげる，欠落している医学知識を指摘する・学習法を伝える	指導医：なぜ，なぜ，なぜ質問でロジックを鍛える，学習者の思考プロセスにフィードバックを与える，エキスパートのクリティカルシンキングを示す

違う結果になった）場合は，なぜ，ギャップが生じたのかの説明・仮説を組立て，仮説に基づいて改善策を創る。次のトライアルではこの改善策を試行しその結果を振り返りギャップが小さくなれば，学習装置が内蔵する原因と結果の関係の理解がすすみ，問題解決の精度が上がったと評価する。これが経験学習の具体的経験と内省化のプロセスである。学習の支援者の役割は，学習環境に生じる危険を回避すること，学習が確実に成果をあげるよう学習環境をコントロールすること，経験からの学習の効果・効率を高めるために振り返りを支援することにある。

表4-1にこの図の概念を具体的な学習環境に当てはめて説明した。研修での学習と職場での学習の根本的な違いは，前者の学習装置は人工物であるのに対し，後者では自然・本物であることである。研修での学びと現場での学びにおける図4-2の実践例が表4-1にまとめられている。

医療組織や教育機関が成果をあげそのミッションを達成するには，その施設のミッション遂行のシステム（機能の運営・管理システム）に医療教授システム（図4-3）を組み込む必要があると考えられる。組織がミッションを遂行するためには，その組織を支えるタレント（卒前教育であれば学生と教員，卒後教育であれば新人スタッフと指導スタッフ）の発達を支援する必要がある。医療教授システムとは，タレントの発達を組織的に支援するシステムといえる（図4-3）。タレントは求められるコンピテンシーを獲得するために，到達レベルに応じ個々のタレントに応じて処方された学習計画に従って学習（研修での学習＋職場での学習＝組織内学習）を行う。そのためには医療の現場でタレントのパフォーマンス能力を評価し，期待されるコンピテンシーに対して学習が必要な領域を診断し，コンピテンシーを獲得するためのパフォーマンスの学習をデザインする専門職が必要となる（現場のエキスパート，仕事の専門家（SME）としての能力と，学習デザインの能力を兼ね備えた人材）。

学習デザイナーが個々のタレントに学習プランを処方（デザイン）したら，その学習プランを研修あるいは職場での学習として実施する学習インストラクター（臨床研修指導医やプリセプターナースなどが相当）が必要になる。学習インストラクターは，処方された学習プランの意図を理解し，学習者に適した方法で学習の支援を行う。さらに組織のミッション遂行に医療教授システムが

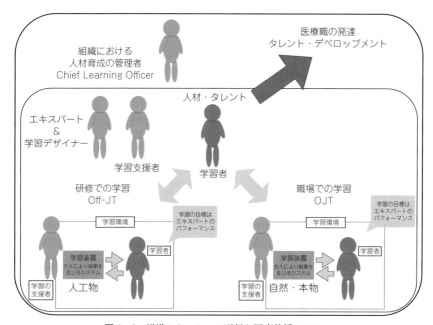

図4-3 組織のミッション遂行と医療教授システム

成果をあげることができるように，組織の運営・管理の視点から医療教授システムをマネジメントする存在が必要になる（Chief Learning Officet：CLO）[8]。

卒前教育と卒後教育で医療教授システムを共有し実践することで，タレントの発達を円滑にすることができると期待される（第5節の医療者のパフォーマンスの学習デザインモデルを共有することが前提）。医療教授システムを導入し機能させるには，組織における人材育成の責任者（CLO），医療のエキスパートでありかつ学習デザイナー，そして学習インストラクターの存在（職種，あるいは職能として）が不可欠になると考えられる。日本医療教授システム学会では，これら3つの役割に必要なコンピテンシーを獲得するセミナー・育成プログラムを実施している。

4.5 医療シミュレーションの学習モデル

4.5.1 エキスパートのパフォーマンスモデル

　図4-2に示したエキスパートのパフォーマンスのモデルは，現場のよくできる医師・看護師のパフォーマンスを思い浮かべ，仕事を遂行するなかで行う思考・行動を形式化することで作成する。

　エキスパートは，仕事に入る前にその日（あるいはシフト，手術などの自分の仕事の責任範囲）の仕事の段取りを付ける。段取りには，担当する患者の状況認識と状態変化などの予測を組み立てる（電子カルテから必要な情報を抽出し判断する，患者のところに行って患者の状態を評価し判断と予測を作る），プランを確認しリスケジューリングする，医療行為・看護ケアの技術面の確認，実行のリハーサルと資器材・患者の準備がある（ここまでをブリーフィングとしてまとめる）。医療行為・看護ケアを行うときはまず患者の状態を評価し，安定している・懸念がある・変化があるの3つの状態のいずれかを判断し，判断に割り付けられたルールを実行する。安定していると判断した場合は，予定された医療行為・看護ケアのプランを選択し実行する。実践プロセスをモニタしながら，安全・確実に手技を終えたら，そのプロセスを記録する。仕事が終わったら（一つのタスク，仕事全体の二つのレベルで）パフォーマンスの改善を目的にした振り返りを行う（デブリーフィング）。エキスパートは，習慣として仕事をブリーフィングで始め，デブリーフィングで終える。

　これがエキスパートの仕事への姿勢であり，仕事のやり方であり，成長のモデルと考えることができる。このパフォーマンスモデルを型（フレーム）として用い，さまざまな医療行為・看護ケアを職場の状況として，かつ患者経験として記述したものがエキスパートのパフォーマンスモデルである。学習者はエキスパートのパフォーマンスを発達のレベルに応じた学習法で，さまざまな問題を抱えた患者の問題解決を能動的に経験しながら，エキスパートのパフォーマンス能力を獲得・蓄積していくと考えられる。

　次の項ではエキスパートのパフォーマンス能力を学習教材化（認知的徒弟制における認知的足場かけ）するデザイン手法（ゴール達成型学習デザイン）に

ついて述べる。

4.5.2 ゴール達成型学習デザイン（Goal-Oriented Learning Design Method：GOLD メソッド）と教材の構造

　GOLD メソッドの目的は，医療のエキスパート，ロールモデルが獲得している暗黙知を形式知化することにより，初心者がエキスパートの能力を効果的・効率的・魅力的に学習できる学習教材をデザインすることにある。以下，GOLD メソッドとそのツールの使い方を解説する。

　まずパフォーマンスの一般的・ジェネリックなプロセスを，パフォーマンスの段階，段階のゴールおよびそのゴールを達成するために行う3種類の活動として表現する（表4-2）。表では「看護師が病棟に入院している患者を訪室し，看護技術を実行する」というパフォーマンスのジェネリックな段階を，ブリーフィング，訪室，看護技術の実行，ハンドオフ・記録とデブリーフィングとした。それぞれの段階ではそのゴールを達成する必要があり，そのために以下の3つの活動（EVALUATE, SELECT, DO）を行う。すなわち，状況や患者の状態を評価し判断する（EVALUATE），その判断に基づいて問題を解決するルールや原理を組み立て問題解決策として選択する（SELECT），選択した問題解決プランを実行する（DO）である（Gibbons 2014）。このようにして作成したパフォーマンスは，表4-2のようにマトリックスとして記述される（これをパフォーマンスカードと呼ぶ）。表のマトリックスは5つの段階と3つの活動の合計15個（5×3＝15）のセルから構成されている。このセルの系列をスクリプトと呼ぶ。15のセルをそれぞれの段階に設定された5つのゴールを達成しながら順番にクリアすれば，パフォーマンスが達成されることになる。表4-2のスクリプトは，患者を訪室しそれぞれのタスクを遂行する医師，看護師，薬剤師などすべての医療スタッフが習慣として行うべきパフォーマンスの構造と内容を示している。

　GOLD メソッドで作成する教材は図4-4のレイヤー構造をとる。基盤はジェネリックなスクリプトのレイヤーである。スクリプトのレイヤーの上には，学習者が将来就く職種に必要なコンピテンシーを構成する技能を学習目標のレイヤーとして重ねる。学習目標レイヤーに設置するのは，「技術カード」と

表 4-2 パフォーマンスのジェネリックな記述（スクリプト）の例

	1. 状況（患者）を観察し判断する EVALUATE	2. ルールから問題解決を組立てる SELECT	3. 計画を安全・確実に実行する DO	各段階のゴールを達成する GOAL
5. デブリーフィング	タスク, 仕事の結果とプロセスを振り返り, なにをどのように判断し, プランを組み立て実行した結果, どうなったかを明確にする。	なぜ, そうなったかを考え, こうすると・こうなるという因果関係の仮説を形成する。パフォーマンス改善のアクションプランを作る。	アクションプランの実行. 仮説を実験してみて, その結果を評価し, 仮説の妥当性を判断する。	パフォーマンスの出来を振り返り（他者・自己との対話）から改善に向けたアクションプランを作り実行することを習慣化する。
4. ハンドオフ・記録	医療行為・看護ケアを行った結果とプロセスを振り返り情報としてまとめる。	まとめた情報を人に伝わるように記述する（SBAR などの形式を利用する）。	伝達（ハンドオフ）と記録を行う。	自分の責任範囲を終え, 結果とプロセス・問題点を, 次にプロセスに伝達しハンドオフする。患者の経過を POMR として記録する。
3. 医療行為・看護ケア	医療行為・看護ケアを行う（プラン）ごとへの理解を確認, 不安・恐怖の程度を判断し準備状況を判断する。	理解ができていて, 心理的に準備が出来ていれば, 選択した「技術カード」と「実践カード」の知識と手順を想起し確認する。	「技術カード」の知識を使いながら, 「実践カード」の手順に従って DO する。実行するたびに結果を evaluate し, 次のアクションで select する。	医療・看護に関する理解と不安を評価し, GOGO であれば, 「知識カード」と「実践カード」を使って医療・看護を安全・確実に行う。
2. 患者訪室	患者空間に入ったら, 患者に接近しながら観察した知覚情報を次々と解釈し, 判断を作りまとめていく。	患者に接したら初期評価と必要なフィジカルアセス面を行い, でプラン C, プラン B, プラン A を選択する。	選択したプランを実行する（プラン C は急変対応, プラン B は懸念への対応, プラン A は予定された医療・看護の実行)。	患者の状態をいま・ここで判断し, 急変対応・懸念への対応・予定されたプランの実行を選択する。患者安全を確認する。
1. ブリーフィング	電子カルテの情報を解釈し患者モデルと予測を作る。事前のラウンドで患者の状態を判断（3つのカテゴリー診断）する。	変化があり不安定ならプラン C を選択, 懸念があればプラン B を選択, 変化がなく安定と判断すればプラン A を選択。	選択したプランを実行。（プラン A は予定された医療・看護を実行, プラン C は急変対応, プラン B は懸念への対応プラン）	仕事を始める前に患者の初期状態を判断する。判断に応じプランを選択する。選択したプランを実行する。

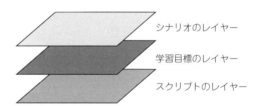

図 4-4 GOLD メソッドによるシミュレーション教材のレイヤー構造

「技術実践カード」である。図4-5 には「静脈内注射を実行する」という医療行為の技術カードの例を示した。技術カードは，その技術の練習を行う際の前提となる知識を統合した1枚のカードで，技術を確実・安全に実行するために必要な知的技能，運動技能，態度技能とリスク低減技能をまとめた GOLD メ

第4章　医療シミュレーションと教育工学

カードの種類	技術カード	「静脈内注射」を安全・確実に行なうための知識をまとめました．このカードで知識を整理します．静脈内注射を実行する際には「技術実践カード」の「静脈内注射」を用います．
カードの名前	静脈内注射	

技術の手順	電子カルテで指示を確認、診断・治療プラン・薬剤の整合性を確認、準備、患者確認、初期状態の評価、説明、確実・安全（含．感染防御）に静脈内注射を実施、合併症・副作用の有無をチェック、後片付け、看護記録、技術遂行の振り返り．		
知的技能	運動技能	態度技能	リスク低減技能
説明できる：診断・治療プランと薬剤の静脈内注射の関係について説明できる．薬剤の副作用、技術の合併症について説明できる． 準備できる：指示確認、物品の準備ができる． 手順：技術の手順を述べることができる．	前提条件：静脈内注射トレーナーで静注技能テストに合格している． （モデルを用いたタスクトレーニングが前提） 静脈内注射ができる：知的技能を使って静脈内注射ができる．	疾病への不安や治療・注射に関する懸念を理解し、共感・説明により緩和を試みる．自分の技術遂行能力を改善することに責任を持ち、具体的な改善策を考え実行する．	・患者確認 ・指示確認 ・感染防御 ・基本手技確認 ・副作用確認 ・起こりうる合併症のリストアップと回避法を確認 ・患者説明（事前・事後）
技術の前提	皮下静脈・神経の走行に関する解剖、患者の不安・説明などのコミュニケーション、病院マニュアルの知識． 薬剤の知識：外形、効果、副作用、禁忌、投与速度など． 疾患と治療に関する知識：教科書を参照し確認．		

図4-5　「静脈内注射を実行する」技術の技術カード

ソッドのツールである．また，技術の前提となる知識（教科書やマニュアル類を参照すれば確認できる知識）は学習者が自分で調べて勉強できるようにリストアップしてある．技術カードの内容を理解し暗記していることが，技術を実行する（練習する）前提条件になる．

　技術カードの内容を使って，実際に技術を行う場面を思い浮かべてイメージトレーニング（メンタル・シミュレーション）するには，「技術実践カード」（図4-6）が必要になる．技術を実践する場面では，技術カードに記載された内容を理解し暗記し，すぐに使える状態にあることが前提になる．技術実践カードは技術を実践するとき，頭（知的技能），心（態度技能）と手（運動技能）の機能をダイナミックに統合することを目的とした教材である．学習法としてベッドサイドで技術を実践するムービー教材を観ながら，手元にある技術実践カードを参照し，ムービーの中の実践者になりきって考え，知的技能，態度技能，運動技能を統合する練習を行い（メンタル・シミュレーション），その経験を振り返るなどの方法が考えられる．技術を実践するとき，エキスパートは一つのアクションを実行（do）するたびにその結果を判断し（evaluate），

カードの種類	技術実践カード	シナリオを用いたパフォーマンス演習で「静脈内注射」技術を実践する場合に用います.
カードの名称	静脈内注射	

技術実践の内容	患者の初期状態を評価し「緑」と判断すれば,予定された技術を実践する.技術実践では技術カードで獲得した知識を統合し利用する.知識(頭)と技術(手技)と適切な言動(態度)を同時に活用し,患者の安全・コンフォートを担保する.			
判断に応じた計画の実行	運動技能＋態度技能	実行中のモニタと対応	結果の評価・ハンドオフ・記録
知識として獲得した技術カードの「技術の手順」を実行する.リスク低減技能の項目を想起し,実行前のチェックリストとして利用する.	技術を手順通りに実行する.患者のコンフォートを最大化するように言動を選択する.	技術を実行しながら,自分の言動(技術実行を含む)を第三者の視点でモニタ(観察)する.「次の手順は・・・」「ここは注意すること・・・」「患者の状態に変化はないか・・・」「自分の心理状態や感情を制御できているか・・・」「安全・確実に実行できているか・・・」	技術の実行結果を評価する.内出血,アレルギー反応・アナフィラキシー反応,その他の副作用の有無をチェック.必要に応じてハンドオフを確実に行う.技術実行の記録をおこなう.
技術実践の前提	「技術カード」の知識,技術実践に必要な看護,患者とのコミュニケーション技能.副作用が発現したときの対応プランの知識とプラン実行の技術.			

図 4-6 「静脈内注射を実行する」技術カードの実践カード(技術実践カード)

次のアクションを選択(select)している。図 4-6 の実行中のモニタと対応は,小文字の do, evaluate, select のサイクルと考えることができる。

GOLD メソッドで作成する教材の最外層はシナリオのレイヤーである(図4-4)。シナリオを設定する目的は学習者が状況に没入し,そのなかで主役・意思決定者として能動的に動ける(メンタルに,フィジカルに)学習環境を提供することにある。目的を達成するシナリオの要件は,状況を与えること(例:あなたは○○病院の一般内科病棟に勤務する看護師),ミッションを与えること(例:あなたのミッションは脳梗塞で入院中の86歳男性山田さんの排尿介助を安全・確実に実行すること)にある。

次の項では GOLD メソッドで作成した教材を利用した学習法について説明する。

4.5.3 GOLD メソッドにおける学習法

メリルは,学習のタイプをパフォーマンスとコンテンツの二次元マトリックスにまとめる分類を提案している(Merrill 1983)。パフォーマンス(何ができる

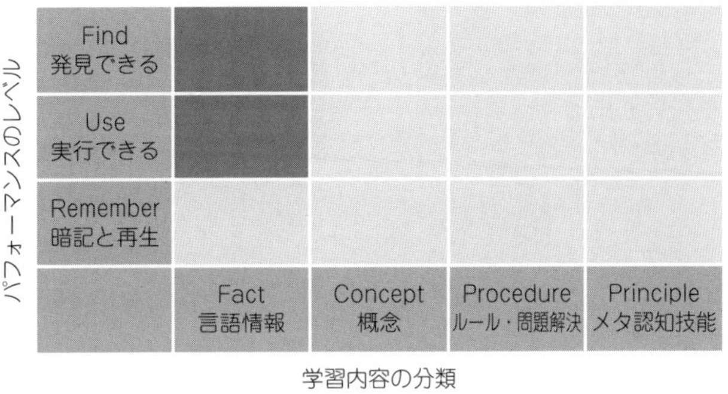

第4章 医療シミュレーションと教育工学

	Fact 言語情報	Concept 概念	Procedure ルール・問題解決	Principle メタ認知技能
Find 発見できる				
Use 実行できる				
Remember 暗記と再生				

(縦軸：パフォーマンスのレベル、横軸：学習内容の分類)

図4-7 メリルのパフォーマンスと学習内容の分類の二元表
出典：Merrill（1983）.

か）は下位から上位の順に，覚える（remember），使う（use），発見する（find）の3段階である。学習内容（何が対象か）は下位から上位の順に，事実（fact），概念（concept），手続き（procedure），原理（principle）の4種類である（図4-7）。事実のパフォーマンスは覚える・再生するにとどまり，使う，発見するは該当しないため図4-7では濃い網掛けとなっている。

このマトリックスのパフォーマンスのレベルは，学習者は何ができるのかという評価の軸を示しており，大学の試験問題の分類のために考案されたブルームのタキソノミーの考え方と類似している。一方，学習内容の分類はガニェの学習成果の分類の考え方を発展させている。医学教育ではブルームのタキソノミーが普及しているが，このマトリックスはパフォーマンスを評価するためには，学習内容をその分類に適した方法で学習する必要があることを示している。GOLDメソッドでは，第2項で説明したパフォーマンスカード，技術カードと技術実践カードを，マトリックスのパフォーマンスのレベルに応じて学習する（図4-8）。

学習の系列では，最初にスクリプトのレイヤーと学習目標のレイヤーで構成されるパフォーマンスカードを使った学習を行う。学習目的は，1）一つ一つのセルに含まれる事実・概念・ルールの理解と暗記，2）セルから次のセルに移動しその段階のゴールを達成するための概念・ルールの使い方になる。セルの学習内容の学習は，教科書で独習しクイズ形式の独習教材で確認する。セルからセルの移動（スクリプトを順に実施）する学習は，クイズ形式の教材を

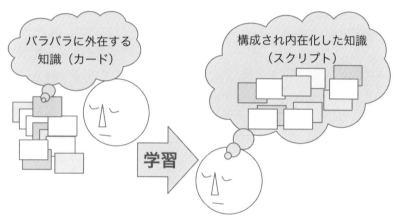

図 4-8 メリルのパフォーマンスと学習内容の分類の二元表
（Merrill 1983）を用いた GOLD メソッドにおける学習法

図 4-9 GOLD メソッドの学習成果：スクリプトの内在化

使った独習と対面学習での質疑応答で行う。

　次にシナリオを含めた 3 層のレイヤーで構成されるパフォーマンスカードを使った学習を行う。学習者はシナリオのなかで主人公になりきり，能動的に意思決定を繰り返しながらパフォーマンスを行う（シミュレーション技法）。シミュレーション技法には 1) パフォーマンスを頭のなかで行うメンタル・シミュレーションと，2) 体を動かして実際にパフォーマンスを実行するフィジカル・シミュレーションがある。メンタル・シミュレーションでは，学習者個人としてスクリプトを実行し概念・ルールを使った問題解決のパフォーマンス

できること(あるいはできないこと)を確認する。メンタル・シミュレーションにより学習者は,を内化する(図4-9)。この準備が整ったらフィジカル・シミュレーションでパフォーマンスを実行する身体感覚,他者との関わり方やノン・テクニカル・スキル,あるいは新しい問題解決の仕方を発見するなどの経験学習を行う。

4.6 まとめ

医療者の学習と発達を支援するシステム的なアプローチ(医療教授システムの開発・普及・改善)は,医療と教育工学の出会いにより始まった。医療シミュレーションは医療教授システムの基本的な方法と考える。医療教授システム学は現場の実践でありサイエンスである。その発展にはソーシャルなネットワークと問題解決のための対話が必要となる。日本医療教授システム学会はその場と対話を提供し,人材育成の管理者,学習デザイナーおよび学習インストラクターを養成する。

注
(1) テクノロジー:現状の問題を体系的に解決するための考え方と方法論。モノ作りのテクノロジーは,人の生活上の問題を解決するための考え方と方法論。同じように教育・人材育成にもテクノロジーが必要で,それが教育工学・人材育成のテクノロジー。
(2) CRM の "C" は当初は cockpit を意味したが,次第に crew を意味するようになった。
(3) 正統的周辺参加:新たにコミュニティに参加した新人は,正統的な地位を得て最初は責任が軽く代替のきくような周辺的な仕事から,次第に重要な仕事へと参加の度合いを含めていく。このような参加形態の変化の過程が学習の本質とする考え方。
(4) 発達の最近接領域:一人で問題解決が可能な現在の発達レベルと,一人で解決できないが援助を得ることによって達成可能な発達レベルの間の領域を意味する。
(5) 認知的徒弟制:段階(デモンストレーション,コーチング,足場かけ,言語化,振り返り)を踏んで学びを深めるように認知的にデザインされた徒弟制。
(6) Teachable moment:教育・指導の好機。学習者が能動的に経験するのなかで,リアルタイムに指導したり即時フィードバックすることで最大の学習効果が期待できる機会。
(7) Subject Matter Expert (SME):仕事の専門家と呼ばれる。わが国の医療に医療教授システムを導入するには現場の SME がインストラクショナル・デザイナーとしての技能を備え,学習デザイナーとしても機能することが必要。
(8) Chief Learning Officer (CLO):最高人材育成責任者。米国では一般的な職種・職位で,

組織のミッション遂行や経営戦略に即した人材育成を行う役割を担う。
⑼　スクリプト：台本，パフォーマンスを演じるために踏むべき手続きの内容を具体的に記述したもの。
⑽　知識：医療行為・看護技術に関する知識（適応，使用する物品・薬剤，手続き・手順，副作用や合併症とその回避法，これらの前提となる基礎的な医学知識を統合したもの）
⑾　知的技能：規則を未知の事例に適応する力。下位の技能として弁別，具体的な概念・定義された概念，ルールや原理，問題解決の技能のピラミッドで構成される。
⑿　運動技能：頭で考え筋肉をコーディネートして体を動かす・コントロールする技能。
⒀　態度技能：ある状況にエンゲージすることを選ぶ・避ける気持ち，ある状況で言動を選ぶ・避ける気持ち。
⒁　リスク低減技能：医療行為・看護技術を実践するとき，副作用・合併症をアクティブに回避する技能。

参考文献
赤堀侃司（2002）「教育工学研究について」『教育工学事典』実教出版，10-11.
アメリカ心臓協会（2015）「American Heart Association 心肺蘇生と救急心血管治療のためのガイドラインアップデート 2015 ハイライト」
　　http://eccguidelines.heart.org/wp-content/uploads/2015/10/2015-AHA-Guidelines-Highlights-Japanese.pdf
千葉大学教育学部附属中学校・公式ホームページ
　　http://www.chibafu.jp/category/1430042.html
福井邦彦（2002）「航空会社における CRM 訓練」
　　http://www.medsafe.net/specialist/5jas.html?cate=special&dir=5jas
Gaba, D. M. (2007) "The Future Vision of Simulation in Healthcare", Simulation in Healthcare, 2: 126-135.
Gibbons, A. S. (2014) *An Architectural Approach To Instructional Design*, Routledge.
池上敬一（2011）「日本医療教授システム学会の方向性」『医療職の能力開発』1(1)：5-16.
加藤浩（2002）「共同体」『教育工学辞典』実教出版，213-214.
Klein, J. D., Spector, J. M., Grabowski, B., Teja, I. (2004) *Instructor Competencies*, Information Age Publishing.
Kohn, L. T., Corrigan, J. M., Donaldson, M. S. eds. (1999) *To Err is Human : Building a Safer Health System*, Institute of Medicine.
厚生労働省「医師臨床研修制度の変遷」
　　http://www.mhlw.go.jp/topics/bukyoku/isei/rinsyo/hensen/
厚生労働省（2003）「別添　臨床研修の到達目標」
　　http://www.mhlw.go.jp/topics/bukyoku/isei/rinsyo/keii/030818/030818b.html
厚生労働省「医師臨床研修マッチング」
　　http://www.mhlw.go.jp/topics/bukyoku/isei/rinsyo/matching/
松本尚浩（2011）「インストラクターコンピテンシーの医療者教育への応用」『医療職の能力

開発』1(1): 41-52.
Merrill, D. A. (1983) "Component Display Theory," *Instrucitonal-Design Theories and Models : An Overview of their Current Status*, Lawrence Erlbaum Associates, 279-334.
日本医療教授システム学会（監修），池上敬一・浅香えみ子（著）（2008）「患者急変対応コース for Nurses」中山書店.
齊尾武郎（2009）「IOM レポート「人は誰でも間違える」の真実」『臨床評価』36(3): 712-724.
埼玉大学教育学部附属中学校・ホームページ
　　http://www.jhs.saitama-u.ac.jp/fucyu/plan/index.html
サラス・E，ボワーズ・C. A.，エデンズ・E 編，田尾雅夫監訳，深見真希，草野千秋訳（2007）『危機のマネジメント』ミネルヴァ書房.
西城卓也（2012）「正統的周辺参加論と認知的徒弟制」『医学教育』43(4): 292-293.
清水康敬（2002）「分野別目次体系」『教育工学辞典』実教出版, 9.
ショーン・D（著），佐藤学・秋田喜代美（訳）（2001）『専門家の知恵——反省的実践家は行為しながら考える』ゆみる出版.
鈴木克明（2009）「正統的周辺参加と足場づくり」
　　http://www.gsis.kumamoto-u.ac.jp/opencourses/pf/3Block/09/09-1_text.html
鈴木克明・根本淳子（2012）「教育改善と研究実績の両立を目指して：デザイン研究論文を書こう」『医療職の能力開発』2(1): 45-53.

第 5 章

製薬企業営業研修と教育工学

水野能文

5.1 MR の仕事と資質

　MR（医薬情報担当者）とは，製薬企業の営業担当者である。病院の医師や薬剤師などの医療関係者を対象に，自社の医薬品の普及と適正使用情報の提供を目的とした活動を行っている。日本における職業としての歴史は古く，スイス・ロシュ社のドイツ人医師であるルドルフ・エベリン氏が，1912年から主要都市の大学に医師を集めて講演し，薬剤師二宮昌平氏が通訳をするという形で組織的な学術宣伝活動が始められた。古くはプロパーという名前で呼ばれていたこともある。MR は，イギリスでは，Medical Representatives，米国では Pharmaceutical Sales Reps と呼ばれている。世界的には，Medical Representatives または，Medical Reps として通用するが，MR との略称を使用しているのは日本だけである。MR は，医療用医薬品という医師が使用する医薬品を扱っているので一般の人がその職業を意識することは少ない。2015年現在，6万4,657人が MR として働いている（2015 MR 白書）。

　MR は営業担当者であるが扱う対象が医療用医薬品ということで，単に医薬品の普及という役割だけでなく，医薬品が安全に的確に使われるための適正使用情報の提供という役割も担っている。職業人としての資質を確保することを目的として，1980（昭和55）年より日本製薬工業協会などの業界団体が主体となって教育研修制度を定めて資質の向上に取り組んできた。1997（平成 9 ）年からは，財団法人医薬情報担当者教育センター（現：公益財団法人 MR 認定センター）が，MR 認定制度をスタートした。

　人の資質は，知識，スキルと行動または態度が標準とされている。MR に関しては，特に倫理に基づいた態度や行動の充実が必要であるとして倫理的態度

に関しては倫理とされ，MRの資質は，知識，スキル，倫理の３つとされた．

MR認定センターが，2012年に行った医師，薬剤師，MRを対象に行ったアンケートの中で，「MRが医療の一翼を担うためには，どのような能力が必要と思われるか」の結果では，医師が選んだ上位の４項目は以下の結果であった．

1）人柄，マナー（丁寧さ，熱心さなど），人間的な信頼性
2）中立的に情報を提供（長所ならず短所も説明）
3）迅速に対応できる（問合せ回答など）
4）自社医薬品の学術的な知識の広さ，深さ（エビデンスなど）

薬剤師とMRが選んだ上位の順位はそれぞれでの立場で異なるが，上位の４項目は，まったく同一であった．MRが医療の一翼を担うためには，この４項目が最も重要といえる（MR認定センター 2012）．

5.2 MR教育の歴史的背景

1980（昭和55）年からのMRの教育研修制度は，当時大きな社会問題になっていたサリドマイドやSMON（スモン）などに代表される医薬品による大規模な副作用問題をきっかけとして始まった．こうした問題をきっかけに新薬の認可基準の厳格化や，発売後の医薬品の安全性確保に向けた各種の制度が構築された．

医薬品は適正に使用されても副作用が発生する可能性があるために，厚生省は，こうした安全性確保の制度の改革と並行して，医薬品の適正使用情報の提供と収集は製薬企業の責務とした．医薬品を扱うMRの資質向上を製薬企業の責任とした上で，1979（昭和54）年の薬事法の改正案の一つとして，当時イギリスやドイツなどですでに始まっていたMRの資格制度の導入を検討した．

ちなみに，ヨーロッパでは1950年代から医療用医薬品を広く社会的に普及させるために，製薬企業はMRによる活動を増していった．医療関係者は，当初は新薬の情報提供が得られるためにMRの訪問を歓迎した．1960年代になると製薬企業のMRの数が大幅に増えて，薬の知識のあまりないMRによる過剰サービスやセールス活動の行き過ぎに対し批判が起こり，各国で資格制度の導入となった（財団法人医薬情報担当者教育センター 2003）．

日本での MR の資格制度導入案に対して，当時の製薬業界は猛反対した。業界において自主的に MR の教育研修制度をつくり，MR の資質向上に努めることを条件に資格制度の導入を阻止した。厚生省の強い指導により1980（昭和55）年に開始された業界をあげての教育研修制度は，業界としてこの制度を定着させることが重要であるとの強い考えから制度が構築されている（MR 認定センター 2012）。

　医薬品の情報提供を行う MR が，基本的な医学や薬学などの関連知識があまりに不十分である点が問題視されて，業界の MR 教育は，基本的な知識教育の充実に力が入れられた。製品関連の知識は，各社の製品構成が大きく異なるために製薬企業各社の責任で行われることとなった。この時は，多様なカリキュラムや個人学習を認めると，企業による教育の履修の確認が困難であるとの理由から，同一カリキュラムによる講義方式による集合教育のみを認定する履修時間として規定した。当時においても，個人学習の重要性や資質の異なる学習者に対しての同一カリキュラム教育による弊害も指摘されていたが，製薬業界における教育研修制度の確実な定着と，当時の教育に対する一般的な考え方が優先された。

5.3　MR 認定試験制度と研修カリキュラム，MR テキスト

　一度は，MR の資格制度の導入に猛反対した業界であったが，業界内の教育研修制度の結果としてのＭＲの資質向上が，社会から確認できないといった外部からの批判の高まりと，医薬品の適正情報の伝達が十分でなかったために起きたソリブジン（抗ウィルス薬：現在発売中止）の副作用による死亡事件が社会問題となったことなどがきっかけとなり，製薬業界も MR の認定資格制度の導入に踏み切ることとなった。

　MR 認定試験制度は，財団法人医薬情報担当者教育センターが厚労省認可の財団として設立され1997（平成９）年からスタートした。単に試験の合格だけを目的とした資格制度では，MR の資質は向上しないとして，教育研修制度と組み合わせて，その教育研修の内容を認定試験で確認して MR 認定証を発行する認定制度とした。また，MR 認定証も所属企業による教育研修を修了して

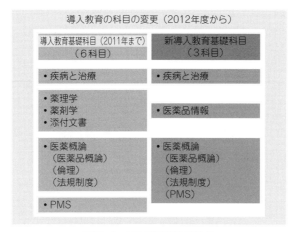

図 5-1　MR 認定試験の科目

いることを条件に，5年単位で更新する制度としている。

　この MR 認定制度は，MR 活動をするものは必ず所属企業による教育研修を受講することを義務づけていることから，MR 認定証の保持を業務の必須条件とはしていないが，活動をしているほとんどの MR が，認定証を取得している。

　MR 認定試験の科目は，1980（昭和55）年より業界団体などが主体となって取り組んできた教育研修体制を基にしていたので，2011年度までは図 5-1 のように6科目で実施された。2012年度からは，制度が大幅に改定されて3科目に変更された（財団法人医薬情報担当者教育センター 2007）。この科目変更の理由は，薬剤師教育の内容が大きく変わり，薬物療法のカリキュラムが強化されたことと，従来の科目主義的な内容から MR 活動に直接関係する内容へと変更する必要があったことである。

　2012年度からの MR 導入教育（MR として活動を開始する前に義務づけられている教育研修制度）の基礎科目の変更に伴い，MR 認定試験の範囲とレベルを示す MR テキストも MR 活動に直接関係する内容にするために大幅な改定が行われた。それまでの MR テキストは，MR に対してトレーナーが講義をすることを前提にして，内容はできるだけ簡潔に，AはBであるといったように表現されていた。業界全体の統一した認定試験制度の始まりに際して MR

認定試験の範囲とレベルは，できるだけ簡潔にして範囲を増やさないことが業界全体の意向としてあったためである。なぜ，AがBであるかの説明は，トレーナーがMRに講義で説明するのでMRは理解できるし，試験の範囲がより少なくなることでMRへの負担が軽減されるというものであった。

5.4 MRをめぐる環境の変化

　MRの活動は，時代とともに大きく変化していて，営業的な側面が強い医薬品の各病院に販売する価格への関与の禁止や，事実上の医療関係者への接待の禁止などにより，科学的な医薬品情報の提供を中心とした営業活動にその軸足を移行している。営業の考え方も時代とともに変化している。MRがプロパーと呼ばれていた時代には，人間的関係を中心としての営業活動と医薬品の情報活動を軸にして営業活動が行われていた。その後，従来になかった画期的な新薬による新たな治療法の紹介としてのMR活動が行われるようになり，単に薬の特徴の紹介だけでなく多様な患者の症状や状態に合わせた情報の提供により，医療関係者に対する薬物パートナーとしての役割を目指すMR活動が求められるようになってきた。

　その結果，MRは従来よりも高い資質が必要とされた。今までも一部の優秀なMRは，こうしたMR活動により医療関係者から高い評価を受けてきたが，こうした医療関係者から評価されるMRの比率を向上させることが製薬企業にとっての課題となっている。業界のMRの資質向上対策は一定の成果を上げたと評価されているが，患者中心の医療に対する社会的要求や，最近の従来のものよりも効果が優れた医薬品が多く発売される時代背景から，MRに求められる資質はますます高くなっている。

　また，インターネットの普及によりMRに求められる資質も変化してきた。認定試験制度が検討された頃は，医療用医薬品の情報提供活動を行うにあたり，MRには自社製品の添付文書（薬の効果や適応疾患や副作用をまとめたもの）を説明する能力が求められた。しかし，インターネットの普及によりそうした定型的な情報は，最新のものが入手可能であるので，それ以外の患者の症状や副作用に対する多様な情報の提供が求められるようになってきている。海外の

各種の大規模な臨床試験の結果による，薬剤の効果や副作用に対してもインターネットにより新しい情報がすぐに入手できるようになってきている。

情報化社会の影響は，薬を処方する医師だけではなく患者にも及んでいる。日本では自分の病気に適した治療薬が見つからない患者さんやその家族は，日本で未承認薬の海外での臨床情報をインターネットから入手するようになってきた。こうした変化が，MR に関しても従来の活動から変化をもたらしている。

また，最近の MR は，医師の医療行為について理解していないとの批判がある。以前は，MR は医師との人間関係が非常に重視される中で，医局において医師と長時間接触する機会を通して研修医が一人前の臨床医になる過程や，多様な患者個々の問題を聞く機会の中で，医師の仕事である医療についての理解を深めることができた。しかし，医師と MR との関係には一定の距離感が求められるようになり，MR が医師からそうした幅広い知識を学べる機会はほとんどなくなっていった。医師の日常の診療行為に対して十分な理解がないまま，社内の研修や図書などから学んだ知識を基に情報提供しても，医師を十分に納得させることが難しくなっている。

特に，近年は病院ごとに MR の訪問に対して時間や場所などの規制が厳しくなり，医師との面談の機会が大幅に減少している。また，厚生労働省が中心となった地域包括ケアシステム構築の推進により，開業医とケアマネジャーなどとの多職種連携が進み，こうした医療環境の変化が MR 活動に影響してきている。

5.5　企業教育と学習について

企業教育は，社員がその企業で働くときに必要な知識やスキルや態度（倫理やコンプライアンスを含む）の習得を目的としている。MR 認定試験などで確認される業界に共通に必要な基本資質も含まれる。また組織パフォーマンスの向上など企業の競争力の強化策も当然含まれる。

企業教育が投資かコストであるかについては，企業により考え方が大きく分かれる。投資であると考える企業は，企業の競争力の強化を目的に教育を行う。一方コストであると考える企業は，できるだけ費用と時間をかけないで企業教育を行うこととなる。会社の経営内容が悪くなると，交際費と交通費と合わせ

て3Kと呼ばれる教育費は，真っ先に削除の対象とされる。

企業教育の費用が，投資かコストかについては，人材の育成は企業の柱であるとの理念を掲げている企業が多いが，多くのトレーナーの意見によると，日本の製薬企業における教育研修は，残念なことに「わが社は教育研修をコストとしてとらえているようです」との回答が多い。しかし，企業である以上は企業教育に成果が求められることに変わりはない。

新たにMRになる人を対象とした導入教育は，業界平均で5ヵ月の長期となっていて，日本における企業の新人教育の中でも最も時間も費用もかけられている。導入教育の対象者は大学出身者であるが，薬系大学の卒業生を除きほとんどが，生理学や疾病，薬学に関して基礎から教育をする必要がある。教育研修はかなり厳しく行われていて，ほとんどの企業で毎日のように確認試験が行われている。「今までの生涯の中でこんなに勉強をしたのは初めて」との感想を口にするMRが多い。

しかし，この厳しい導入教育で講義を受けて，日々の確認試験をかなり高い成績（90～80％程度）で合格した受講生が，1～2ヵ月後に「その内容は全く教えてもらっていません」と自信をもって答えることがよくある。毎日ものすごい量の知識教育を受ける結果，知識の保持と転移に大きな問題があることが判明している。また，知っている知識でありながら，研修でのロールプレイングや実際のMR活動の現場で，医師からの質問にうまく対処できない例は非常に多く存在する。こうしたことから，講義中心のMR教育に対して疑問を抱く教育担当者が，後のMR教育の変革に影響を与えてきた。

また，医学の世界だけではないが，情報量が急速に増大しており学習者に必要な情報をすべて学ばせて業務をさせることは困難な状況になりつつある。学習者自ら学ぶ方法を身につけさせる必要が出てきた（米国学術研究推進会議2002）。さらに，顧客がMRに求める期待も多様化していて，それを正確に見極める能力も求められてきた。従来の知識教育以上のものが求められるようになってきた。その一つは，「社会人基礎力」（図5-2参照）として経産省が2006年にまとめたものである。社会人基礎力は，すべての人を対象としてまとめられたもので特にMRを対象としてものではないが，職場や地域社会で人々と仕事をしていくために必要な基礎的な力として，営業職としてのMRが成果

「社会人基礎力」とは

> 平成18年2月、経済産業省では産学の有識者による委員会(座長：諏訪康雄法政大学大学院教授)にて「職場や地域社会で多様な人々と仕事をしていくために必要な基礎的な力」を下記3つの能力(12の能力要素)から成る「社会人基礎力」として定義づけ。

＜3つの能力／12の能力要素＞

前に踏み出す力（アクション）
～一歩前に踏み出し、失敗しても粘り強く取り組む力～
- 主体性：物事に進んで取り組む力
- 働きかけ力：他人に働きかけ巻き込む力
- 実行力：目的を設定し確実に行動する力

考え抜く力（シンキング）
～疑問を持ち、考え抜く力～
- 課題発見力：現状を分析し目的や課題を明らかにする力
- 計画力：課題の解決に向けたプロセスを明らかにし準備する力
- 創造力：新しい価値を生み出す力

チームで働く力（チームワーク）
～多様な人々とともに、目標に向けて協力する力～
- 発信力：自分の意見をわかりやすく伝える力
- 傾聴力：相手の意見を丁寧に聴く力
- 柔軟性：意見の違いや立場の違いを理解する力
- 情況把握力：自分と周囲の人々や物事との関係性を理解する力
- 規律性：社会のルールや人との約束を守る力
- ストレスコントロール力：ストレスの発生源に対応する力

図5-2　社会人基礎力

を上げるためにも必要なものである。

　各社のトレーナーの意見によると，最近のMRは真面目で優秀な人が多い。一方，指示されたことはきちんと行動するが，自ら考えて行動し工夫することが少ない。「会社の指示に従って行動したが成果がでなかった。だから私に責任はない」といった内容を口にする人もいる。担当地区の顧客の問題に対して自ら主体的に考えて，解決策を考えるMRが少ないことに多くの企業のトレーナーが問題を感じている。MRの場合は，3つの能力の内「考え抜く力」と「チームで働く力」をより強化する必要がある。MR活動は，競合の激しい中での競争であり，マニュアル通りに仕事をすれば成果が出るといったものではない。

5.6　企業における教育担当者の位置付けと役割

　MRは，業務に専門知識が必要とされているために他の産業と比較して企業

のトレーナーの数が多い。しかしトレーナーは計画的に育成されるというよりは，人事異動の結果として突然指名されることが多い。MRに必要な専門的知識を教育するために，知識の豊富な人が期待されてトレーナーに指名されることがほとんどである。多くのトレーナーは，SME（Subject Matter Expert：内容の専門家）であり，インストラクショナル・デザイン（ID）などの教育や学習方略に関しての専門的知識がない人が多い。自分は教えるのが好きだからトレーナーになりたかったという人もいるが，自分が受けた過去の教育の経験から，教室の中で上手に教えることによって教育の成果をあげることを目指している人がほとんどである。

トレーナーの役割は，企業によって異なるが，多くの企業では，
1）疾病や関連領域の基礎知識の提供
2）製品関連情報の提供
3）コンプライアンスに関する教育
4）基本的な営業スキル（セリング・スキルなど）の教育

などの内容を担当している。中堅以上の企業では，教育研修部門がMRだけでなくその上司であるFLM（First Line Manager：第一線の営業課長・所長）のコーチングなどの教育を担っている場合もある。MR教育研修部門は，知識教育とセリング・スキル及び倫理（コンプライアンスを含む）を担当することが多いが，最近は人材育成の部門と統合して総合的な人的資質の向上を目指す企業も次第に増えている。

5.7 教育工学（インストラクショナル・デザイン）の影響

MR認定制度は，製薬業界全体にMRの資質向上の具体策として歓迎されて，製薬各社においてMR教育が熱心に取り組まれた。多くの企業で継続的に毎月一定の教育研修がMRに対して実施されるようになった。専任MRトレーナーも多く誕生し，トレーナーによる講義を中心にMR教育は行われた。講義主体の研修であるから，トレーナーの個人的な資質により教育の成果も大きく影響を受けた。同時にMR教育の成果を高めるためには，教育の強化ではなくMR自身の学習を強化することが必要との認識も高まっていった。

「ティーティングからラーニングへ」といった標語も一般的になっていった。しかし、一般論としての考え方は理解できても、企業内教育のイメージは従来の学校教育の影響が強く、受講者の自ら学ぶ力を強化する具体策はなかなか進まなかった。

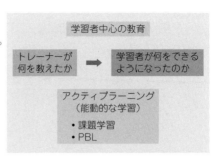

図5-3 「教育者中心」から「学習者中心」へ

1980（昭和55）年当時のMRに占める薬剤師の割合は、20％程度でその他は文科系や理科系の大学出身者であった。当時は、接待やその他の医薬品販売促進の方法がさまざまにあり、自社医薬品の販売に学術的知識はほとんど関係ないとされていたので、MRは強制しないと勉強しないものと考えられていた。

2000年代頃からeラーニングのブームが高まり、製薬企業においても社員教育の効率や効果を高めるために、eラーニング・システムを導入する企業が現れた。しかし、eラーニング・システムを導入したがなかなか成果が上がらない（当初は、受講率や修了率が極端に低い例が散見された）ことに対して、インストラクショナル・デザインなどの学習学の必要性が求められたのは製薬業界も同様であった。こうしたことと第4節で説明した環境の変化が新しい教育理論を必要とした。

MR認定センターが主催し2005年から始まったトレーナーズ・セミナーも、インストラクショナル・デザインに基づく教育コンセプトを広める一つのきっかけとなった。当時の製薬企業の教育のコンセプトは、講義を中心とした教育プログラムで構成されていて、社内トレーナーが面白い講義やわかりやすい講義をできるかが各社の課題であった。このセミナーでは、図5-3で示すように「教育者中心」から「学習者中心」の教育法への移行が推奨され、講義を減らして事前学習とグループワークを多用したスタイルの実践を推奨した。米国のMR教育の実例が紹介された。米国では、知識の基礎的学習は個人学習方式が多用され、集合教育では集まった時しかできないロールプレイングや、個人学習だけでは理解が難しい内容や応用知識の習得にあてられる。カナダのMRテキストにあった学習目標の主語が学習者で、「この章を学習すると、あ

```
アダルト・ラーニングの原則
1. 学ぶ必要性を理解しないと学ばない
   • 学習目標を具体的に明確に示す
2. 大人は、経験がある
   • ディテイリングとアダルトラーニング
3. 実践的な話し合いの中でより学ぶ
   • 協同学習
   • ファシリテーション
4. 実利的で役立つものに興味がある
   • 実際の仕事と結びつける
```

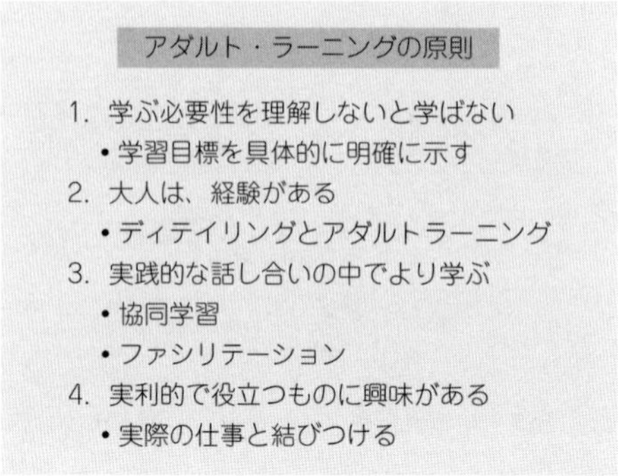

図5-4 アダルトラーニング

なたは○○ができるようになります」といった学習目標を初めて見たトレーナーは驚愕した。従来の教育目標は、教育者が主語で、「○○を理解させるようにする」というものであったからである。

当初は、こうした理論はわかるがあまりに空想的な理想論であり、「学習者が自ら学ぶというのは現実的ではない」と拒絶の姿勢を示して、教育のコンセプトの大きな変化に戸惑った各社のトレーナーも、各社から成功事例が示されると「教えない教育」として大ブームを巻き起こした。

トレーナーズ・セミナーで扱った主なテーマは、下記のような内容であった。

1. 学習目標（GIO や SBO）の明確化と評価（カークパトリックの評価モデル）
2. 動機づけ（モチベーション）の重要性と ARCS モデルの紹介。
3. 行動主義的・認知主義的・構成主義的教育観の紹介
4. アダルトラーニング（図5-4）
5. 組合せ学習
6. ファシリテーションの概念の紹介
7. 海外（特に米国）の MR 教育の紹介
8. 医学教育の PBL の紹介

トレーナーズ・セミナーは、入門コース、基礎コース、ならびに基礎コースの受講者がインストラクショナル・デザインを応用したプログラムの検証と研究を行う応用セミナーの3コースから構成された。2014年末の累計の参加者は以下の数である。

入門コース（2007年8月開始）：累計参加者数　　413名
基礎コース（2005年9月開始）：累計参加者数　　479名
応用セミナー（2006年9月開始）：累計参加者数　　356名

入門コースは、トレーナーになって比較的新しい人を対象に、教育の目的、教育の方略、教育の評価の基礎について学ぶ内容である。基礎コースは、インストラクショナル・デザインの基礎を学び、教育プログラムの企画書を作成する基礎を学ぶ内容である。応用セミナーは、基礎セミナーで学んだ学習プログラムの検証と改善を検討する研究会方式のセミナーである。基礎コースでインストラクショナル・デザインなどの学習理論を学んでも、それだけで成果を上げるプログラムを作ることは難しい。さらに、一社でいろいろな試みを試すには時間がかかるが、複数の企業が取り組んだ結果を持ち寄れば短期間に多くの検証が可能である。応用セミナーは、競合する企業同士が教育手法に関しては情報交換して、お互いの質を高めようとするセミナーであり、教育工学者をアドバイザーに招いて各社の発表に対して毎回具体的な指導を受けた。

5.8 「教えない教育」

「教えない教育」は、2005年頃よりブームとなり、各社でその採用が検討された。「教えない教育」という名称はインパクトが強いが、一方的な講義をできるだけ減らして、学習者が受身的な学習態度から積極的な学習態度で学ぶように仕組みを作ることである。名称を変えた方が良いとの意見も出されたが、良い名称案がなかなか見つからない中で通称「教えない教育」として定着した。

その対応は各社で異なり、講義を最小限にしてほとんどの学習内容をグループワークで学習させる企業や、MRテキストに書かれているような基礎的な知識は講義にて教育を行い、自社製品の教育は、グループワークを中心に学ばせる方式を採用する企業もあった。教えなくても成果が出るのであればと、放任主義的な「教えない教育」を行う企業も現れて、従来の一方的な講義による教育よりもはるかに劣る結果に衝撃を受けた企業も少なからずあった。

また、「教えない教育」の導入を採用しなかった企業にもこのコンセプトは大きな影響を与えた。一日中講義を聞くといった従来の教育スタイルは姿を消して、講義の後にはグループ学習やペアセッションを導入して知識の確認や定着を行うことが一般的となり、2010〜2012年頃には、一方的な講義を1日中座学として行う企業は、ほとんど見られなくなってきた。

「教えない教育」を日本で初めて MR の導入教育に採用したのは，日本ベーリンガー・インゲルハルム株式会社で，2005年の MR 認定センターのトレーナーズ・セミナーの開始よりも早く採用し，成果をあげていた。グループ学習を主体として講義をほとんどしない教育により，成果をあげたことに各社のトレーナーは衝撃を受けた。この当時の医薬品業界の一般的な考え方では，MR は講義をしてわかりやすく教えないと学ばないという考え方が主流であり，いかに講義を上手くするのかが効果的な教育のカギと考えられていたからである。

　「教えない MR 教育」は，1日単位の学習目標を初めに明示し，その学習の結果として試験を合格することで毎日のプログラムが構成されている。グループ責任としてグループ全員で学習を取り組むことで導入教育（MR になるための初期教育）の成果をあげてきた。グループ責任であるからグループ員全員の試験合格が毎日のプログラムの修了となる。このために学習が遅れがちなメンバーは，他のメンバーに迷惑をかけないために必死に勉強するし，他のメンバーも全員が合格するように懸命に支援することとなる。学習支援者としてグループごとに，一人の薬剤師の MR 予定者を配することで学習の支援を確保した。

　受講生は，当初講義による説明がないことに大きく戸惑うが，一つの教育コースをグループ学習で学びそのコツをつかむと，次のコースからはかなり効率的に学ぶようになる。こうしたグループ学習は，多くの学習者から歓迎されて，講義が主体の時代に見られた講義中の居眠りも全くなくなったとの意見や，MR が職場に配属されてからの多様な仲間とのコミュニケーション能力や，与えられた業務を確実にこなし続ける能力の向上にもなり，高い評価を受けた。一方，こうしたグループ学習に抵抗がある受講者も一部に存在し，研修担当のトレーナーは，講義の負担は少なくなったが，各受講者の学習の進み具合やグループ内のコミュニケーションのモニターにはかなりの時間と注意を必要とした。

　導入教育は，企業に入社直後のことでもあり，企業教育はこうしたものだと理解すると，受講者の抵抗はほとんどないが，同様の手法を継続教育（すでに MR 活動をしている MR に対する教育）に導入すると社内の抵抗は大きい。既存の多くの MR は，自ら学ぶという習慣や文化が身についていないために混乱するし，自ら学ぶ手法は，講義の場合よりも時間を要するために現場の責

任者である支店長からは，さっさと講義して早く外で営業活動の時間を確保してくれと要望される。「教えない MR 教育」を継続教育で行い成功したとの報告はまだない。

5.9 MR 教育の現状

5.9.1 MR に求められる役割の変化

　MR に求められる役割も変化している。医師たちは，「欧米の学会で発表された大規模臨床試験のエビデンスが，タイムリーに臨床医に届く時代，MR の役割はより専門性が求められる。」「こうしたエビデンスを正確に理解し，臨床医と同等のレベルで話せることは，これからの MR として欠かせない要素となるであろう」などと述べて，これからの MR に高い資質を求めている。また，「副作用への対応で MR に助けられた」「幅広い視点でアドバイスやサポートしてもらえる MR は非常に助かる」といった臨床医の意見がある（2014年度 MR 認定センターセミナー）。これからの MR に求められるのはインターネットなどからは入手できない臨床的情報の提供である。こうした情報は，医薬品を開発した企業が豊富にもっている。

　また，医師が多忙になっていることや病院を中心とした MR の訪問規制の強化により，MR には意味ある訪問が求められている。意味ある訪問とは，MR と会ってよかったと思われる価値ある面談のことである。MR との面談による「医療関係者の価値」は，基本的には自社医薬品に関する各種情報の提供を中心にしたものであるが，このニーズは顕在化しているものだけではないので，医師の潜在化ニーズを的確に探り出し，ニーズに合った情報の提供が求められている。そのためには，単に製品関連の知識教育にとどまらない幅広い関連知識の深い理解が必要であり，さらに問題解決能力やスキルが求められる。そのためには方略的知識とよばれる暗黙知の修得が必要とされる。方略的知識は，問題解決をする状況の中で強化される（久保田 2008）。

5.9.2 継続教育の課題と取り組み

　MR 認定センターの教育研修要綱の定義によれば，MR の教育研修は，MR

> 継続教育の課題について
> （MR 白書2014年版）
> 1. 自ら考え学習する MR の育成（86.3%）
> 2. 一方的な講義ではなく双方向型の研修（65.4%）
> 3. 研修成果の検証（55.1%）
> 4. 実績アップに直結する研修の要請（31.2%）
> 5. 研修時間の確保（30.2%）
> 6. トレーナー増員による研修の充実（28.8%）

図5-5　継続教育の課題

になるための導入教育と現在活動をしている MR を対象にした継続教育の2種類がある。MR 教育をめぐるこうした背景から，継続教育に対する取り組みも少しずつ変化している。

MR 認定センターが登録企業205社を対象に調査した結果（2014年 MR 白書）によれば，図5-5に示すように継続教育の課題の1位は，「自ら考えて学習する MR の育成」である。MR をめぐる環境の大きな変化の中で，MR は，形式知として明示される知識を身につけるだけでなく，暗黙知と呼ばれる正解がない問題を解決するために不可欠な知恵を身につける必要がある。

2位の一方的な講義ではなく双方向型の研修の必要については，一方的な講義だけでは，知識のより深い理解が難しいことや知識の保持に問題があることを各社が課題と考えるようになった。3位の研修の成果の検証は，インストラクショナル・デザインの影響で，教育と評価が一体のものであることの理解が広まったものと考えられる。4位の結果は，製薬企業であれば当然要求されるものである。5位と6位は，教育に対する時間と人的資源の確保に関するものである。

そうした課題に対して継続教育を充実させるための取り組みは，図5-6の結果となっている。1位の知識確認テストは，教育の成果確認としての評価に各社が積極的に取り組み始めたことを表している。2位と3位は，課題としてあげた「自ら考える MR の育成」のために MR の自主性や学習意欲を高める方法と考えられる。4位，5位と6位は，MR が活動する医療現場で役に立つ内容となるように取り組んでいる結果で，MR 活動の生産性を高めるための職業研修としての当然の結果である。7位と8位は，MR が医療の一翼を担う活

第5章　製薬企業営業研修と教育工学

```
継続教育を充実させるための現在の
取組み（複数回答）(MR 白書2014年版)
1. 一斉テストや研修前後の知識確認テスト (67.8%)
2. MR 参加型プログラムの取り入れ (62.4%)
3. MR の学習意欲を高めるためプログラムの工夫 (54.6%)
4. 医療現場のニーズに対応できるプログラム (50.2%)
5. 医療関係者との信頼関係を築ける面談スキル (47.8%)
6. 自社製品に関する「診療ガイドライン」を使える (43.9%)
7. 自社の「目指す MR 像」や「行動規範」の策定 (37.6%)
8. 患者さんの立場で情報活動ができるように研修を工夫 (35.6%)
```

図5-6　継続教育を充実させるための取り組み

動が継続してできる支援する活動である。

　この MR 白書の結果のように製薬企業の教育担当者は，自ら学ぶ MR の育成を目指そうとしている。しかし実際の多くの企業での継続教育は，営業成績の向上を目的とした営業戦略による情報提供を中心にプログラム化されているので，対象者全員の受講を前提に積み上げ方式で実施されている。その結果として MR が自ら学習することを習慣化できている企業は多くない。また，対象者のレベル別の教育プログラムを提供している企業も少ない。

　自社製品の強みを基本メッセージとして医療関係者に伝えることを目的とした営業成績を上げるための教育だけでは，医療関係者が期待する MR 活動を実現するためには不十分である。医療関係者と製薬企業が期待する MR 活動のイメージには，大きな違いが存在するようである。MR の役割と合わせて今後の製薬業界の課題である。

5.10　各社における企業教育の取り組み例

　この章の最後に，インストラクショナル・デザインを応用した MR 教育の具体的な取り組み例を3つ紹介する。

5.10.1　大手製薬企業A社の事例

社内の教育研修部門の全員がインストラクショナル・デザインを学んだ大手

製薬企業A社では，部門内の共通言語として概念を共有して，教育プログラムに対してのコミュニケーションが強化されるようになったことを成果として挙げている。従来は，それぞれのトレーナーの考え方でバラバラに教育プログラムを作成していた。事前学習や前提テストが普通に行われるようになり，事前学習をして前提テストの合格者だけが集合研修に参加するといった，MRの自立を前提にした研修が行われるようになった。

教育を効果的に行うためには，トレーナーだけが努力して向上しても効果は限定的であり，受講者も相応しい条件を備えて積極的に学ぶことが必要である。そのためには受講者としてのMRが自立していることが必要である。その研修を受講するに相応しいものだけが受講することにより教育のムリ・ムダが除かれることで，効率的・効果的な教育が実現する。

日本のMR教育では，標準プログラムを全員が受講することが当たり前になっていることが多いので，インストラクショナル・デザインで入口・出口管理を学んでも実際に職場で行おうとするとできなくて断念することが多い。会社としてインストラクショナル・デザインの学習に取り組むことによりこうした問題が解決できる。

このA社における学習の目的は，学習それ自体でなく，実際の仕事に活用されて成果をあげることである。現場で実践されない教育研修は，トレーナーの自己満足でしかない。学習者であるMRに，「使ってみたい」「試してみたい」と思われるように，教育プログラムをデザインすることが重要である。更には，教育の結果としてのMRの行動変容を確認する，カークパトリックの評価モデルのレベルⅢまでの仕掛けまで含まれてパッケージされていることを目指している。

また，会社としてインストラクショナル・デザインの概念が共有化されることにより，企業の経営方針や企業価値から教育プログラム全体の整合性が担保されることになる。一段と高い視点から教育プログラム全体を俯瞰することになり，本社主導の教育で解決する問題と現場マネジャーのOJTなどが扱う問題が明確になり，さらには教育ではなく別の方法で解決すべき問題が分けられる。

MRをとりまく社内・外の環境変化が著しい中，MRに必要なのは何を学ぶ

かでなく，自律した大人としてどうやって学ぶかである。「魚は与えず，魚の釣り方を教える」ことを重視している。キャリア自律の意識が高く，自ら学ぼうという姿勢のある者には，組織から積極的に成長支援の機会が与えられる。その結果として，そうでない者との格差がさらに広がることになるが，環境の変化が激しい時代に対応していくためには，仕方がないと考えている。社員教育により社員の生産性を上げるのであれば，現状分析をおざなりにして作成した一律の共通プログラムは期待できない。

5.10.2　中堅製薬企業B社の事例

　長くインストラクショナル・デザインを研究して企業内教育の充実に取り組んでいる中堅の製薬企業B社は，2005年頃よりインストラクショナル・デザインを取り入れ始めた。初期は，教育の入口・出口管理や評価をきちんと行うことや，ガニェの9教授事象やARCSモデルなどのインストラクショナル・デザインの基本的な理論を研修のコースごとに応用して教育を一つ一つ充実させた。

　受講者が主体的に学ぶことを目的として行われた「教えない導入教育」においては，一般的にグループに一人の薬剤師を配して，グループの学びをサポートすることが行われていたが，大手製薬企業以外では，薬剤師の人数比率の関係からこの条件を満たすことが難しく，グループに一人の薬剤師を配置することは出来ない。グループに学びをサポートする人がいないとグループの協調学習も一定の成果をあげることが困難となる。そこでこの企業では，独自の工夫により受講者が主体的に学ぶ導入教育に取り組んできた。2014年の導入教育からは，TBL（Team Based Learning）のコンセプトによりチーム単位の学習を促進する方法を取入れて，講義をかなり少なくしてほとんど教えない教育を実施した。その結果は，学習者が自ら主体的に学び，数ヵ月の教育期間中においてチーム単位で取り組めば，医師国家試験の薬物療法の過去問にほとんど正答を引きだせることができた。チーム単位でのグループ学習は，単に関連知識の習得にとどまらず，コミュニケーション能力の向上や仲間と協力して与えられた課題を解決していくといった，社会人として仕事を行う能力の育成にもなっている。

最近は，B社の目指すMR像を作成し人材育成に応用させている。それは，医療関係者との面談にしっかり取り組み，相手のニーズに合わせた最適な解決策を自ら考えて提案できるMRである。B社が目指すMR像を作成した背景には，新入社員に加えて中途のキャリア採用の社員が増える中で，目指すMR像を社内で共有言語化して明確化し，効率的・効果的な人材育成を行う必要があったことがある。このMR像の作成には，各種の現状調査を踏まえての何十人ものMRとのヒアリングや上司であるマネジャーの研修の中で意見集約を行った。MRの行動や振る舞いが社内で共通言語として定義されたために，上司によるMR育成もこの内容に沿って行われている。

　教育の成果としての評価モデルもカークパトリックのレベルⅢやⅣを目指すには，インストラクショナル・デザインを使用した教育コース単位の改善だけでは，その達成は困難である。企業としての目指す社員像を明確にして，人材育成から社員教育，また社内の各種のSFA（Sales Force Automation：ITによる営業活動の支援策）なども同じ理念で統一することによりその実現を目指している。

5.10.3　小規模製薬企業C社の事例

　ガンなどの治療に使用する特殊な医薬品を主に販売している比較的規模の小さい企業C社では，効果もあるが適正に使用されないと，重篤な副作用を起こす可能性がある薬剤を扱っているので，MRにも厳しい社内教育の修了が定められている。

　この企業では，MR認定証を持った経験者のみを採用している。採用後の入社後研修は，1ヵ月間である。研修期間が決まっているので，入社研修後の目標レベルも対象者によって分かれていて，入社後研修のプログラムは経歴により以下の3タイプに分かれている。

1. ガン領域薬剤の販売経験がない
2. ガン領域薬剤の販売経験はあるが，この企業が扱うガン領域の経験はない
3. この企業が扱うガン領域薬剤の販売経験がある

受講者のレベル別の入口・出口管理が明確になっているので，効果的・効率的な研修が期待できる．経歴により受講者のレベルが異なる対象者に対して同じ研修プログラムを行ったこともあるが，分けた方が効率的であることを学んだ．

　入社後研修に際しては，事前学習資材の学習が全員に求められている．研修初日に事前学習の確認テストがあり，前提試験の役割を果たしている．基準点をクリヤーできない人には研修中のキャッチ・アップが求められる．この試験は，入社後研修を受講する際の，抗ガン薬を扱うMRとしてのマインド・セットの場にもなっている．入社後研修の最後にも，卒業試験が2種類（筆記試験と面接試験）あり，両方の基準を満たさない人は卒業できない．一定の基準を超えた人が卒業するが，本人の経歴などによりその能力が異なるために，対象者の能力に合わせたFLM（第一線の営業課長・所長）によるOJT計画が具体的に組まれて能力開発を計画的に行っている．

　C社が目指すMR像は，抗ガン薬の薬物療法のコンサルタントレベルとして定められていて，自主製品の情報の提供と収集だけでなく，顧客である医師の潜在ニーズを探り，課題に対して提案できるMRである．MRとして活動を始めたあとも，コンサルタントMRを目指して現場のFLMと本社のトレーナーの支援と援助のもとに育成計画が作成され実行される．本社の教育研修部門と現場のFLMが連携して，C社が目指すMR像の育成に取り組んでいる．その成果は外部調査機関が実施する顧客アンケートによる訪問対象医師の企業別MRの評価を利用して定期的に確認している．

　こうしたMRへの支援策の一つとして，プリセプターシップ（Preceptorship）プログラムがあり，実際の病院の中で医師の診療プロセスを，MRが病院内部から体験するプログラムが用意されている．このプログラムを体験するとMRは，自分の置かれた立場に対する意識が明確となり，学習や仕事に対する態度が一変する．

　インストラクショナル・デザインを取り入れて企業内教育に応用している企業では，目指すMRの育成に向けてトレーナーが企画する教育プログラムと現場のマネジャーによる指導が，企業の人材育成として整合性が取れている．そのために教育そのものが自己目的化することなく，教育はあくまで手段とし

て位置づけられて，教育の入口と出口が具体的に共通言語化されてその結果も評価されている．

参考文献
米国学習研究推進会議（編著），森敏昭・秋田喜代美（監訳）（2002）『授業を変える——認知心理学のさらなる挑戦』北大路書房.
2014年度 MR 認定センターセミナー「医療への貢献で MR は医療パートナーに」（2014）エルゼビア・ジャパン株式会社.
久保田賢一（2008）『最適モデルによるインストラクショナル・デザイン』東京電機大学出版局.
MR 認定センター（2012）MR 誕生100周年記念「MR 実態調査」.
MR 認定センター（2012）『MR 100年史』.
財団法人医薬情報担当者教育センター（2003）『欧米の MR 活動と資格認定制度の現況』.
財団法人医薬情報担当者教育センター（2007）『MR の教育研修制度及び MR 認定制度の抜本改革報告書』.

第6章

技術経営（MOT）教育の現状とその課題

田中義敏

6.1　MOT 教育を振り返る

　技術と経営の両方に通じた技術経営人材（MOT 人材）を養成し，保有技術を着実に事業化につなげていくことがわが国の産業競争力を高める上で重要であるとの問題意識の下で，技術経営力の強化のための必要な施策が講じられてきた。経済産業省では，2002年度から2006年度まで「技術経営人材育成プログラム導入促進事業」を実施し，延べ 150 を超える教育機関において MOT 教育プログラムの開発を支援したほか，文部科学省は，多様な MOT 教育プログラムの評価及び認定の在り方等について検討を行い，MOT 専門職大学院等の設置を実現してきた。多くの MOT 教育プログラムは，開講から約10年が経過し，その成果と課題，さらには今後の在り方が問われる時期になってきている。

　ここで，MOT 教育の10年間を振り返るとともに，今後のさらなる発展に向けて，MOT 教育が養成すべき人材像に焦点を当て，教育方法の改善等を通じて産業界が求める MOT 人材の養成の場とするよう必要な改善を施し，MOT 教育が国家目標の実現の一翼を担っていくうえで再認識すべき事項を整理してみた。近年の MOT 受験者の減少と学生定員割れの状況に鑑み，MOT 教育により養成すべき人材像の再定義，教育課程の見直し，課程修了時の学生の保有能力および養成すべき人材像への到達度の評価など，過去10年間を経過した時点で将来を見通し改めて MOT 教育の在り方を議論する必要がある。

6.2 MOT 教育の現状

6.2.1 MOT プログラムおよび教育機関
① 開講時期

2002年度から経済産業省を中心に実施された「技術経営人材育成プログラム導入促進事業」の成果として，2004年から2007年にかけて関係教育機関においてMOT プログラムが開講されてきた。この３年間に，全体のうち約６割のMOT プログラムが開講されており，多くのMOT プログラムは，開講から約10年が経過し，その成果と課題とが見える時期になってきている。

② プログラムおよび教育機関の概要

MOT プログラムは，専門職大学院および大学院を中心として，さらに大学，民間企業や財団法人等により提供されている。そして，MOT プログラムには，学位と，非学位のプログラムがある。学位プログラムは，専門職大学院および大学院により提供され，多くの独自プログラムが提供されている。非学位プログラムは，主に大学，民間企業および財団法人等により提供されている。

MOT「技術経営」とは何かという問いに対してはさまざまな意見があるのが実情である。米国における国際競争力の回復策の一つとしてMOT 教育が開始され，当初は，技術と企業経営を一体化した実学を目指すものであったが，企業を取り巻く国内外の環境変化，イノベーション論の議論の中で変化してきたと言える。加えて，各教育機関が特色あるMOT プログラムを提案してきたこともあり，わが国ではいくつかの異なる特色をもったプログラムが展開されている。MOT プログラムは，大きく３つのタイプに分類される。第一にMOT を主とするプログラム，第二に知財マネジメントを主とするプログラム，第三にMBA プログラムの一部にMOT が組み込まれているプログラム（MOT 型 MBA）に分類される。プログラム数としては，MOT を主とするプログラム，MBA プログラムの一部にMOT が組み込まれているプログラム（MOT 型 MBA），知財マネジメントを主とするプログラムの順となっている。

MOT 学位プログラムにより提供される学位（修士）は，通常の修士と，専

門職学位課程修士とがある。通常の修士課程においては，技術経営修士が提供されるプログラムの割合が低く，専門職学位課程修士の課程においては，その割合が比較的高くなっている。通常の修士課程においては，与えられる学位としては，工学，学術のいずれかが与えられる。

6.2.2 学　　生
① 定員数および構成の概要

　株式会社三菱総合研究所（2012）「平成23年度産業技術調査事業（MOT 人材の育成・活用に関する実態調査）報告書」（以下，「三菱総合研究所，平成23年度調査」と呼ぶ）によれば，学位プログラムにおける受講定員数の合計は2011年度には約1,400名である。2003年度の学位プログラム受講定員数の合計が約1,000名であることと比較すると，学位プログラムにおける受講定員数の合計は増加しているといえる。しかしながら，産業界で認知されるためにはまだまだ少ない数であると言わざるを得ない。MOT を修了する学生の大半は働きながら受講する社会人学生であるが，中には学部から進学してきたフルタイム学生もいる。フルタイム学生の就職先に関しては，未だ産業界の認知度が低いこともあり，MOT 修了生を採用しようとする企業が少ないことも大きな課題になっている。技術系であれば，修士課程でしっかりと特定分野の技術を勉強してきてほしいという声もあり，単に定員数を増やせばよいという問題とも言えない。

　MOT 専門職大学院においては，社会人学生を中心とするプログラムの割合が多く，全体の約7割を占める。また，社会人学生・フルタイム学生の混在型のプログラムは2割程度である。専門職大学院全体の統計でみると専門職学位課程学生約20,000人のうち社会人学生の比率は約40％程度であり，また，通常の大学院修士課程においては，社会人学生の比率は約10％程度である。MOT 専門職大学院では，社会人学生の比率が圧倒的に多く過半数を占めるであろうと推測される。ここで，社会人に対する MOT 教育の在り方が課題となる。すなわち，すでに実社会でビジネスの経験を積んできた社会人学生と，経験のないフルタイム学生とでは，入学時の保有能力が異なるため必然的に提供する教育内容または教育の方法に違いが出てくる。また，社会人学生は，現実の経

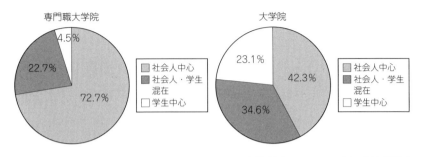

図 6-1 学位プログラムの受講者分類

出典:「三菱総合研究所,平成23年度調査」図表 2-6.

営課題または各人のキャリア構築上の課題などを抱えて入学してくる。現状では,アドミッションポリシーに社会人と限定する根拠はないため志願者がいれば受け入れているが,今後の大きな課題である。

② 受講者層

　MOT プログラムの受講者のバックグラウンドは多様である。教育機関により異なるが,受講者の大半は産業界で活躍している社会人である。ある MOT プログラムにおける2003年度〜2013年度入学の受講生の所属職業は,エレクトロニクス,IT ソリューション・システム,コンサルタント,化学・石油・材料,公的研究・資金管理組織,通信・放送・報道,金融,教育サービス,食品,建設,機械,行政,医薬,電力など実に多岐にわたっており,また,年齢も20代後半から60代までと実に幅広い（井川 2014）。MOT プログラムには,幅広く異なるバックグラウンドをもった受講生が集まっていることがわかる。受講者のバックグラウンドが多様であることは,所属産業界または機関ごとの異なる考え方のすり合わせが可能であり,集まった受講生同士による議論やゼミ活動を通じて互いに刺激し合うとともに,時には異なる産業を超えた新たなイノベーションを生む可能性を秘めており,さらには,それぞれの研究活動に対し

ても価値ある影響を与えることが期待される。言わば，MOT は異業種交流の場でもあると言える。基本的には，技術経営に関する考え方，論理，手法などについてケース教材を基に学んでいくが，この教育機会の場に異なる業界の人材が集まることにより，ある業界における経営課題の解決に向けて，異なる業界の視点から課題を観察し解決策を導き出していくわけで，既存業界間の間に新たな事業創出の機会を見出すことも期待される。同質人材によるブレーンストーミングでは新たな視点が見いだせないのに対して，異質人材によるブレーンストーミングには多くを期待することができる。このような受講者の集まりであることも MOT の大きな特徴と言えるだろう。

6.3　MOT 専門職大学院

　学位プログラムにおいて，受講者の中心は職業人である社会人であり，特に，専門職大学院においてはその傾向が顕著である。以下，職業人教育に中心的な役割を担う専門職大学院における設立の目的や提供するプログラムの内容を検討しながら MOT 教育について整理する。

　まず，専門職大学院の目的を再確認する。そこで，専門職大学院における専門職学位課程の目的が法律によりどのように定められているかであるが，この点に関しては，専門職大学院設置基準第 2 条において，「専門職学位課程は，高度の専門性が求められる職業を担うための深い学識および卓越した能力を養うことを目的とする」と規定されており，この目的のもとに，認証評価機関が定めた経営系専門職大学院基準が策定されている。経営系専門職学位課程の目的は，後に，認証評価機関の説明の中で具体的に説明するが，専門職大学院設置基準において明らかなように，「……能力を養う」と規定されており，専門職学位課程の目的のとらえ方は，当該課程を通じていかなる能力を養うかという点が教育の在り方の原点になっている。そして，養成すべき人材像を明確にすることが専門職大学院の学位授与方針，教育課程，受け入れ方針の中核になっているということを改めて確認する必要がある。

6.3.1 認証評価機関による評価基準に示された目的（田中 2014）

① 経営系専門職大学院の認証評価機関

　学校教育法第109条第3項において，「専門職大学院を置く大学にあっては，……当該専門職大学院の設置の目的に照らし，当該専門職大学院の教育課程，教員組織その他教育研究活動の状況について，政令で定める期間ごとに，認証評価を受けるものとする」と規定され，学校教育法施行令第40条において，「法第109条第3項の政令で定める期間は5年以内とする」とされている。そして，文部科学大臣の認証を受けた認証評価機関が定める基準に従って認証評価が行われることが義務付けられている。経営系専門職大学院の認証評価については，公益財団法人大学基準協会および一般社団法人 ABEST21（The Alliance on Business Education and Scholarship for Tomorrow, a 21st Century Organization）が認証評価機関としてその任務を担っている。認証評価機関においては，経営系専門職大学院教員，経営分野の実務経験を有する者，外部の有識者等を交えた基準委員会において経営系専門職大学院基準（案）を作成し，広く社会の意見を聴取したうえで，認証評価機関として当該基準を決定している。すなわち，認証評価機関が決定した経営系専門職大学院基準において，経営系専門職大学院の目的が具体的に示されている。すでに述べたように，当該目的は「養成すべき人材」に集約されていると考えられることから，ここで，2つの認証評価機関が定めた評価基準の中で，養成すべき人材がどのように定義されているかを確認してみよう。

② 大学基準協会と ABEST21 による評価基準に示された目的

　大学基準協会が定めた養成すべき人材は，当該機関が定めた経営系専門職大学院基準の1使命・目的・戦略の項目1：目的の適切性において，

　　優れたマネジャー，ビジネスパーソンの育成を基本とし，企業やその他の
　　組織のマネジメントに必要な専門的知識を身につけ，高い職業倫理感とグ
　　ローバルな視野を持った人材を育成する。

と定義されており，また，ABEST21 が定めた養成すべき人材は，経営分野評価基準の第1章教育研究上の目的において，

　　グローバル化時代の要請に応えた国際的に通用する高度専門職業人育成企

第6章 技術経営（MOT）教育の現状とその課題

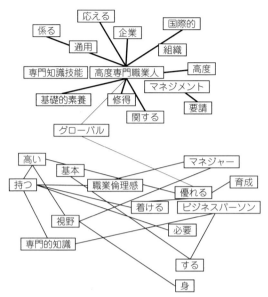

図6-2 認証評価機関が掲げる『養成すべき人材』
出典：田中（2014）．

業等組織のマネジメントに関する高度の専門知識・技能及び基礎的素養を
修得

と表現されている。

2つの認証評価機関が掲げる「養成すべき人材」に表現されたキーワードを，スプリングモデルシミュレーションを用いたコンセプトマッピングで表すと図6-2のようになる。コンセプトマッピングは，文章に表現された重要キーワード間の関連イメージを把握し，その意味する概念を概観する分析法であるが，これによれば，養成すべき人材として「高度専門職業人」が中心に据えられており，MOT教育の目指す方向が明確に表れている。そして，高度専門職業人を支える要件として，専門知識技能，企業，組織，マネジメント，基礎的素養，グローバルという用語がこれを取り囲むように配置されており，これらが，高度専門職業人の保有能力の具体的要件とされている。

2つの認証評価機関における基準で示されている養成すべき人材に関しては，それぞれの経営系専門職大学院における専門職学位過程の目的の大きな指針と

なるもので,認証評価機関の基準で示されたこれらの要求を踏まえたうえで,各大学における特色ある目的が定義されていなければならない。言い換えると,これらの要求に基づき,各大学における経営系専門職大学院が養成すべき人材が明文化され,学位授与方針,教育課程,受け入れ方針が整備されなければならない。ここで,各大学の特色を生かした目的の定義が可能であるが,上記基準が求める要件については,どの大学も満たさなければならない最低要件として捉える必要がある。

③ MOT 専門職大学院協議会メンバー校における MOT 教育の目的の定義

前述したように,経営系専門職大学院においては,専門職大学院設置基準,認証評価機関の策定した経営系専門職大学院基準に示された目的を踏まえ,さらに,経営系専門職大学院の具体的分野としての技術経営(MOT)専門職大学院における養成すべき人材が,各大学の特色をもって定義されており,当該養成すべき人材の定義に基づいて各大学における MOT 専門職大学院の教育研究が推進されてきた。MOT 専門職大学院が定義する養成すべき人材を比較することによって,各大学の特色を評価することができるだろう。本稿では,各大学の比較にはあえて触れず,MOT 専門職大学院協議会のメンバー11大学全体としての概念を概観することとする。

技術経営専門職大学院協議会へ加盟している11大学が定義している「養成すべき人材」の記述を基にして,これまでの MOT 教育の姿をコンセプトマッピングにより表現してみた(図6-3)。各大学が掲げる養成すべき人材の特定に当たっては,「人材」「養成」「育成」という用語を用いている個所の主題事項を抽出した。

コンセプトマッピングを概観するに,関係線が集中している重要キーワードとして,市場,安全,戦略,事業開発,実務家,技術,アジア,幹部という概念の塊を見ることができ,認証評価機関が掲げる高度専門職業人の具体的要件として,これらの視点に重点を置いた教育が,各大学の特殊性を踏まえて展開されていることがわかる。しかしながら,各大学の特色を活かして定義された大学ごとの「養成すべき人材」が,文部科学大臣が認証した認証評価機関が定めた経営系専門職大学院基準に照らし,目的の整合性を備えているかについて

第6章 技術経営（MOT）教育の現状とその課題

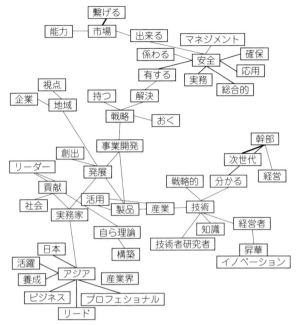

図6-3 技術経営専門職大学院協議会への加盟している
11大学が定義している「養成すべき人材」
出典：田中（2014）．

は，ここで立ち返って十分に吟味する必要があるのではないか。また同時に，これら大学ごとの「養成すべき人材」が産業界広くは社会ニーズとの関係でその期待に応えるものとなっているか否かも検証する必要がある。

6.3.2　カリキュラム
① カリキュラム構成の概要（MOT 教育コア・カリキュラム開発委員会 2010）

平成20・21年度文部科学省「専門職大学院等における高度専門職業人養成教育推進プログラム」において，MOT 専門職大学院が共通に提供すべき教育内容として，「MOT 教育コア・カリキュラム（以下，コア・カリキュラム）」が定められている。コア・カリキュラムは，すべての学生が習得すべきと考えられる「知識項目」と，習得した知識やスキルを活用して創造的な問題解決に取り組む「総合領域」とから成っている。

「知識領域」は学生が最低限習得すべき項目とその項目について到達すべき状況を示したものである。「知識領域」には，大きく「基礎知識項目」と，「中核知識項目」とがある。「基礎知識項目」には大項目として「技術経営（MOT）の基礎」がある。「技術経営（MOT）の基礎」は，さらに「MOTの概念的理解に関連する事項」「技術と社会」「企業戦略」「組織・人材，企業倫理」「ビジネスエコノミクス」「マーケティング」「会計・財務」の複数領域に区分され，領域ごとに中項目が複数設定されている。また，「中核知識項目」は，「イノベーションマネジメント」「知的財産マネジメント」「技術戦略と研究・開発（R&D）マネジメント」「オペレーションズ・マネジメント」の複数の大項目ごとに区分され，大項目ごとに中項目が複数設定されている。

　「総合領域」は取り組みの内容およびその成果の質的要件について示されている。技術経営（MOT）専門職大学院における教育の目標は，技術と経営の複眼的な視点から社会や企業，組織におけるさまざまな問題に対して，解決を目指して取り組む力を学生が修得することにある。このためには個別の専門的知識やスキルの習得に止まらず，自ら課題を探索し，かつその課題の創造的解決に向けて，知識やスキルを解決すべき問題の性質に照らし合わせて選択的かつ複合的に活用する経験が必要であるので，コア・カリキュラムには知識やスキルを複合的に活用するための総合領域が設定されている。総合領域は，それに取り組むことによって学生が将来に直面する可能性のあるさまざまな実務課題に対する創造的な解決策を導くためのアプローチ方法を体得するに至ったことを，成果物によって担保することを意図している。学生は専門職大学院を修了した後の実務において直面する可能性のある課題に関し，技術と経営の複眼的な視点に立脚した創造的問題解決力を発揮することが期待される。このため，総合領域における質的要件の達成には，課題の解決に対して最適な知識やスキルを探索・選択することや必要に応じて新たに習得することが求められる。

　そしてさらに，MOT専門職大学院は，それぞれの設置目的や社会的要請を反映した独自の教育内容を持ち，コア・カリキュラムに加えて独自の教育内容に対応した独自のカリキュラムをもつ。そして，それぞれのMOT専門職大学院が，コア・カリキュラムと，当該大学院独自のカリキュラムとを組み合せたカリキュラムを提供している。コア・カリキュラムの項目や独自のカリュ

第6章 技術経営（MOT）教育の現状とその課題

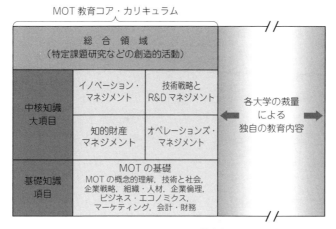

図6-4 コア・カリキュラムの構成を説明する図
出典：MOT教育コア・カリキュラム開発委員会（2010）『MOT教育コア・カリキュラム』．

キュラムは，図6-4に示すような関係にある。

　コア・カリキュラムが設定されているものの，現実的には，それぞれのMOT専門職大学院が設定するカリキュラムには大きな差異がみられる。そもそもMOTという分野の歴史が浅く，独立した学問領域を構築しているとは言えない。それゆえに，MOTとは何かという問いに対しても各大学または各教員の描いているMOT教育の在り方が一つにまとまっているとは言い難い。現在，MOT教育を提供している教育機関が，どのような人材の養成に主眼を置いているか，輩出人材の将来のキャリア開発にどのようにつながっていくかなど，受験生としては専門職大学院ごとに注意深く事前の調査をすることが重要である。異なる業界から異なる経験をもった異質人材が一堂に会することのメリットも評価できるが，異質人材がゆえに求める教育成果や期待が異なるという点も無視することはできず，入学後に期待と実態のずれに気づくという状況は避けるべきだろう。

② MOT専門職大学院特有の内容

　専門職大学院の目的である「高度専門職業人の育成」という視点から，MOT専門職大学院のカリキュラムには，学問体系に関するカリキュラムに加

えて，実務に関連するカリキュラムが多く含まれる。

　また，実務家教員の講義が多いこと，さらには複数の外部実務家を招聘したオムニバス形式の講義が多いことも特徴の一つである。これにより，学生は，さまざまな業種のさまざまな階層の実務家の実践的な知見や，自己が属する業界とは異なる業界における優れた実務家の視点や考え方に接することができる。実務家による実践的教育が MOT 教育の中で最も重要な点であるが，実務家による実践的教育とはいかなるものかについては慎重な準備が必要となる。講義内容が単に実務的な経験談に終始してしまうとすれば，今後の経営課題の解決に向けた応用に限界が出てくる。経験談を事実とすれば，そこから描き出せる理論を抽出して今後の役に立つ形で理解させていかなければならない。経験的事実をモデル化する手法の習得も重要になる。

　さらには，ディベートやグループワーク等の双方向の講義が多くなるよう工夫がなされている。多くの分野でアクティブラーニングが取り入れられてきている。知識を提供していく教育法に頼っていては，現実の課題に対してどのように知識を活用していくかという大きなハードルを乗り越える困難性を伴う。この困難性を解決するためには，学生が自ら課題解決に向けた議論に没頭していくことが必要であり，そのためにはグループワークのような手法が効果を発揮する。したがって，技術経営に必要な知見を体系的に学習するとともに，ケーススタディを通じて，そこに存在する問題点の整理，原因と結果の分析，解決策の提案のためのブレーンストーミング，KJ 法による体系的整理などにより，課題発掘と課題解決力を向上する教育手法も適用されている。

　また上記に加え，産業のグローバル化に対応し，英語での授業，外国教員の招聘や，外国教育機関との連携等が進められている。企業活動が国際的に展開される中で，グローバルな場面で活躍できるための能力を蓄積することは極めて重要になっている。国内市場の理解だけではこれからの企業経営は成り立たない。MOT 専門職大学院のグローバル度合いを事前に評価することも重要である。専門職大学院としては，種々の課題を取り除き MOT 教育のグローバル化を推進していくことが緊急の課題である。

6.3.3 教　　員

　専門職大学院においては，上述の通り，実務家教員の割合が多いのが特徴である。専門職大学院設置基準第5条第1項等の規定に基づく専門職大学院の教員組織に関し，専攻ごとに置くものとする専任教員の数，および実務経験と高度の実務能力を有する教員が定められており，教員全体の約3割以上を目安に実務家教員が配置されている。さらに，より詳細に研究や教育の分野で業績を上げているアカデミック系の教員，企業における事業経営や政府等における政策立案経験を有する実務家教員，コンサルティングやシンクタンク経験を有する実務家教員のバランスに配慮して教員を配置している専門職大学院もある。また，上述の通り，外部講師としても，多くの実務家が招聘されている。各専門職大学院とも，学術的な知見の蓄積だけではなく，実際の現場での課題解決に役立つ教育の実践のため，教員構成については常に配慮している。言うまでもなく，提供される教育は構成員である教員によって大きく変わる。教員の専門分野，実務経験，教育手法，研究成果，国際性などによって教育内容は変わるわけで，受験生としては当然ながら構成員である教員に関して事前調査が重要となる。特に，修了のためにプロジェクト研究などを行う場合には，特定の教員の指導を受けることになり，場合によっては研究室に所属することもあるため，将来のキャリア構築のうえでどのような研究課題に関してどのような指導を期待するかは自らが整理しておかなければならない重要事項であろう。

　さらに今後は，上述の産業のグローバル化に対応するため，外国人教員の招聘や，外国での実務経験のある実務家教員の採用等がさらに期待されるところである。単に外国人教員を採用すればよいという問題ではなく，MOT専門職大学院のディプロマポリシー，アドミッションポリシー，カリキュラムポリシー，さらには専門職大学院の企画事務運営すべてにわたるグローバル化を推進していくことが必要になる。

6.3.4　カリキュラムの提供方法

① 履修制度

　特に社会人学生の学習計画や諸事情に対応すべく，専門職大学院では，履修制度においてさまざまな対応がなされている。

まず，代表的なものとして，短期修了制度と長期修了制度とがある。短期修了制度は，修了要件を満たし，かつ，成績が優秀であると認められた場合には，1年以上在籍すれば MOT プログラムを修了できるというものである。専門職大学院設置基準第3条第2項では，「……一年以上二年未満の期間とすることができるのは，主として実務の経験を有する者に対して教育を行う場合であって，……」，また，同第16条では，「……当該専門職大学院に入学する前に修得した単位を当該専門職大学院において修得したものとみなす場合であって当該単位の修得により当該専門職大学院の教育課程の一部を履修したと認めるときは，当該単位数，その習得に要した期間その他を勘案して当該専門職学位課程の標準修業年限の二分の一を超えない範囲で当該専門職大学院が定める期間在学したものとみなすことができる」と規定しており，一定の条件が満たされれば短期修了が認められる仕組みが導入されている。特に，企業から短期派遣された社会人学生にとってはありがたい制度になっている。企業からの短期派遣はフルタイムで受講や研究活動をすることができる反面，その期間が制限されている場合が多く，短期修了制度は，そのような事情に配慮した制度である。逆に長期修了制度は，職務等の事情で受講等が制限される場合，標準修業年限を越えて履修することができる制度である。たとえば，標準修業年限の2年を越えて，4年間かけて履修することができる。また，長期修了制度においては，授業料に対する配慮がなされている場合も多い。多くの社会人は職を有しながらの在学であるので，長期修了制度を利用する学生は多い。MOT 専門職大学院においては，短期修了制度と長期修了制度との双方を有する場合が多い。

　また，科目履修生制度も好適に利用されている。社会人にとっては，MOT コースに入学して約2年間，学業と仕事との両立が可能であるか，また当該 MOT コースが自分にとって有益な内容であるか等を入学前に事前に知ることができる制度が望まれる。MOT コースに入学せず，科目ごと履修することができる科目履修生制度はこのようなニーズに適した制度であり，柔軟に利用されている。科目履修生制度を利用して取得した単位は，後日 MOT コースに入学した場合，取得単位に組み入れることができる点でもメリットがある。

② 講義の時間帯

講義の時間帯も社会人に配慮して構成されている場合が多い。たとえば，平日の夕方と，土曜日終日に講義を集中させるように配慮した MOT プログラムが多い。また，講義の組み合わせも，土曜日のみの通学でもコースを修了できるように配慮されている場合が多い。

③ その他

平日にキャンパスへ通学することが難しい社会人学生に配慮し，メディア授業と土曜日の通学授業とを組み合わせた態様を採用する専門職大学院もある。

特に，メディア授業の拡張等の教育工学の活用で MOT 教育が抱える問題の解決に寄与する可能性は大きい。

また，本拠地以外のサテライトキャンパスへの通学により，講義を受講できる体制を構築している専門職大学院もある。

さらに今後は，IT を利用した柔軟なカリキュラムの提供方法，体制の構築が進められる必要があると考える。

6.4 企業における MOT 人材に対する評価

MOT 教育に対して産業界がどのように評価しているかについて，「三菱総合研究所，平成23年度調査」から紹介する。

6.4.1 MOT 人材の必要性

MOT 教育を受けた MOT 人材の必要性を認識する企業は多い。ただし，MOT 人材を積極的に新卒または中途で採用する企業は，上述の必要性の認識に比して多いとは言えない。

MOT 人材を必要としている部署としては，「技術統括」および「研究開発・技術開発」が多く，次いで「経営企画」が多い。また，職位については，表6-1に示すように，課長クラス以上で多くなっている。

つまり，企業において，MOT 教育を受けさせるべきと考える対象者は，一定以上の実務経験を有し，企業内でマネジメントや企画を担当する人材である

表6-1 MOT人材を必要としている部署・職位（単位：%）

	一般社員クラス	係長クラス	課長クラス	部長クラス
経営企画	21.1	42.1	78.9	73.7
技術統括	13.6	45.5	72.7	77.3
研究開発・技術開発	13.6	40.9	72.7	68.2
商品企画	21.4	50.0	78.6	64.3
設計・製品開発	26.7	46.7	86.7	80.0
生産・流通	50.0	50.0	50.0	100.0
営業・販売	0.0	50.0	75.0	100.0
新事業開発	18.2	27.3	81.8	72.7
知的財産・法務	35.7	50.0	64.3	64.3
その他	―	―	―	―

出典：「三菱総合研究所，平成23年度調査」図表3-12．

ことがわかる。MOT 人材を新卒で採用する企業が多くないことは，企業における上述のような考えが反映されているものと考えられる。

6.4.2 MOT 人材の育成

MOT 人材の育成方法として，企業においては，専門職大学院への派遣や専門職大学院等の修了者を採用する方法だけでなく，社内研修により MOT 人材を育成する方法が採用されている。図6-5に示すように，（当該調査においては，）ほぼ半数の企業が，「社内研修によって，技術系人材へ MOT の専門知識を付与する」と回答した。また，「技術系人材を外部教育機関へ派遣し，MOT の専門知識を付与する」は4割弱，「MOT を専門とする大学院・研究科の修了者を採用する（新卒）」は3割強あった。

社内研修によって MOT 人材を育成している企業は，MOT 人材の必要性を認識している企業であると考えられる。そして，そのような企業が MOT 専門職大学院への派遣ではなく自社内での研修による育成を選択する理由は，そのまま専門職大学院の課題であると思われる。たとえば，専門職大学院でMOT 教育を受けさせる場合，通学にかかる時間の問題，講義時間が就業中であるという問題，大学院修了までの就学期間が長いという問題，一度に大人数を派遣することが難しいという問題等が存在する。これらは，専門職大学院が企業からの派遣学生を受け入れるために今後解決すべき課題と言える。

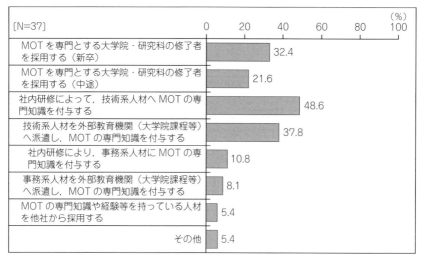

図6-5 MOT人材の育成方法
出典:「三菱総合研究所,平成23年度調査」図表3-16.

6.4.3 MOT人材の評価および活用について

企業内において,MOT人材は概ね期待通りの貢献をしていると評価されている。また,MOT人材の活用に対する経営者の意識が高いほど「MOT人材が概ね期待どおりの貢献をしている」と評価されている。このことは,「MOT人材の活用に対する経営者の意識が高いほど,MOT人材の活躍の環境も整備される結果,MOT人材が事業に貢献するようになる」と考えることもできる。

逆に,MOT人材を活用していく上で課題も存在する。図6-6に示すように,MOT人材を活用していく上での課題として「MOT人材による成功事例が社内にないこと」「MOT人材をどのように活用すれば良いかが社内でもわかっていない」等が挙げられている。

このことは,MOT人材およびMOT教育が産業界に十分に馴染んでいないことをうかがわせる。「MOT人材による成功事例が社内にないこと」からは,MOT専門職大学院等が産業界の要望する人材を的確に育成できていないことがうかがえる。また,「MOT人材をどのように活用すれば良いかが社内でも分かっていない」からは,逆に産業界がMOT人材を十分に活用する人事制度や施策を構築していないことがうかがえる。これらも今後の課題である。

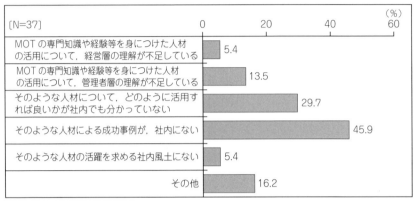

図 6-6　MOT 人材の育成方法
出典：「三菱総合研究所，平成23年度調査」図表3-26.

6.5　MOT 教育に寄せる社会ニーズ

　MOT 教育のこれまでの10年間を振り返って，企業経営者および技術経営専門職大学院で教育研究に携わる社会人経験を有する学識経験者の意見を聴取してみた。言うまでもないが，これらの意見は社会全体のニーズを表すものではなく，あくまでも局所的なものであるものの，注目すべき意見として捉えていただきたい。

　A氏：率直な話，産業界は MOT を理解していない。MOT の概念自体が漠としていて，わかりづらい。若い人に MOT 教育は機能しないのではないか。当社では，以前に，課長昇格前に MOT 教育を提供したことがあるが，この参加者には教育効果大であったように記憶している。MOT 教育の立ち位置を再定義する必要がある。

　B氏：技術系も文系も若い人たちが経営に興味をもっている人は多い。しかし，技術経営を学んでも就職が難しい。企業側が MOT をどのように見ているかが重要。若くして技術経営を学んできて，経営理論を会社で振りかざしてもビジネスは進まない。MOT 教育の在り方については多くの議論があるが，少なくとも現場を説明できる内容でなければ意味がない。

　C氏：MOT の卒業生は採用しないという企業もある。特に，フルタイムの

第6章 技術経営（MOT）教育の現状とその課題

MOT 卒業生は就職が難しい。技術系であれば，しっかりと技術を学んできてほしい。理工系の教員でさえも経営に興味が少ない。MOT は重要だと思うが，日本の MOT 教育が始まって10年になり，各大学でも定員割れが出ており，ある意味で MOT 教育の Turning point になっていると言える。

D氏：学部生にも MOT 教育を行っているが，多くの学生がマネジメント教育に飢えている。これは，彼らにとっての日常の中での課題に根差している。周りの人たちとの関わりをどのようにマネジメントするかなど人とのかかわりに関しても MOT 教育は重要であり，年代に応じた教育のアプローチをしていく必要がある。人材マネジメント領域は，年代を問わず重要であり，この辺をもう少し厚くした教育が今後必要ではないか。

E氏：MOT は実証的な研究分野であって，企業の抱える経営課題を解決することが最大の関心事項であり，経営課題の解決の方向性を示さなければならない。そして，その提案に説得性をもたせるためには，定量的な評価が必要で，企業が直面するリスクを定量的に評価することも MOT 教育の重要な柱であり，そのための手法，考え方を教育するところに意義があるのではないか。

一方，現在，技術経営専門職大学院に在籍している社会人学生の声は以下のとおりである。

F氏：自らの専門領域とは異なる視点を得ることが重要。MOT が自らのキャリアの軸足を移していく足掛かりになればと考える。MOT にはさまざまな職種，年齢の学生が集まっているので，今まで触れることのなかった知見や視点に触れる機会がある。MOT には，自分が保有する専門分野以外の知識を得ること，そして異なる視点を得ることができる出会いの機会を期待できる。

G氏：MOT では，技術系，知財系，経営系等，複数分野を横断して学ぶことができ，また，学術だけでなく，実務家・経営者の講義を受けることができる。理論だけでなく，現実の判断，感覚，独自の考え方，モノの見方をリアルに学ぶことができる。社会人学生も多く，所属する業種・分野も

多様であり，グループワーク等を通じて，異業種・異分野の方々の考え方や行動原理を知ることができ，非常に参考になる。教育内容に関しては，実施化・事業化（資金獲得，許認可，政府自治体へのアクセス等を含む），について，現実のケースをモデルに，一気通貫で学べると良い。このような多数のケーススタディを学ぶことにより実務とアカデミックとの架橋領域で必要な知識，センスが身につく。

H氏：多くの講義で，グループディスカッションが取り入れられているが，各受講生の受講姿勢や知識レベルに大きな開きがあり，この点に強く問題を感じる。受講生は，企業から命題を与えられて派遣されてきた者，MOTに興味をもち自己啓発として入学した者，学位取得によりキャリアアップを目指す者等，その動機はさまざまである。このような状況下，任意に構成されたメンバーでグループディスカッションをしても，知識レベルの高い者の意見に討議の結論が集約されるだけで，既存以上の意見が活発に出されるという刺激的な内容になりえない。MOT教育の対象者を絞る必要がある。また，講義受講前に必要となる知識を網羅した導入部分を予備講義として通年公開し，本講義を受けたい者は，事前に講義内容を自主学習しておく。いわば，反転講義の導入であろう。MOTならではの教育手法の確立が必要となるのではないか。

6.6　MOT教育における課題と今後の期待

　MOT教育の目的を専門職大学院設置の目的に立ち返り，産業界のニーズを踏まえ慎重に再定義を試み，養成すべき人材像を明確に社会に発信していくことが重要である。近年の学生定員割れについては，MOT教育が養成すべき人材が受験者に明確に理解されていないことも一因ではなかろうか。そして，どのような高度専門職業人が産業界から求められているかが中核的要素となる。「養成すべき人材」という柱のもとに，学位授与方針，教育課程，受け入れ方針が定まってくる。

　MOTが企業の抱える経営課題の解決に役立つものとしてその概念定義を再構築し企業現場を説明できる実効性のあるものとして社会に発信する必要があ

る。異なる専門分野，異業種分野，実務とアカデミックとの架橋領域で生まれるシナジーを教育に反映していくことにも意義を見出せるであろう。MOT 独自の教育手法を確立することも重要である。

　MOT 教育の対象者については，フルタイム学生，社会人学生を問わず受験資格を与えてきた大学が多いが，高度専門職業人の養成，産業界，受講者等の声を踏まえると，「MOT 教育は社会人教育」という位置づけを明確にすべきかもしれない。産業界の要望に応えるため，専門職大学院と企業との緊密な提携関係も考えなければならない時期かもしれない。専門職大学院が特定企業のニーズに応えるための体制をフレキシブルに整備することは非常に難しいことであるかもしれないが，国家の成長戦略の中で MOT 教育がその成否を分けるような分野を特定することも可能であり，特定の産業界に特化した MOT 教育に価値を見出すこともできるであろう。海外の MOT スクールでは，個別企業からの委託を受け当該企業が派遣する人材に対して当該企業ニーズを満たす MOT 教育を提供しているケースも散見される。

　技術経営専門職大学院として早急に対応していくべき事項は以下のようにまとめられる。

　産業のグローバル化に対応し，英語での授業を増やしていくこと，外国人教員を招聘し学生にグローバル体験を積む機会を増やしていくこと，海外の教育機関との連携を高めていくこと等が緊急課題となっている。教員構成についても常に見直しを行い，今後は，産業のグローバル化に一層対応するため，外国人教員の招聘や，外国での実務経験のある実務家教員の採用等を進めていくことが必要である。さらに今後は，IT を利用した柔軟なカリキュラムの提供方法，体制の構築が進められる必要がある。

　MOT の実践場所である企業のニーズをしっかりと把握しなければならない。企業では，MOT 教育を受けさせるべきと考える対象者を，一定以上の実務経験を有し企業内でマネジメントや企画を担当する人材と考えていることがわかる。MOT 人材を新卒で採用する企業が多くない以上，今後の MOT 専門職大学院の目指すべき姿は社会人教育に徹底すべきであろう。企業が社員に対して専門職大学院で MOT 教育を受けさせる場合，通学の問題，講義時間の問題，就学期間が長いという問題，大人数を派遣することが難しいという問題等が存

在する。これらは，専門職大学院の今後解決すべき課題といえる。経営者の意識が高いほど「MOT 人材が概ね期待どおりの貢献をしている」と評価されている。このことは，「MOT 人材の活用に対する経営者の意識が高いほど，MOT 人材の活躍の環境も整備される結果，MOT 人材が事業に貢献するようになる」と考えることもできる。すなわち，経営者が MOT について正しく理解するための機会を増やしていくことも必要であろう。「MOT 人材による成功事例が社内にないこと」からは，MOT 専門職大学院等が産業界の要望する人材を的確に育成できていないことがうかがえる。また，「MOT 人材をどのように活用すれば良いかが社内でも分かっていない」からは，逆に産業界が MOT 人材を十分に活用する人事制度や施策を構築していないことがうかがえる。これらも今後の課題である。MOT 専門職大学院が企業との連絡を一層密にして，企業ニーズを踏まえた教育研究の場を提供するとともに，相互理解が今後の発展の基礎に位置付けられると考えていくことが必要である。

　これまでの10年の節目を迎え，各大学が高度専門職業人の育成を目指して，初心に立ち返り MOT 教育の今後を，危機感をもって議論し，再定義された養成すべき人材の輩出に向けた努力が求められるところである。

参考文献

井川康夫（2014）「北陸先端科学技術大学院での MOT 教育の現状と特徴」『開発工学』34 (1)：5-10.

株式会社三菱総合研究所（2014）『平成23年度産業技術調査事業（MOT 人材の育成・活用に関する実態調査）報告書』.

MOT 教育コア・カリキュラム開発委員会（2010）『MOT 教育コア・カリキュラム』.

田中義敏（2014）「MOT 教育が目指す「育成すべき人材」と社会ニーズ」『開発工学』34 (1)：17-20.

学校教育法（昭和二十二年三月三十一日法律第二十六号）最終改正：平成二三年六月三日法律第六一号

学校教育法施行令（昭和二十八年十月三十一日政令第三百四十号）最終改正：平成二三年五月二日政令第一一八号

専門職大学院設置基準（平成十五年三月三十一日文部科学省令第十六号）最終改正：平成二十二年七月一五日文部科学省令第一七号

ABEST21, 経営分野評価基準
　http://www.abest21.org/jpn/qa/criterion/management.html, accessed on July 3rd, 2014

大学基準協会，経営系専門職大学院基準
　　http://www.juaa.or.jp/accreditation/management/e_standard.html, accessed on July 3rd, 2014
芝浦工業大学大学院工学マネジメント研究科
　　http://motjapan.org/info/sibaura/index.html, accessed on July 3rd, 2014
早稲田大学ビジネススクール（大学院商学研究科ビジネス専攻）
　　http://motjapan.org/info/wbs/index.html, accessed on July 3rd, 2014
東京理科大学大学院イノベーション研究科技術経営専攻
　　http://most.tus.ac.jp/mot/, accessed on July 3rd, 2014
東京工業大学大学院イノベーションマネジメント研究科
　　http://motjapan.org/info/titech/index.html, accessed on July 3rd, 2014
東京農工大学大学院工学府産業技術専攻
　　http://motjapan.org/info/tuat/index.html, accessed on July 3rd, 2014
日本工業大学大学院技術経営研究科技術経営専攻
　　http://motjapan.org/info/nit/index.html, accessed on July 3rd, 2014
山口大学大学院技術経営研究科
　　http://mot.yamaguchi-u.ac.jp/, accessed on July 3rd, 2014
九州大学大学院経済学府産業マネジメント専攻
　　http://motjapan.org/info/qbs/index.html, accessed on July 3rd, 2014
長岡科学技術大学専門職大学院　技術経営研究科「システム安全専攻」
　　http://motjapan.org/info/nut/index.html, accessed on July 3rd, 2014
新潟大学大学院　技術経営研究科
　　http://motjapan.org/info/nu/index.html, accessed on July 3rd, 2014
関西学院大学経営戦略研究科経営戦略専攻
　　http://motjapan.org/info/kgu/index.html, accessed on July 3rd, 2014

第 7 章

日本語教師養成と教育工学
―― 教師養成・研修・支援の問題解決の助けとして

鈴木美加

7.1 はじめに

　本章では，国内外の日本語教育の現在の状況を踏まえ，日本語教育に携わる者の養成や支援の事例について述べる。その際，どのような問題が生じ，教育工学がいかに役立てられたか，あるいは役立つと考えられるかについても触れたい。具体的には，日本語教育の広範で多様な状況の中，教師や学習支援者の養成や研修，支援の際に教育工学の知見や視野が活用できることを示したい。なお，ここでは，「教育工学」を「教育をシステムとして捉え，効果的な教育を行うために必要とされる条件に関する研究を行う分野。その中にICT技術の活用も含まれる」と定義する。

7.2 現在の国内外の日本語教育の概観

7.2.1 日本語学習者

　現在，日本語学習者数は海外約399万人，国内約17万4千人であり，国内外ともここ数年増加している（国際交流基金 2013；文化庁 2015）。これは日本語教育機関で教育を受けている者の数を示すもので，独習や個人指導による学習者を合わせると，実際は国内外ともこの数字よりかなり多いと推測される。

① 海外の学習者

　国際交流基金の2012年調査によれば，海外の日本語学習者は，中等教育段階が208万人（52.1％）[1]，大学等高等教育段階110万人（27.5％），学校教育以外で学ぶ者が59万人（14.7％），初等教育が23万人（5.7％）となっており，2009年

調査より全体として33万人増加した（国際交流基金 2013）。この増加は，インドネシアやタイなど東南アジアでの中等教育における日本語の正規科目化や受講生徒の増加，中国の高等教育機関での日本語コースの普及と最近の大学進学率の上昇によるものとされ，しばらくこの傾向が続くとみられる。

② 国内の学習者

法務省の調査によると，2014年の日本国内在住の外国人は212万人である（法務省 2015）。このうち，就労など活動に制限のない「身分又は地位に基づく在留資格」[2]を有する外国人は125万人で，国内在住外国人の58.9%を占める。1990年の入管法改正を契機に増加し，東日本大震災後に減少が見られたものの，この約20年で「身分又は地位に基づく在留資格」を有する者の増加が際立っており，定住化と国籍の多様化が進んでいるとされる（内閣官房 2012）。

先に述べたように，2014年の国内の日本語学習者は17万4千人で，2013年調査より11%増加している（文化庁 2015）[3]。そのうち留学生が11万人（63%），日本人の配偶者等1万人（6%），ビジネス関係者9千人（5%）[4]，研修生・技能実習生6千人（4%），日系人4千人（3%）となっている。回答では，属性が「不明」とされた者が2万8千人（16%）もいるため，不明な点も多いが，法務省のデータと合わせると，国内の日本語学習者は国内在住外国人全体の8%である。独習や個人指導による日本語学習者や，すでに学習経験があり，さらなる学習を必要としない者がいることを考慮に入れても，日本語学習の機会をもたない者が相当数いる。

また，日本在住の外国人を親にもつ子供の数も増え，現在，日本語指導が必要な児童・生徒は3万7千人だが，そのうち個別指導あるいは特別の教育課程編成による指導を受けている者は8割に留まっている（文部科学省 2015）[5]。

7.2.2　日本語教師

7.2.1で国内外において多様な日本語学習者がいることを述べたが，教師についてもみておくこととする。

① 海外の日本語教師

　2012年の海外の日本語教師総数は約6万4千人で，そのうち中等教育の教師1万3千人（20.0％），高等教育2万1千人（33.2％），学校教育以外2万6千人（41.0％）である。中等教育レベルでは日本語学習者数の多さに反して，教師数の割合は低い。また，海外の教師全体に占める日本語非母語教師の割合は76.8％（4万9千人）である（国際交流基金 2013）。地域により傾向が異なるものの，個々の国の使用言語を母語に持つ教師主導で日本語教育が展開されている国や地域が多いことがわかる。

② 国内の日本語教師

　2014年度の日本国内の教師総数は約3万3千人で，所属機関は国際交流協会[6]が9千人（27.5％），法務省告示機関[7]7千人（21.8％），大学等機関5千人（14.6％），地方公共団体・教育委員会4千人（11.3％），その他の施設・団体8千人（24.8％）の割合となっている（文化庁 2015）。職務別では常勤講師が4千人（11.9％），非常勤教師1万人（30.7％），ボランティア1万9千人（57.4％）である。「留学生」は普通，大学等機関または大学等入学前の教育を行う学校組織（法務省告示機関）で日本語学習を行う。この2種の組織の教師は常勤3.4千人，非常勤8千人である。先に述べた「身分又は地位に基づく在留資格」を有する外国人に対する日本語教育は国際交流協会やその他の施設・団体（「日本語教室」を運営する任意団体等）が担うことが多い。それらの組織では常勤0.2千人，非常勤0.6千人，日本語ボランティア1万4千人であり，日本語ボランティアの存在により地域の日本語教育が成り立っており，1990年頃から教育の質の確保や運営システムの改善が課題であった。

7.2.3　日本語教育上の課題と支援

　これまでみたように，海外と国内で，また国内でも対象学習者により日本語教育の状況が大きく異なり，教師や学習支援を行う者に必要とされることも違っている。ここでは海外と国内それぞれの問題とその解決の例を示す。
　海外の日本語教育では，さまざまな国で中等教育レベルの学習者が増加する一方で，教材不足や学習者の動機づけの問題が生じている（国際交流基金 2013）。

第7章　日本語教師養成と教育工学

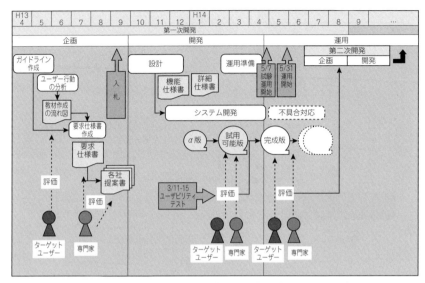

図7-1　「みんなの教材サイト」開発の流れ（島田ほか 2003）

　国際交流基金は世界各国の日本語教育の状況を把握，その国・地域での教育に資する教材開発や教員研修を実施しており，ICT を活用し，教師が教材作成や授業準備に役立てられるような情報提供やサポートを行っている。その一つが2002年に Web 上に開設された「みんなの日本語教材サイト」である。教師が授業で使うことができるよう，画像や文法関連の情報等多くの素材が収められ，サイトの素材を使用した教師のコメントや授業アイデアの投稿，教師間の情報交換が可能になっている。このサイトの開発に際しては，コンピュータによる協調学習支援（Computer Supported Collaborative Learning：CSCL）研究の知見が理論的枠組みとされ，図7-1の通り，開発初年度に教育工学の専門家の協力による教材の評価及びアドバイス提供を得て，サイトの内容，構造が形作られた（島田ほか 2003）。完成後から現在まで，国内外の日本語教師に非常によく使用される日本語教師向け教材提供サイトとなっている。赤澤ら(2009)は，2008年時点の利用者は4万6千人，1年間のアクセス件数336万件で国内外の多くの日本語教師がこのサイトを利用していることを報告するとともに，第5次開発として，ユーザーアンケートの結果を踏まえ，素材の追加，検索機能の改善，コミュニティ機能の拡充を行い，特に海外の中等教育の日本

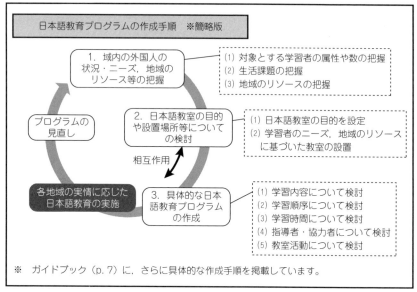

図 7-2 コーディネーター向けプログラム作成手順
出典：文化庁文化部国語課（2013：11）．

語非母語教師の利用を増やし，支援する方針を示している。

　国内では，日本語学習者数が増えているが，その伸びは国内在住外国人の人数増加に見合うほどではない。1990年代からの定住化する外国人を地域社会の一員として受け入れる施策が十分ではなく，地域での日本語学習支援を進めるためのコーディネーター設置をはじめとする体制整備や具体的な教育内容例の提示，研修機会の提供が課題であった（文化庁 2012）。

　このような状況のもと，教育内容に関しては文化審議会国語分科会により，「生活者としての外国人」に対する日本語教育の標準的カリキュラム案及び教材例集等がまとめられ，データベース化，2009年からインターネット提供がなされることとなった（文化庁文化部国語課 2013）。カリキュラム案では「医療機関で治療を受ける」「地域社会に参加する」など生活上の行為の分類をもとに，場面，会話例，機能，文法，語彙，四技能の項目が記述され，地域の日本語教室の運営・指導の担当がそれらを素材として，地域や学習者のニーズに合わせ学習を組み立て，支援をすることを可能にしたといえる。これらは，PDCA

(Plan 企画－Do 運営－Check 点検－Action 改善) サイクルによりミクロ，マクロ両方の視点でプログラムの検証，改善を推奨し，教師・学習支援者にとって充実したサポート情報といえる（図7-2参照）。

7.2.4 日本語教師養成の多様化と日本語教育能力検定

　日本語教師の養成に関する制度は，国の政策とともに変遷を経てきた。1983年の中曽根首相の下で「留学生10万人受け入れ計画」が打ち出され，1985年には文部省の調査研究会による「日本語教員養成のための標準的な教育内容等」（略称「標準的な教育課程」，文部省 1985）の提示，「日本語教員検定制度」の創設の提言がなされた。これらと連動して，1985年以降，多くの国公私立大学において日本語・日本語教育関連コースが新設され，1987年度には財団法人日本国際教育協会主催による「日本語教育能力検定試験」が開始された。これらにより，主に留学生に対する日本語教育を担う教師の養成と，その質と数の確保が図られた。

　その後，1990年の入管法改正を契機とする国内の定住型外国人の増加への対応策として，地域での日本語教育，学習支援が90年代から行われ，さらに外国人児童・生徒への日本語教育，学習支援の必要性も取り上げられるようになり，日本語教育が複層化，多様化した。

　国内のこのような変化や海外の日本語教育を取り巻く状況を背景に，1999，2000年には文化庁による今後の日本語教育施策全般についての方針がまとめられ，日本語教員養成課程の改定案提示や日本語教育能力検定試験の見直しの必要性への指摘，各日本語教員養成機関による教育内容選択の裁量増，実習の導入や教員研修・再教育体制の整備への提言がなされた。

　先に挙げた日本語教育能力検定試験はその目的を，当初「知識および能力が日本語教育の専門家として必要とされる水準に達しているか」を測ること（日本国際教育支援協会 1992）とされ，出題範囲は「日本語教員養成のための標準的な教育内容等」（文部省 1985）に準拠し，①言語・文化（日本語学，言語使用，日本事情，言語学，日本語学史等）と②日本語教育（日本語教授法，教材・教具論，評価法，実習）の2種の枠組みで知識と能力を測るとされた。2003年度から，目的は変わらず，出題範囲が「社会・文化・地域」「言語と社

会」「言語と心理」「言語と教育」「言語一般」の5区分になり，その各々に12〜23項目の下位項目が設定され，従来よりも広範囲にわたる内容が範囲となった。この枠組みの「言語と教育」は教育活動やコミュニケーション等の内容により構成され，下位項目に教育工学も組み入れられた。この出題項目リストに，2011年度以降は優先度表示が加わり，試験実施の目的も「日本語教育の実践につながる体系的な知識が基礎的な水準に達しているかどうか，状況に応じてそれらの知識を関連づけ多様な現場に対応する能力が基礎的な水準に達しているか」を測ることに変わった（日本国際教育支援協会 2003, 2011）。日本語教育の対象者，目的が非常に多様化している中，共通項となる「日本語教育の核」（日本国際教育支援協会 2010）が出題の対象とされることとなった。

　2008年に政府の「留学生30万人計画」が打ち出され，各大学で留学生が増加する一方，日本人学生をアジア各国でのインターシップ等に送り出す官民協働プロジェクトが2014年に開始され，学生の日本語インターンシップの機会が増えた。大学機関のさらなる国際化も進んでいる。日本語教師養成に関しては，国内外の大学学部及び大学院，日本語教育機関等での教師養成コースがあり，また社会人等一般の人々を対象にした日本語ボランティアの研修も行われている。学習者の多様化により，コース・研修の内容も大きく異なり，現職者の研修や支援も継続的に行われることが多い。非母語話者に「日本語を教える」「日本語学習を支援する」という点で共通する「日本語教育」に携わる人の養成，支援を行う際，特に「誰に（どのような学習者に）」「どんな目的で」「何を」「どのように」教えるのか，あるいは支援することが前提なのか明確にする必要がある。このことは，教育をシステムとして捉え，その要素や要素間の関係を明示し，効果をあげることを目指す教育工学の知見の活用が有効であるといえよう。

7.3　日本語教師養成・支援における教育工学の知見・視点の活用
　　　――実践事例

　教育における ICT 利用や，協働学習のような学習形態の導入によって教育・学習のプロセスにも変化が生じる。効果のある授業や学習状況を作り出す

第 7 章　日本語教師養成と教育工学

表 7-1　本節で示す実践例の概要

節	海外／国内	養成・支援対象	養成・支援の内容
7.3.1	海外（タイ）	学部学生	日本語技能＋ICT スキル養成
7.3.2	海外（英国）	中等学校教師	中等学校シラバスに合った教材提供・研修
7.3.3	国内	学習支援者 （日本語ボランティア等）	言語的文化的に多様な子どものサポート情報提供
7.3.4	国内＋海外	教師	授業ポートフォリオの共有と協働支援

ために，目標とする行動を客観的に捉え，さまざまな選択肢の中から授業内容や方法を決定する必要がある。教育工学におけるメディア活用に関する研究に加え，教育設計（Instructional Design）理論やモデルは授業や学習の各要素を客観的に捉える枠組みや教育上のヒントを提供し，授業運営や教育プログラムの改善に資するといえる。日本語教師養成・支援においても，これまでに教育工学の知見が活用されている実践があり，7.2.3 で示した事例に加え，本節でそのいくつかを紹介する（表 7-1 参照）。

　7.3.1 は海外の大学学部における ICT を活用した授業実践である。履修学生には日本語教師を目指す者も含まれており，非母語話者の日本語教師養成の一環として言語技能養成と同時に，学習者自らが音声や画像を活用して動画編集をする課題によりメディア活用の技能を伸ばす実践といえる。7.3.2 は海外で日本語学習者が最も多い中等教育レベルのリソース開発による教師支援とリソース活用の研修の実践の報告である。海外の中等教育レベルの課題である「教材不足」への対応として，国の教育システムに適合したシラバス作成と，学習者の動機づけに配慮した教材提供が特徴である。7.3.3 は日本に住む文化的，言語的に多様な子どもたちとその支援者に対する情報提供を行う Web 開発の実践である。子どものまわりの保護者，学校関係者，日本語ボランティア，行政担当者など，子どもの育ちを守り，支援する者に必要な情報を多面的に提供しており，開発時に動機づけモデルを参照していることも特色である。7.3.4 は国内外の現職日本語教師が各々の授業を報告し，課題発見や共有，解決を図る Web システムの構築及び活用を行った実践である。経験年数や教育背景が異なる教師間での協働が意図された取り組みと言える。

7.3.1 音声，視覚情報の利用による日本語発信技能・メディア活用技能養成：タマサート大学の専門日本語コースにおける ICT 活用に関する実践

21世紀に入ってから，外国語教育に ICT 活用の重要性が増してきている。タイにおいても，生涯学習の基礎ともなりうる情報リテラシー能力習得の重要性を認識し，授業に積極的に取り入れるよう国の「ICT 教育マスタープラン」に掲げられている。ICT 活用能力は教員の専門性の一つの指標になっている。

ここでは，タマサート大学日本語主専攻の 4 年次タイ人日本語学習者を対象に行った「通訳入門」の授業においてメディアを活用した事例を紹介する。この授業は，基本的に PC を利用した学習を行っている。16回の授業の中で，ウェブ上の素材やツールを利用し，シャドーイングなどの発声練習，語彙習得を行うほか，通訳の訓練を行っている。またプロジェクトワークとして，受講者に，吹き替え版のビデオを作成してもらうことにしている。日本語教師の道に進むとしても，民間企業に就職するとしても，ICT の知識・技能が必要不可欠だと考えたからである。各活動の課題管理，情報共有，アンケート調査などをグーグルドライブで行うため，gmail アカウントの取得を受講要件としている。

上記の中でビデオ作成のプロジェクトワーク（日本語→タイ語）について紹介する。本活動は約 6 週間かけて行い，ARCS モデルを参考にした。視覚教材としては，学習者の興味を喚起し，印象に残る資料を提示することが可能であることと，教育目的での利用のため権利許諾を必要としないというメリットがあることから，NHK の学校向けデジタル教材を採用することとした。作業の流れを表 7-2 に示した。また，エクセルを使用したスクリプトとグロッサリーの例を図 7-3 に，動画へのキャプションと音声の挿入例を図 7-4 に示した。

編集作業では，パソコンが苦手な人は，得意な人に教わったりすることで，協力し合うことができる。課題提出後の評価，理解度の調査などをグーグルのフォーム上で実施する。出来上がった作品は，CD-ROM に収録し，次年度の学生が視聴できるよう保管している。

学習者は上記のタスク以外にもさまざまなウェブ上のリソースを活用している。以下にそのいくつかを紹介する。

表7-2　ビデオ作成プロジェクトワークの流れ

手順	授業内容	時間外学習／指導
1	NHK for school の番組からトピックを選択し，ドライブのスプレッドシートに記入	動画の内容チェック
2	個々の課題にそって，進度をスプレッドシートに記入，報告する	ビデオ，スクリプトのダウンロード，翻訳
3	スクリプトの対訳原稿及びグロッサリーを作成	オンライン辞書を活用し，グロッサリーを作成する 適切な絵や写真を提示
4	対訳案を教師に提出する	教師がスクリプトと対訳を照合しチェックする
5	提出された対訳案に間違いがないかどうか，教師がチェックする	変更履歴機能を活用
6	チェック済みの原稿に沿い，キャプション及びタイ語の音声を挿入	個人の裁量を最大限に生かし，録音ソフト，編集ソフトの利用は各々の学生に任せる

【発音／翻訳の練習課題】

聴解翻訳練習　　　　　　　http://www.tunihongo.org/choukai/

　「ビジネス表現，フォーマル表現，挨拶表現，病院での表現」など分野別の日本語を，「全表示・日本語文のみ／タイ語訳文のみ表示・非表示」で学習するサイト（http://www.tunihongo.org/choukai/）である。授業時間外に自主的に学習することができる。

【語彙学習／辞書用例検索】

語リンク（処理短）メニュー　　http://jplang.tufs.ac.jp/shota/smenu
オンライン辞書　　　　　　　　http://www.jtdic.com/2008/japanese.aspx
多言語辞書　　　　　　　　　　http://dict.longdo.com/
goo 辞書　　　　　　　　　　　dictionary.goo.ne.jp

【用例検索辞書／翻訳ツール】

ウェブコーパス　　　　　　　　http://nlb.ninjal.ac.jp/
　　　　　　　　　　　　　　　http://nlt.tsukuba.lagoinst.info/
グーグルトランスレーター　　　https://translate.google.com/?hl=ja

【日本語学習のリソース】

日本語 e な　　　　　　　　　http://nihongo-e-na.com/jpn/

図7-3 エクセル使用によるスクリプトおよびグロッサリー

　若年の学生を対象に授業を行う場合には特に，マルチメディアを活用した学習活動の工夫が効果的である。たとえば，アニメや漫画を素材に用いることにより文法を学習する方法も考えられる。ある短編アニメを素材に文法練習シートを作成した例を表7-3に紹介する。

■問題点と今後の課題
　ICT活用に当たり，素材を選ぶ際のセキュリティーの問題，著作権侵害の問題などについて，つまり使用可能範囲や，不明な場合の確認・相談先につい

第7章　日本語教師養成と教育工学

図7-4　動画へのキャプション及び音声の挿入

表7-3　アニメによる文法練習の流れ

手順	導　　　　入	活　　動
1	アニメの動画クリップを見せる	内容を把握させる
2	画面のスクリーンショットでストーリーを4コマ漫画にする	話の流れを並べ替える
3	4コマ漫画を，学習したい文型で説明する	ストーリーテリング
4	作文を書く	級友と比較する

て把握しておく必要がある。また，2011年以降スマートフォンが急速に普及しつつあるため，スマートフォンアプリを日本語学習に利用する学生が増えていくことが予測できる。社会変化と学習者の多様な需要を的確に把握し，学習者主体の学習プロセスを重視する人材を育てる必要がある。

(タサニー・メータービスィット)

7.3.2　英国の中等教育における日本語教育に求められる教材提供と教師研修

　ここでは海外の日本語教育支援事業として，2005年度から2007年度にかけて国際交流基金ロンドン日本文化センターで行われた中等教育向け日本語リソース『力-CHIKARA-』開発プロジェクトの事例を取り上げる。

① 対　象　者

　英国では外国語科目として日本語を教えている中等教育機関約260校がロンドンを中心に全国に分布し，教員数210人，学習者数9,600人という規模で日本語教育が行われていた（数値は国際交流基金2003年日本語教育機関調査による）。『力-CHIKARA-』開発プロジェクトの直接的支援対象はこの日本語の教員である。教授歴はさまざまで，英国人も在住日本人もいる。

② 目　　　的

　英国には中等教育の学習目標として GCSE 試験（General Certificate of Secondary Education）があるが，日本語は全国共通教科書がないため教師や学校が独自にカリキュラムを考え，教材を準備していた。統一カリキュラムや教材がない一方で，教育現場の現状把握も難しく，それが効果的な支援事業を企画する上での障害になっていた。このような中，教師がだれでも自由に利用できる日本語教育の方法を提案することが必要であると考え，次のような目的のもとに日本語リソース開発プロジェクトを計画した。

- GCSE の教育内容を反映させた中等教育向け日本語リソース（教材と教師用資料）を開発し，関係者がそれを共有できるようにすること
- その教材を利用して教師研修を実施し，日本語教師の資質を向上させ，またネットワークをひろげること

③ 実　　　践

【日本語リソース『力-CHIKARA-』の開発】

　まず GCSE 試験シラバスの記載情報から言語項目（文型，語い）を分類，整理し，リスト化した。教師用資料として使いやすいように，文型リストには独自に難度を付加し，語彙リストは五十音順のほか品詞別，トピック別に作成した。次に，この資料と教育現場の諸事情を勘案し，教材シラバスを作成した。このシラバスは文型／文法項目，モデルテキスト，語彙・表現，コミュニケーション練習の目標を記載したものである。教師が年間授業計画等を立てる上でも参考になるように，学習項目の組み合わせと配列を体系的に示している。

　シラバスは全体で4トピック66サブトピックがあるが，そのうち40サブト

第7章　日本語教師養成と教育工学

表7-4　『力-CHIKARA-』プロジェクト研修会の概要（一部）

	研修会のテーマ	研修の目的
1	授業の流れと『力-CHIKARA-』を使った効果的な授業計画	・初級授業の流れについて理解する ・授業の流れにそった『力-CHIKARA-』の利用法を考える ・教育実践の情報交換をする
2	日本語の教材をつくる① 『力-CHIKARA-』の再利用／編集	・各自の教育現場でのニーズに合わせて教材を再利用／編集する方法を学ぶ ・アイディアを交換する
3	日本語の教材をつくる② 『力-CHIKARA-』シラバスから文型練習用教材を作る	・『力-CHIKARA-』シラバスをもとにして，文型練習用教材を作る ・アイディアを交換する
4	ノンネイティブ日本語教師のための日本語と教授法のブラッシュアップ	・『力-CHIKARA-』を使った日本語授業を体験する ・教育実践の情報交換をする

ピック分を教材化した。残りの部分は日本語教師と協働して作成するという構想があったため，教材化しなかった。シラバスの教材化にあたっては，「導入→基本練習（形の練習→形と意味の練習）→応用練習」という初級授業の流れに沿ったユニット構成になるように留意，その中で，練習目的によって印刷媒体にするかICTにするかを判断した。またARCSモデルを参考に，学習者の学習動機に有効に働きかけられるように工夫した。このようにして，できるだけ使いやすく，学びやすいリソース群の構築を目指した。完成したリソースは全国の教師が入手可能なように，ウェブで無料配信した。[8]

【『力-CHIKARA-』リソースを使った教師研修の実施】

『力-CHIKARA-』はロンドンで実施する教師研修会の素材として利用した。教師研修会の具体例を表7-4に示す。

④ 結果および成果

『力-CHIKARA-』プロジェクトを通して得られた成果としては，英国全国の教師が共有しながらも，各々の教育現場に合わせて自由に使える中等教育向き教材の提供ができた点が第一にあげられる。また，教材だけでなく，教材シラバスや文型リスト，語彙リストなど，カリキュラム設計，授業設計，教材作成等のために必要な教師用資料の提供を通して，「その日の授業」に終わらな

い体系的な教育実践を支援することができるようになった。

　さらに教材と教師用資料を素材としても利用することで，教師研修会の企画もたてやすくなった。さまざまな研修テーマを設定し，研修会では具体例をもってわかりやすく説明できることもメリットである。『力-CHIKARA-』を研修の軸にすることで，教育実践についての関心や問題意識を共有する教師が集まり，意見交換も活発に行われる。このように，研修会を通した教師の資質向上と教師間ネットワークの構築・強化への働きかけが効果的にできるようになったことは大きな成果だと思う。

⑤　今後の可能性・展望・課題

　『力-CHIKARA-』プロジェクトは教師支援をより効果的に実施するためにまず全国の教師が共有できるリソースを開発し，それを利用した研修を企画，実施するという試みである。基本的には今後もこのリソースを軸にして研修を展開していくことは可能だと考えている。研修を通して，リソースへのフィードバックを支援対象者から直接得ることもできる。それを蓄積して，よりよいリソース開発と研修の実施につなげていくことが肝要であろう。

（来嶋洋美）

7.3.3　国内の外国人生徒の支援者への情報提供と共有：ポータルサイト「ハーモニカ」の開発 〈http://harmonica-cld.com〉

① CLD 児の状況と開発の目的

　「ハーモニカ」は「CLD 児」（Culturally and Linguistically Diverse Children）（文化的，言語的に多様な背景をもつ子ども）（カミンズ・中島 2011：188）の母語および日本語育成を支援する目的で開発したポータルサイトである（図7-5参照）。「CLD 児」とは，仕事で海外赴任している家庭や移民の子どものように家族の母語と社会で通用している言語が異なる子ども，国際結婚家庭の子女のように両親の母語が異なる子ども，社会の中の少数民族家庭の子どもなど，文化的にも言語的にも多様な背景の下で成育する子どもを指す。

　バイリンガル教育研究の成果によれば，CLD 児の言語力育成は「家族と意思疎通しアイデンティティを育てるための母語を守る」という観点が欠かせな

第7章　日本語教師養成と教育工学

図7-5　「ハーモニカ」HP
出典：http://harmonica-cld.com

い（カミンズ・中島 2011）。しかし日本社会ではこの観点の理解が十分といえず，そのために CLD 児の教育現場では，「母語」ではなく教育言語である「日本語」に焦点が偏りがちである。さらに，CLD 児の言語指導が長く学校教育課程の枠外におかれ，ボランティアの指導員や市民団体が学習支援を担ってきた現状では，CLD 児の指導に必要な理論や実践，たとえば教材・教授法などの知識や情報が現場に届きにくく，また現場で集積した経験知も共有されにくい。[9]

ポータルサイト「ハーモニカ」はこれらの状況を背景に，①「母語の重要性」の認識を社会に広め，②CLD 児の指導に必要な理論や実践の情報を集約し共有できる「役に立つ」ウェブサイトとして開発した。主な対象は CLD 児の関係者とし，関係者それぞれの立場から CLD 児の母語および日本語育成の支援が行いやすくなること，すなわち「支援を支援する」ことを目指した。

表7-5 メインカテゴリーと掲載したウェブサイト（リンク先）の内容

「子ども・生徒」：電子図書，母語・日本語・教科学習の教材等
「保護者」：　　　母語の重要性・母語保持の情報，学校関係の情報等
「教師」：　　　　教材・教授法・カリキュラム関係，研究成果等
「ボランティア」：「教師」向け情報に加えて全国の支援団体関係等
「研究者」：　　　研究会，理論的実践的な研究成果等
「行政関係者」：　地方自治体の国際交流関係の情報，海外事情等

② ポータルサイトの開発

「ハーモニカ」の開発は，多文化社会カナダのオンタリオ州教育省やトロント教育委員会のウェブサイト，ARCS モデルのアプローチ，専門家による示唆を参考にし，次の構想を立てて行った。

〔母語の強調〕トップページに CLD 児の説明と母語の重要性を啓蒙するウェブサイトのバナーを置き，ウェブサイトを訪れた人の目に触れるようにした。子どもに関連する内容であることを示すデザインを取り入れた。

〔ユーザ中心のカテゴリー〕「子ども・生徒」「保護者」「教師」「ボランティア」「研究者」「行政関係者」の6つのカテゴリーを立て，情報を振り分けた。たとえば子ども向けに学習用ウェブサイト情報，教師向けに教授法情報を提供するなどである。内容によっては複数のカテゴリーに掲載した（表7-5）。

〔当事者意識と更新〕ユーザが自分の情報を提供する機会をウェブサイト上や対面の研究会などで作り，その情報に基づいて更新を行った。これにより当事者意識を喚起し利用者と情報量を増やした。プロトタイプ版から完成版まで「作成⇒評価⇒修正」の流れを繰り返す形になった。

リンク先のウェブサイトは，母語の重要性に関してはバイリンガル教育の専門家からの情報，オンタリオ州教育省のウェブサイト，ユネスコのウェブサイトを中心に調査し選択した。情報集約と共有のための「役に立つ」ウェブサイト情報は，CLD 児の母語・日本語・学習支援の分野で活動している MHB 研究会，文化庁の助成金や委託を受けて CLD 児を支援している市民団体，地方自治体の国際交流課などを調査して収集した。活発に活動しているメーリングリストも参考にした。なお，6つのカテゴリーのほかに国の行政機関から公開される統計データと助成金情報，関連学会情報を別のカテゴリーとして加えた。

表 7-6 「ハーモニカ」の情報を他の分野に統合する提案例

> **保育の分野：**
> 　絵本の読み聞かせが推奨されているが，その文脈の中に「保護者の方が日本語話者でなかったら保護者の方の母語で読んであげましょう」と加え，「ハーモニカ」の多言語電子絵本のウェブサイトを紹介する。
> **教育の分野：**
> 　国立教育政策研究所の教育情報共有ポータルサイト「CONTET」の中に「文化的，言語的に多様な背景をもつ子どもの教育」といったカテゴリーを設け，「ハーモニカ」が集約した情報と関連付ける。教育用ポータルサイト「TOSS ランド」「サイエンスポータル」などに，CLD 児にも利用しやすいよう，ふりがな機能や多言語の単語リストを準備するほか，「ハーモニカ」に掲載した多様な言語による同様の教育・学習用ウェブサイトにリンク付けをする。

③ 課　　題

　CLD 児の母語および日本語力育成に関する情報は，直接の学習支援者の間では徐々に広まりつつある。今後は，母子保健，小児科医療，保育や就学前教育，学校教育など，関係が深いにもかかわらず十分な情報が行きわたっていない分野にも CLD 児の問題を伝えていく必要がある。表 7-6 はそのための提案の例である。

　このような工夫で，「ハーモニカ」が集約した情報を他の分野に統合し社会的に CLD 児についての認識を広めることができる。それによって CLD 児の母語および日本語力の健全な育成をさらに進めることがこれからの課題と言える。

（鈴木庸子）

7.3.4　教師の成長の支援を意図した WEB サイトの活用

① はじめに：国内外で活躍する日本語教師の養成

　近年の「留学生30万人計画」「アジア人財構想」「国際化拠点事業（グローバル 30）」「EPA（経済連携協定，Economic Partnership Agreement）に基づく看護師・介護福祉士候補の受け入れ」など国内の日本語教育に対するニーズが急速に多様化しており，それに対応すべく，「日本語教員養成」も変革が求められている。国内外の日本語教師の養成を担う大学でも，必要な基礎的知識や実習の場を提供するとともに，これからの多言語・多文化社会で必要となる「応用実践力」を備えた教師養成を目指している。しかし，現場のニーズに対応でき

る実践的な「言語教師を養成」すべきか，理論的な裏づけに基づいて「日本語教育学」を発展させていく「研究者の養成」をすすめるべきか，指導者の間でも日本語教師のキャリアパスについて明確な答えは見出せていない（宇佐美2009）。

　一方，海外に日本語母語話者教師が赴任した際，日本語教室の運営から，現地教員への助言・指導，教材制作まで，派遣国の教育行政や日本語教育事情に合わせた企画・立案能力が必要とされている。平畑（2009a，2009b）の調査では，「柔軟性」「現地の文化・価値観の理解と受容」「生活適応力」「自己教育力」「コミュニケーション力」などの能力が重視されている。つまり，派遣された環境に合わせて，円満な人間関係を形成し，その状況にあった日本語教育を実施していく能力が必要とされている。しかし，このような能力を従来の1～2年の日本語教師養成課程で高めることは難しく，持続的な教師の資質開発を支援する枠組みが求められている（Kato 2013）。

② 教師のスキルアップを目指した教師教育サイト

　本プロジェクトでは，持続的な専門家教育を進めるために，専門的な知識，技能を学べる WEB サイト「語学教師の成長サポート」（https://lms.katoyukari.net/）と自らの活動を振り返る e ポートフォリオ「かとプロ」（https://sns.katoyukari.net/）を構築した。第1期（2012年4月～9月）は，若手を中心とした国内外の教育機関で教える日本語教師9名（国内日本語教師5名，海外日本語教師4名）とメンター3名で活動を開始した。参加者のほとんどが教歴10年未満の20-30代の若手教師であった。

　「語学教師の成長サポート」（図7-6）は，「教師としての資質向上」（scholarly teaching）を目指した多様なコースが学習管理システム moodle 上で提供されている。現在，講習会の記録なども含めて10コースが登録されており，講義方法の基礎からビデオ撮影・編集まで参加者は必要に応じて，情報リテラシー等を含めたスキルアップ科目を自由に学習することができる。一方，参加者の実践を記録する e ポータルサイトは，mahara を利用して構築されている（図7-7）。参加者は，このサイト上に自分自身の活動にかかわるデータを集め，moodle での議論や交流の際にエビデンスとして利用する。また，最終課題で

第7章　日本語教師養成と教育工学

図7-6　語学教師の成長サポート

図7-7　eポートフォリオ「かとプロ」

ある参加者のティーチング・ポートフォリオもmahara上に構築され，プロジェクト内で公開される。

③ 形成的評価としてのプロジェクト活動の実際（2012.4-9）
　遠隔で個々に活動する参加者が顔を合わせて，情報交換を行う機会として，中間報告会（2012年8月3日）を開催した。この報告会には，プロジェクト参加者9名のうち5名とメンター3名が参加した。報告会に出席できなかった参加者に対しては報告会の事前および事後に記述式のアンケートによって情報収集を行った。中間報告会では，(1)プロジェクトの参加動機，(2)プロジェクト運営上の問題点，及び改善点等について，直接，参加者から意見を聞いた。

(1) プロジェクトの参加動機
　参加動機を問う項目への回答としては，参加者間の交流を通じた授業改善のための情報共有が挙げられた。特に，海外で仕事をする教師には「相談できる相手がいない」「単独で業務を行っている」など，身近に相談相手を見つけることが難しい職場環境のため，遠隔での教師交流に期待をしているという意見も聞かれた。また，若手の教師を中心に，教授方法についてアドバイスがほしいという声もあった。たとえば，参加者から以下のような意見があった。

　　現在海外で日本語教師をしていても，相談できる相手がほとんどいません。(中略) このプロジェクトに参加すればいろんな方々からのご意見が伺えるだろうし，また自分自身も改めてまとまった形で考えることができると思った。
　　　　　　　　　　　　　　　　　　　教師A（教師歴1年，海外）

　　普段，単独で業務を行っているため，日々の実践についてざっくばらんに語り合える相手がいないため。同時に実践について語る相手としてできるだけ問題意識を共有しやすい相手と議論ができればと思った。
　　　　　　　　　　　　　　　　　　　教師G（教師歴8年，海外）

(2) 運営の問題点，及び改善点

　Facebook などのソーシャル・メディアでの交流を日常的に行っている参加者も，本プロジェクトで日本語教師としての教育活動の意見交換および，報告を行うことには抵抗感が強かった。また，所属機関での学生の情報をどの程度まで開示してよいのか，職業倫理上の線引きをどうすべきか判断に迷うという発言も見られた。

> 他の参加者の日誌にコメントすることは，私がそこまで日本語教育の経験がないことや，「メンターがコメントするためにいるから」と思ってしまい，ほとんどしていない。(中略) 参加者でも，顔も見たことがない人がほとんどであるのでなかなか交流もしにくく感じる。
>
> 　　　　　　　　　　　　　　　　　　　　教師C（教師歴1年，海外）

④ まとめと今後の課題

　アンケート及びインタビューの結果，日本語教師の教育プログラムの内容，システム運用方法について検討すべき点として，①交流活動に関心が高かったが，実際は意見交換を十分に行えなかった点が不満であること，②若手教師からの自発的な意見表明が難しいこと，③参加者同士の意見交換を活性化するには，自発的な発言を待つだけでなく，強制的な報告なども含めたルール作りが必要であること，④活動記録としてのティーチング・ポートフォリオ作成が有意義であったこと，などが明らかになった。この結果から，交流活動が可能なシステム環境を準備したものの，十分な活用が行われなかったこと，また，教育実践に関わる議論を行うためのコミュニティの人間関係が十分に構築できなかったことが問題点として浮き彫りになった。

　　　　　　　　　　　　　　　　　　　　　　　　　　　　（加藤由香里）

7.4　総括と今後の展望

　本章では，国内外の日本語教育における学習者や教師の状況を概観し，それらとの関連で，教師養成や支援の実際について教育工学の知見の活用もおりま

ぜながら報告した。

　日本語教師養成課程などの職業準備教育段階では，日本語教育能力検定試験の目的にあるように，教師になってから必要となる実践的でかつ体系化された知識の基礎をもち，それを活用した実践を行うための基礎的な能力養成を目指した教育がなされる。先に見たように，日本語教育では，教育・学習支援の場（日本国内・国外），対象学習者，学習目的等，非常に多くの変数があり，それらにより，教育内容・方法も異なり，学習者が得る成果（プロダクト）も異なる。そのため，準備教育段階ですべての種類の知識や能力を身につける教育は非現実的である。「異なる」ことは当然のこととして，教育・学習支援に携わる者が，担当する教育・学習支援の要因を的確に捉え，効果的な学びが起こるように指導または支援できるよう，基礎的な知識や実践技能を身につけるとともに，①授業や学習状況の客観的な分析，②情報収集と活用，③他者との協働や問いかけ，経験の共有，を行う能力が重要になってくると考える。これらは，先に挙げた7.3.1のタマサート大の専門科目のビデオプロジェクトでも，7.3.4の教師研修としての e-Learning プロジェクトでもいえる。7.3.4では，日本語コースを1人で担当している教師が，他の教師からのアドバイスやコメントを期待していたことや全く知らない教師の活動へのコメントやアドバイスはしにくかったというコメントは，教師間のネットワーク構築への示唆となる。

　また，教師・学習支援者として活動している者への支援や研修を考える上でも，上の①から③のことが重要であり，7.3.2の英国の中等教育レベルの日本語教育支援のためのリソース開発も，教師自身の教育上の問題の気づき，リソース活用による授業設計と実施・分析，授業実施に関する教師間の情報交換や経験共有は，効果的な授業改善に必要である。7.3.3の外国人生徒の支援者への情報提供の支援も，支援の経験をもとにした子どもの状況の観察や分析から，学びの本質に関する情報や，活動の経験の他者との共有が子どもの学び，成長につながると思われる。

　本章で紹介した実践では，動機づけの要素を明示する ARCS モデルや，システム改善の PDCA サイクルが取り上げられており，日本語教育の授業・学習の記述，分析において教育工学的な視点が活用されることも多いことがわかる。第1章で示されたガニェ（2007）の学習成果の5分類やカークパトリック

（Kirkpatrick & Kirkpatrick 2005）による研修評価を反応・学習・行動・結果の4種で記述する4段階モデルも，授業・学習状況を記述，分析，評価をする際に有用である。今後も教育工学の枠組みや理論が，日本語教育における授業・学習状況の設計や分析・評価の際により効果的に活用でき，ICT技術と同様，教育や学習支援の選択肢を広げ，問題解決を支えるものとなるであろう。

注

(1) 複数段階教育の学習者は，学習者が該当する教育段階別に集計されたデータを使用した。また学習者数等の人数を示す際，これ以降「約」を省略する。
(2) 在留許可の分類で，「定住者」，「永住者」，日本人あるいは永住者の「配偶者等」を指す。「定住者」とは「日系3世」「中国残留邦人」を含む「法務大臣が特別な理由を考慮し一定の在留期間を指定して居住を認める者」で，「永住者」は，永住にかかる法律上の要件（例 素行善良，経済的な独立）を満たし，かつ一定期間在留し，永住許可が認められた者である（法務省 2004）。
(3) この調査では，初等・中等教育機関は調査対象には入っていない。
(4) これは「大学生」「就学生」を合わせており，大学等機関に属する者は5万3千人（30％）とされる（文化庁 2015）。日本語学習をしていない者も含めると留学生総数は21万5千人である（法務省 2015）。
(5) 文部科学省による調査での日本語指導が必要であると認められた外国人児童生徒2万9千人と日本国籍の児童生徒8千人を合計した人数である。
(6) 地方公共団体との連携でその地域の国際交流活動を行う組織を指す。
(7) 「留学」の在留資格で専ら日本語教育を受けようとする外国人を，学習者として受け入れることを認可すると法務省が告示した教育機関を指す。
(8) 国際交流基金ロンドン日本文化センター『力-CHIKARA-』リソースのURL：http://www.jpf.org.uk/language/teaching_chikara.php
(9) 「情報の集約と共有」は教師とボランティア支援者対象の「CLD児の言語力評価法のワークショップ」で参加者共通のニーズであったと考えられる（鈴木 2013）。
(10) カナダのオンタリオ州教育省ウェブサイト（http://www.edu.gov.on.ca/eng/）はユーザ中心のカテゴリーで構成されている。オンタリオ州トロント市教育委員会のウェブサイト（http://www.tdsb.on.ca/）には成人向け英語教育のサイトに母語保持を啓発するビデオを置くといった工夫がされていた。
(11) ユネスコ（http://www.unescobkk.org/education/multilingual-education/）は言語の多様性を謳い，母語を基礎としたマルチリンガル教育のアプローチを推進している。
(12) MHB研究会（Mother tongue, Heritage Language and Bilingual Education Association：母語継承語バイリンガル教育研究会）

参考文献

赤澤幸・高野千恵子・磯村一弘・三原龍志（2009）「日本語教師のための素材提供型サイト――『みんなの教材サイト』の運用と再構築」『国際交流基金 日本語教育紀要』5：119-134.

文化庁（2015）「平成26年度日本語教育実態調査について」
〈http://www.bunka.go.jp/koho_hodo_oshirase/hodohappyo/2015072901.html〉（2015年8月31日閲覧）

文化庁（2012）「日本語教員等の養成・研修に関する調査結果について（報告書）」
日本語教員等の養成・研修に関する調査研究協力者会議
〈http://www.bunka.go.jp/seisaku/bunkashingikai/kondankaito/nihongo_kyoin/pdf/hokokusyo.pdf〉（2015年8月31日閲覧）

文化庁文化部国語課（2013）「『生活者としての外国人』のための日本語教育ハンドブック」
〈http://www.bunka.go.jp/seisaku/kokugo_nihongo/kyoiku/nihongo_curriculum/〉
（2015年8月31日閲覧）

ジム・カミンズ（著），中島和子（訳著）（2011）『言語マイノリティを支える教育』慶応義塾大学出版会.

ガニェ・ウェイジャー／ゴラス・ケラー（著）鈴木克明・岩崎信（監訳）（2007）『インストラクショナルデザインの原理』北大路書房.

平畑奈美（2009a）「海外で活動する日本人日本語教師に望まれる資質の構造化――海外教育経験を持つ日本人日本語教師への質問紙調査から」『早稲田日本語教育学』5：15-29.

平畑奈美（2009b）「『多様化への対応』に向けた日本語教師養成の課題――日本の日本語教師養成課程の現状分析から――」*Journal CAJLE*, 10, 107-125.

法務省（2015）「第2表 在留資格等別在留外国人数の推移」
〈http://www.moj.go.jp/content/001140153.pdf〉（2015年8月31日閲覧）

法務省（2004）「永住許可に関するガイドライン」
〈http://www.moj.go.jp/nyuukokukanri/kouhou/nyukan_nyukan50.html〉
（2015.8.31 閲覧）

Kato Yukari (2013) "A virtual collaboration for the professional development of Japanese language teachers", *Asia-Pacific Collaborative Education Journal*, 9(1): 53-61.

Kirkpatrick, D. L. and Kirkpatrick, J. D.（2005）*Evaluating Training Programs*, Berrett-Koehler Publishers.

国際交流基金（2013）『海外の日本語教育の現状――2012年度日本語教育機関調査より』くろしお出版.

来嶋洋美・宇田川洋子・ミドルトン昌子・村田春文（2009）「英国中等教育向け日本語リソース『力-CHIKARA-』を使った日本語教師研修会の実践」『国際交流基金日本語教育紀要』5：151-163.

来嶋洋美・村田春文（2008）「英国中等教育向け日本語リソース開発プロジェクト」『国際交流基金日本語教育紀要』4：103-114.

文部省（1985）「日本語教員養成のための標準的な教育内容等」，文部省学術国際局長通知

「『日本語教員の養成等について』の送付について」所収
〈http://www.mext.go.jp/b_menu/hakusho/nc/t19850530001/t19850530001.html〉（2015年8月31日閲覧）

文部科学省（2015）「『日本語指導が必要な児童生徒の受入状況等に関する調査（平成26年度）』の結果について」
〈http://www.mext.go.jp/b_menu/houdou/27/04/1357044.htm〉（2015年8月31日閲覧）

内閣官房（2012）「外国人との共生社会の実現に向けて（中間的整理）」外国人との共生社会実現検討会議
〈http://www.cas.go.jp/jp/seisaku/kyousei/240827seiri.pdf〉（2015年8月31日閲覧）

日本国際教育支援協会（2011）『平成23年度日本語教育能力検定試験 試験問題』凡人社.

日本国際教育支援協会（2010）「日本語教育能力試験の改定について」
〈http://www.jees.or.jp/jltct/pdf/jltct_kaitei_h23_0512.pdf〉（2015年8月31日閲覧）

日本国際教育支援協会（2003）『平成15年度日本語教育能力検定試験 試験問題』凡人社.

日本国際教育支援協会（1992）『平成3年度日本語教育能力検定試験 試験問題』凡人社.

島田徳子・古川嘉子・麦谷真理子（2003）「インターネットを利用した日本語教師に対する教材制作支援」『日本語国際センター紀要』13, 1-18.

鈴木庸子（2013）「OBCから多言語対話型評価法実践ワークショップまで——母語育成を大切にするコミュニティーへの種まきとしての成果と課題」2013年度MHB研究大会予稿集.

宇佐美まゆみ（2009）「大学の日本語教員養成・研修における課題を含めた現状」, 協力者会議資料2（H.21.10.05）
〈http://www.bunka.go.jp/bunkashingikai/kondankaitou/nihongo_kyouin/03/pdf/shiryo_2.pdf〉（2012.12.17確認）

第8章

技術者研修と教育工学 (ISD)

米島博司

8.1 はじめに

8.1.1 日本における教育工学 (ISD) 普及状況

　近年，教育工学は一般的にインストラクショナル・デザイン（以下 ID）もしくはインストラクショナル・システムズ・デザイン（以下 ISD）として，企業内研修やビジネスの世界での研修で広くその名称を知られるようになった。しかしながら，その本質的な意味や詳細な方法論についてはまだ深く根付いていないのが実情であろう。特に米国や欧米諸国，ひいては韓国，中国と比較しても残念ながら日本はまだ遅れを取っていることは否めない。世界最大の教育・研修の国際会議である ASTD International Conference & Expo（ASTD 国際会議：2014年に ASTD から ATD（Association for Talent Development に改称））の国別参加者数を見てもその傾向がうかがえる。ASTD2014 では，参加国数92ヵ国，参加人数1万500名以上，海外からの参加2,250名である。米国を除く海外からの参加者の多い国別の参加者数を図8-1に示す。韓国…256名，カナダ…250名，中国…197名，日本…136名，ブラジル…105名とあり，日本は韓国，中国に及ばない。

　また，一部の大学においては FD 活動（Faculty Development）の一環として ISD を基盤技術として大学教員の教育能力を高める活動が行われている。高校以下の学校教育界においても昨今の「反転授業（Flipped Classroom）」のブームに乗って試験的に ISD を導入しようという試みがある。しかし，その多くは，一部を除きまだ個人の教員の努力の範囲を超えていない。

第8章 技術者研修と教育工学 (ISD)

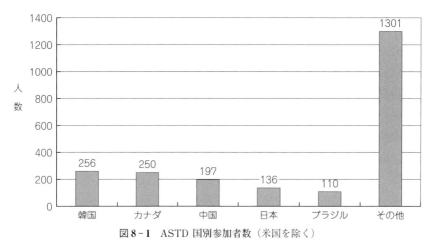

図8-1 ASTD 国別参加者数（米国を除く）
出典：日本の人事部「ASTD に見るグローバルの人材・組織開発の動向」.

8.1.2 技術者研修と ISD の適合性

　ISD は，技術者の育成や技術者研修には向いているが他の分野の研修には向いていないという疑問がよく投げかけられるが，教育や研修（以下コース）を修了した学習者に対して明確に「こういうことができるようになってもらいたい」という期待があるかぎり ISD に向き不向きはない。有限の時間と資源（リソース）を使って，できるだけ効果的かつ効率的なコースをデザインするためには正当な論理性をもった方法論でコースをデザインするのは当然であり，かつ必要なことである。

　ISD がいわゆるシステム開発という工学的なアプローチをもってコースの設計を行うことや，ISD によるコースデザインのプロセスが，ソフトウェアのそれや，ものづくりの世界における工程に近似していることなどから，こうした疑問や意見が生まれることは想像できる。しかし，教育や研修の対象が人間であり，人の「パフォーマンス（行動）」を向上させることが目的である限り，あらゆる分野に適用できる技術であることを認識しておく必要がある。

　とはいうものの，技術者研修では具体的な到達目標である技術知識やスキルが見えやすいというのも事実で，一見したところ ISD との相性が良さそうだと思われても致し方のないことである。ただし，これは ISD の適用分野の違

いによる特性の違い，すなわち研修の対象である知識やスキルの分析の際に求められる手間が多少異なるという程度に受け止めておく必要がある。

技術者研修に限ったことではないが，この分野の研修に求められるポイントは以下の3点であろう。

○実務遂行に求められる知識，技術，態度を必要十分以上に修得できること。
○目先の技術知識，スキルだけではなく，自ら技術を磨く態度や手法を修得できること。
○研修に要する受講者の工数や，研修設備に要するコストは必要最低限であること。

言い換えると，求められるのは十分な効果と経済性（効率）であり，これは技術者研修に限った問題ではないが，ある意味目指す効果（目標）が曖昧なままでかまわず，なんらかの効果がありさえすれば良いという種類のコスト意識があまり求められない研修とは異なり，明確な目標をもった技術者研修では常に明らかな期待である。効果と効率を最大限求めるのであれば，その研修を精密にデザインしようとするのは当然のことで，ISD がその意義を明確に主張できる所以でもある。

こうした背景を考慮しながら，本章ではまず最初に筆者の技術研修の改善の軌跡を具体例として示し，技術者教育に携わる担当者の方々の参考としていただきたい。次に技術者研修と ISD の適用や応用について考察するが，ISD によるコースデザインの全体については他の文献（たとえば君島（1995），稲垣・鈴木（2011））に譲ることにして，ここでは技術者研修に限定して，ISD を適用する際のポイントや要注意点などを示すことにする。

8.2 技術者研修における講師の改善活動

8.2.1 技術者研修の経験的工夫

筆者が技術研修に携わったのは，1980年代初期にある通信システム会社にお

いて電子交換機システムの海外顧客の保守技術者向けのトレーニングの講師として担当したのが初めての経験であった。以降1994年に初めて ISD に出会うまでは基本的に講師主導型の伝統的なスタイルの研修，すなわち講義と演習，実機上の実習を実施していた。

当時研修技法も ISD も知らず，自らの失敗や経験を元に，先輩技術者や講師からヒントを得ながら行った筆者の個人的な研修効果を高めるためのポイントは以下であった。

○可能な限りインタラクティブな講義を行う。
○納入されるドキュメントやマニュアルでは理解しにくいものは参考用の補助資料を作る。
○朝から夕方までの全日研修が数週間から数ヵ月に及ぶ長期の研修であったため，できるだけ飽きることがないように工夫する
○実機での実習においてはできるだけ顧客の実務に近い状況を再現できるように努力する。

8.2.2　インタラクティブな講義

インタラクティブな講義に関しては，まず受講者の名前と顔を研修開始後の1日，2日のうちに覚えてしまい，講義の間はできるだけ細かく，数分ごとに個人名で指名して理解度を確認するための質問を投げかけるようにした。このためには座席表は必須で，最初は座っている順に当てていくが途中から順番を飛ばしたりランダムに当てたりした。これにより筆者の研修では誰一人居眠りをする人はいなかった。この方法は今から考えると単に名指しで当て続けたというだけでなく，受講者から見ると常に講師と1対1のマンツーマンの会話をしているようなもので，適度な緊張と受講者と講師のコミュニケーションを通して親密な信頼関係を築くことができたものではなかったかと思う。

8.2.3　わかりにくいマニュアル

交換機システムと一緒に納入されるマニュアルやドキュメントは，当時は設計者の視点で書かれていることが多く，ユーザ視点からはとてもわかりにくい

ものであり，これが顧客からのクレームの多くの部分を占めていた。通信機器の海外輸出は伝送機器，無線（マイクロウェーブ）機器なども早くから展開されていたが，交換機もクロスバー交換機時代から海外顧客へ納入されていた。NEC がデジタル電子交換機 NEAX61 を1977年に発表して以来，交換機も海外展開が急伸したが，マニュアルやドキュメントの品質は欧米の競合他社に劣っているとのクレームが絶えなかった。これは，通信インフラ機器が我が国において通信事業が民営化される以前は日本電信電話公社（現在の NTT）が基本設計や仕様を決め，ドキュメントや運用のためのマニュアルなども基本設計はメーカーに任せられておらず，そのノウハウ蓄積が乏しかったことが原因ではないかと思われる。その後，顧客のクレーム対策にドキュメントを含む訓練や保守の品質改善活動が本格的に実施され，大幅な改善を見ることができた。マニュアルがわかりにくく，顧客の保守実務に支障をきたすことが明白ではあったが，トレーニングという手段でどこまでそれを補えるかは疑問であった。何故ならば，顧客の現場には訓練を受けていない技術者もおり，彼らにとってはわかりにくいマニュアルだけが頼りだという現実があるからだ。こうした状況の中で，訓練を行う意味があるのか，マニュアルの品質をあげることの方が先決なのではないかというジレンマに常に悩まされた。

8.2.4 飽きのこない長期間研修の苦労

　長期間に及ぶ研修で飽きのこないようにする工夫は，前述した眠らせない講義もあるが，技術的な面だけでなく，トレーニングもお客様へのサービスというような側面もあった。特に日本に顧客技術者を招いての訓練ではその傾向が強かった。訓練期間も必ずしも実務に必要十分な期間が契約されておらず，多くの場合は必要よりも過剰な期間が設定されていた。そうなると当然講師は持て余す時間をどのように工夫して消化するかという，およそ効率とは真逆の工夫を強いられることにもなった。日本の紹介や観光の話題などの知識も必要に迫られたこともあるが，それもこれもビジネス契約履行という側面とは別に，お客様との，ひいては相手国との友好活動の一環として自らを納得させたものである。

8.2.5 ジョブオリエンテッドな実習

デジタル交換機システムは，リアルタイム OS（Operating System）による実時間制御が可能な高速 CPU をもつコンピュータシステムである．ただ，汎用コンピュータなどと異なるのは，加入者電話回線や局間（交換機間）回線をはじめとし，制御用の操作卓（PC のようなもの）や，回線やネットワーク，加入者などのデータ，システム不具合時のバックアップ用データなどの保存のための磁気記憶装置，その他試験用機器とのインターフェースなど多種多量の端末を備えた巨大なアプリケーションシステムであるところである．顧客である海外の通信事業者の現場で実際に商用サービスを開始する直前，敷設工事が終わり，工事試験が始まりシステムがほぼ稼働状態になった時点で，その実機を使った訓練を海外現地で行う．それに先立ち顧客技術者の代表団を日本に招聘し，システムの概要やハードウェア，ソフトウェアの製品関連知識，保守・運用技術などを訓練するのも典型的な契約のパターンであった．

実機を使った訓練も行うわけであるが，問題はその実機である．厳しい契約条件の元，顧客ごとに訓練専用のシステムを用意する余裕もなく，タイミング的にも顧客向けにカスタマイズしたシステムはまだ設計段階であったりする．そういう状況の中，訓練用に使用するシステムは，先行する他のプロジェクトの出荷前のシステムであったり，場合によっては世代の古いシステムであったりすることもあった．後に，マーケットでシェアを伸ばし，事業も安定した頃には訓練センターや訓練専用（実はソフトウェアのデバッグ兼用だったりしたが）のシステムも用意された．

こうした訓練用システムの確保の苦労もさることながら，もっとも苦労したのが顧客の実務環境に沿った訓練をいかにして再現するかという点であった．次項で組織的な訓練改善活動を紹介するが，一人の講師としても，想定できる範囲で顧客の保守・運用実務がどのように行われるかを考慮しながらトレーニングプログラムを組み立てるよう努力した．

8.2.6 講師依存の研修の問題

こうして交換機が海外に進出し始めた初期の段階では講師を兼任で担当する技術者の力量に頼らざるを得ない状況がしばらく続いたが，1980年中盤以降，

表8-1 講師依存型研修の問題と対策

コース要素	問題点	影 響	可能な対策
講師の力量	講師リソース不足から力量十分な講師を常に担当させることはできない。	顧客クレーム。レベルの高い講師の稼働に集中。	①講師の計画的な育成。②現地法人の講師の活用。
訓練カリキュラム・内容	標準化された科目別カリキュラムがなく，講師任せである。	訓練講師の事前プロジェクト情報収集，下調べ，学習時間の増大と講師稼働率の低下。	①訓練カリキュラムの標準化・モジュール化
実機実習	実習に供与できるマシンがない，たりない，時間が短い。	実習不足による技術習得量の不足。同上。	②訓練専用システムの構築
教材（マニュアル，補助資料）	契約納入マニュアルがわかりにくい。ジョブオリエンテッドになっておらず機能説明中心である。	講師の事前学習時間の増大，設計者への問い合わせ時間増加，稼働率の低下。現場で使えない，訓練受けても仕事ができないと顧客の上層部からのクレーム。	③顧客実務現場のタスク分析とジョブオリエンテッドな訓練資料の標準化・モジュール化

　デジタル交換機も量販体制に入ると同時に専任の訓練講師が増えていった。従来からの講師依存型の訓練では，顧客からクレームがついたり，講師変更を要求されたりもして，早急な対策が求められることになった。この状況での問題を表8-1にまとめた。

　こうした問題点が無視できない状況になり，また以前から現場の品質改善活動であるTQC（Total Quality Control）の小集団改善活動も連動し，これまで述べた講師の個人的な改善活動を包含した上で，さらに訓練部門としての組織的な改善活動が展開されていくことになる。

8.3　組織的な訓練効果・効率改善活動

　前に述べた従来の研修の問題点に対し，1980年代後半から1990年代初期にかけて部門での改善活動が活発になってきた。以下に表8-1に示した可能な対策の順に説明する。

① 講師の計画的な育成

　デジタル交換機の海外事業拡大に伴い，従来はほとんど徒弟制度的な先輩訓練講師から後輩へ伝える式の育成であったものを，もっと計画的にかつ効率的に育成する必要が生じた。部内での講習会や，個人別の計画的な育成スケジュールを策定し，育成時間も訓練担当時間（稼働時間）と同様に重要視して全体スケジュールを組むようにした。また，担当可能な科目ごとに個人別の講師認定制度を導入し，個人の力量の見える化を図った。それまではハードウェア専門，ソフトウェア専門，保守運用専門のように担当科目は固定されていたが，マルチスキル化を図り一人の講師が複数科目担当できるように育成した。ただ，担当可能な分野が増えればそれだけ訓練教壇に立つ時間も増え，能力のある講師に仕事が集中することにもなり，その対策として講師負荷の均等化も考慮する必要があった。

② 現地法人の講師の活用

　東京所在の海外交換機事業機能の中の訓練部門に所属する講師は，基本的に少なくとも英語，人によっては英語とスペイン語での訓練が可能であったが，量販体制に入った後は日本人講師の数だけでは足りなくなった。当時ブラジル，コロンビア，マレーシアにあった現地法人の技術者の中から人選し，計画的に東京での講師育成プログラムに参加させて講師を育成した。結果として，東京での招聘訓練で日本人講師が足りなくなった場合の補充として現地法人講師を呼んだり，たとえばブラジルの現地法人の訓練講師をアフリカの顧客サイトでの現地訓練に派遣したり，マレーシア現地法人講師を欧州に派遣したりという具合に，いわゆる講師リソースのグローバリゼーションを強化してトレーニングサービス体制の強化を図った。このことにより，増加する訓練の量に柔軟に対応できる体制を確保できただけでなく，東京や現地各法人の人的リソースを有効活用することができ，東京と各地の人的交流もでき，思った以上の効果を見ることができた。

③ 訓練カリキュラムの標準化・モジュール化

　研修事業・業務の改善活動の中でもっとも重要かつ大変だったのがこの標準

化活動であった。後に1990年代初頭にISDと出会うわけであるが，実はそれ以前から当然の業務改善活動として訓練品質の向上，リソース活用の効率化をテーマに改善活動を推進していた。この当時，訓練設計，デザインの参照リソースとしていたのがITU（International Telecommunication Union：国際電気通信連合）の発行する"Training Development Guidelines"（2015年4月現在で最新版は2001年版）であった。このガイドラインは，国際的な電気通信網の標準化の一環として技術訓練もガイドラインによって標準化を図るという目的もさることながら，電気通信インフラを先進国から購入する開発途上国が不利益を被らないように，システムを適切に運用できるように，そのためにメーカーから標準に準拠したトレーニングを受けられるようにとの趣旨もあった。カリキュラムのデザインから教材の構造に至る細微なものであった。おそらく当時の郵政省によって日本語化されたものがあったと記憶しているが，正直なところ膨大かつ緻密すぎて消化不良になったことを覚えている。

　これに対し，常に顧客と接する訓練部門にいたおかげで，ユーザ視点に立って自分たちの行っている訓練を見直す機会に恵まれた。表8-1にも示したが，顧客の技術者が交換局の現場での実務に合わせた，いわゆるジョブオリエンテッド，タスクオリエンテッドなプログラムにしなければならないという重要な点については早くから気付いていた。

　この標準化の主な作業は以下に示す「標準コースの設定」と「モジュール化」であった。

(1) 標準コースの設定

　対顧客との契約以前に，プロポーザル（見積り）作成時にさかのぼって，標準的なコースを提案するように，営業・SE部門に働きかけて，訓練期間，内容ともにできるだけ標準コースに準拠した内容で契約するよう依頼した。

　プロジェクト契約前後からシステムの商用サービスインまでの流れは図8-2の示すとおりである。

　コースの種類も標準的と思われる以下のコースを設定した。

　　〇システム概要（管理者向け）
　　〇保守・運用（オペレーター，保守者向け）

第8章　技術者研修と教育工学（ISD）

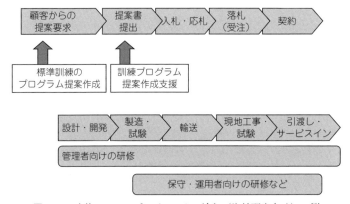

図8-2　交換システムプロジェクトの流れ（海外顧客向け）の例

　○データ管理（局：交換システムのカスタマイズデータの管理者向け）
　○ネットワークプランニング（交換網の計画や設計，機器数算出に至るまでの上級管理者向け）
　○その他

　もちろん，顧客の要望や契約条件などにより必ずしも標準コースだけが契約される場合ばかりとは言えないが，営業・SE部門への根気のいる説得と依頼により，標準コース受注の確率は飛躍的に向上した。

(2) モジュール化
　次に標準化されたコースの中を構成する科目（技術分野別）の標準化，すなわちモジュール化である。訓練用のドキュメント（テキスト）と連動して各コース内の構成要素を標準化・モジュール化し，それぞれに訓練内容の大項目，中項目，小項目を記述し，どの講師が担当しても内容に過不足のないように工夫した。以下に標準的な保守運用コースの構成を示す。
　モジュールの内容（レッスンプラン）の構成は図8-3に示すとおりである。以下にその概要を説明する。

　　大項目：知識型研修の場合は講義で説明する機能の大分類を記述する。保

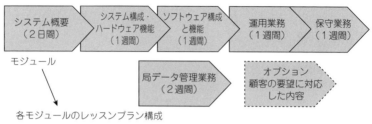

図8-3　保守運用者向け標準コース内のモジュール化構成の例

守・運用などの業務を実習中心に学ぶ場合は現場で想定される業務の大分類を記述する。対応するドキュメントやマニュアルの参照先や，モジュール内でのおおまかな所要時間も規定した。

中項目：知識型研修の場合，業務型研修の場合，いずれも大項目を一段階分解した項目を記述する。大項目同様参照先や所要時間も規定した。

小項目：知識型研修の場合は，実際にシステム，ハードウェア，ソフトウェアの説明のシナリオ要点をリストアップした。業務型研修の場合は実際に独立したタスク，すなわち何らかのきっかけ（タスクの起動要因）があって始まり，何らかの出力（タスク終了要因）をもって終了するタスクのポイントをリストアップした。この小項目には，参照すべきドキュメントやマニュアルのリンク先も記載した。

④ 訓練専用システムの構築

　交換システムは高価な設備である。汎用コンピュータをもしのぐほどのスペースも必要である。顧客向けの訓練実習用に専用のシステムをもつことはコスト面においても相当の負担があることはいうまでもないが，欧米の競合メーカーと比較しても遅れを取っていることを否めない状況の中で顧客サービスの

品質向上の一環として，訓練部門だけでなくドキュメント部門，保守サービス部門の3部門が連携して営業・SE部門と協力しながらさまざまな活動を展開したが，訓練用システムの構築も大きな課題であった．結果としては，ソフトウェアデバッグ，ドキュメント検証用，品質検査用，保守サービス部門要員訓練などの多目的システムとして実現できた．その訓練用システムで中国，東南アジア，西南アジア，中近東，欧米，アフリカの多くの顧客の訓練ができたことは大きな進歩であった．

⑤ 顧客実務現場のタスク分析とジョブオリエンテッドな訓練資料の標準化

　前述の「③訓練カリキュラムの標準化・モジュール化」で触れたが，当初は設計者が書いたドキュメントやマニュアルをベースにしたシステムの機能ベースの説明が主だった訓練は，顧客から実務に役に立たないとの強烈な不評を得てしまい，大幅な見直しが必要となったことはISD導入以前からの課題であった．残念ながら交換機メーカーは，システムの運用や保守の経験がほとんどないに等しい．システム自体は顧客からの要求仕様によって設計製造されるが，システムを運用したり保守したりする，いわゆる「人」の業務については明確には見えていなかった．そこで私たちが行ったことは大まかに以下の内容であった．

　　○システムの機能から想定して顧客での業務の典型的なモデルを描く．
　　○国内通信事業者（NTTなど）のドキュメント資料などを参照する．
　　○国内通信事業者へ直接インタビューする．

　前述した訓練，ドキュメント，保守サービスの3部門連携の品質向上活動により，顧客における実務の具体的なイメージは典型的なタスクモデル群を描くことによってある程度はっきりした．特に保守，運用などの実務主体の講義や実習もモジュール群のレッスンプランは，顧客の現場で想定される業務の分類に応じて，またタスクごとの手順に沿った形で整理した．ドキュメント部門にも保守，運用系のマニュアルについてはジョブオリエンテッドなものにするよう働きかけて，後日顧客からもマニュアルが良くなったとの評価を得ることができた．

国内の通信事業者へのインタビューは，重要顧客とメーカーという立場もあり，かなりの困難を伴ったが諦めずに挑戦しそれなりの成果も得た。もっとも得た成果の中で一番大きかったのは，私たちが現場の実務にいかに疎いかという点であり，大きな反省材料になった。

8.4　ISD との出会いと導入

8.4.1　CRI との出会いと応用

　筆者と ISD との出会いは1990年代初期に，前述した訓練部門の組織的改善活動として訓練カリキュラムの標準化や訓練科目のモジュール化に取り組んでいた時期である。デジタル交換機の顧客である当時のニュージーランドテレコム（ニュージーランド通信庁）の訓練に来日していた通信技術者から，「どのような方法論でトレーニングプログラムをデザインしているのか？　ISD というのを知っているか？」と尋ねられたのがそもそもの始まりである。当時すでに前述した "Training Development Guidelines" の存在とその内容は知ってはいたものの，自らの訓練に活用しきれているとは言えない状態であったので，当時の筆者の上司であったトレーニング部門長が「これではまずい，なんらかの手を打たねばならない。まずは勉強しよう。」ということがことの始まりであった。その時ニュージーランドの技術者から紹介されたのが，ISD が最も普及している米国で著名であったロバート・F・メーガーが提唱していた CRI（Criterion -Referenced Instruction：基準参照型研修開発技法）であった（君島 1995）。

　そこで早速ニュージーランドから CRI をマスターしたコンサルタントを招聘し部門内で学習を開始し，同時にすでに始めていた訓練カリキュラムの標準化や訓練科目のモジュール化と連動し反映していくことになった。当時学んだ CRI をベースにした ISD による研修コース開発のプロセスは表8-2に示すような大規模かつ詳細なものであった（米島 2014）。教育・研修のプログラムをこのような詳細な方法論でシステムとして開発するということに非常に驚いた。

　このシステマティックではあるが精緻なシステム開発の方法論による研修コースの開発を，マニュアル，ドキュメント含めて数十冊に及ぶ大規模な交換機システムの技術者研修に適用するには，かなりの困難があったため，いわゆ

第8章 技術者研修と教育工学（ISD）

表8-2 CRIによるコース開発プロセス早見表

フェーズ	#	開発ステップ	適用	作 業 内 容
分析	1	パフォーマンス分析	▲	研修がマネジメント上の問題解決策になるかどうかを判定する
	2	タスク分析	●	タスクに含まれる一連の作業ステップをフローチャートかリストに描き表す。
	3	ゴール分析	●	抽象的に表現されている目標をパフォーマンスの表現に変換する。
	4	受講対象者記述	●	受講対象者のスキルレベル，特徴，職歴，傾向などを記述する。
設計	5	開発レベル設定	●	CRIの特徴をどの程度コースに盛り込むのかを決める。
	6	目標抽出	●	タスク内の最終目標ごとに従属目標を抽出しスキル階層図を作る。
	7	参加要件設定	●	コース参加時点で受講者が保有しているべきスキルを規定する。
	8	テスト問題作成	●	目標記述通りのパフォーマンスができたかどうかを判定するテストを作る。
	9	教材診断	○	既存の各種教材が目標の達成にふさわしいかを診断し，修正する。
	10	最適実習記述	○	スキル修得，定着のための最適な実習とフィードバックを検討，記述する。
	11	学習内容決定	○	モジュール（学習の単位）に盛り込む学習内容を決める。
	12	学習環境記述	▲	施設，備品，参加形式，参加人数などにつき記述する。
	13	学習提供手段選択	▲	スキル修得のメディア，手段，道具の中から，最も合理的な組み合わせを選ぶ・。
開発	14	学習モジュール作成	○	モジュールそのもの（教材，ツール等）を作る。
	15	コースマップ作成	○	コースの最終目標到達にいたる全モジュールの学習順序関連図を作る。
	16	コース手順書作成	○	受講者向けに，学習手順，ルール，進捗管理方法などを示す書類を作る。
	17	コース管理資料作成	○	コースマネージャー向けに，コース手順に沿ったコース管理ツールを作る。
試作	18	モジュール試行	▲	作成したモジュール毎に期待通りに効果をあげるかどうか確認する。
	19	モジュール修正	▲	モジュール試行の結果に基づいて必要箇所を修正する。
	20	コース試行	○	実際の研究環境で全体を通して試行し，コースとしての効果を確認する。
実施	21	運用指示書作成	▲	コースマネージャー向けに，コース運用の品質維持のための指示書を作る。
	22	コース実施	●	実際の受講者を対象として研修コースを実施する。
改善	23	コース改善	●	実際のコースをモニターし，設計上の基準との差を測定，評価，修正する。

適用度：●必須　○簡略化可　▲省略可　⟷順序はどちらが先でもよい

る「いいとこ取り」で，表にある必須の部分を導入し，訓練カリキュラムの標準化やモジュール化に活用した。

8.4.2　国内企業への ISD の展開

　こうして ISD を自部門の研修に活用するとともに，徐々に CRI を深く学んで行くうちに，当時の国内産業界での技術者研修を見渡してもまだこうした方法論，つまり教育や研修をシステマティックに設計するという発想は普及していないのではないかということに気づいた。自分たちだけで使うのはもったいないし，また当時少しずつではあるが顧客向けの研修事業が伸び悩み始めたこともあり，CRI そのものを国内産業界に紹介していこうと思い立った。研修技法の紹介が大きなビジネスになるとは思えなかったがわずかでも新しいトレーニングサービスビジネスの可能性を試す意味もあり，CRI による研修コース開発のワークショップを日本語化し，国内企業に紹介するべく挑戦を始めた。

　当時 R・F・メーガーの CRI 関連のテキストや著作物を販売していた米国の研修コンサルティング会社である CEP 社（The Center for Effective Performance, Inc. 後に CEP World Wide）と日本語化のライセンスを契約し，当時の所属部門の数名で翻訳を行い，ワークショップの準備を進めた。

　CRI ワークショップの準備が終盤に入った頃，1994年11月にはコース運営を行うコースマネージャーの実習と資格取得のため，筆者と同僚数名で提携先のコンサルティング会社の主催するワークショップにジョージア州アトランタへ出張した。そのワークショップでは，米国内外から集まった企業内研修担当者が多数参加しており，米国人コースマネージャー指導のもと，完全なセルフペース型（個別学習型）のワークショップ運営のノウハウを学んできた。

　大手自動車メーカーなどからの強い要望もあったので当初の予定を数ヵ月も早めてわが国初の，第一回目の CRI ワークショップを1996年2月に開催した。これ以降，年に数回のペースで CRI ワークショップを開催していき，参加した企業は数多く，大手鉄道会社，電気通信会社，コンビニエンスストア大手企業，いくつもの教育ビジネス企業，旅行社，IT 企業，複写機製造会社など数十社に及ぶ。参加人数も数百名に及んだ。その後残念ながらグループ内企業

の編成変更などにより CRI ワークショップの開催は途絶えたが，別の形で筆者らによって継続，受け継がれていくことになった。

当時たまたま e ラーニングブームとも同期して，e ラーニング化するのは良いが，肝心の教育内容（コンテンツ）がうまく設計されていないと e ラーニングの効果がうまく発揮できないという理由もあり，CRI ワークショップに参加した数多くの教育担当者が所属企業に持ち帰って広めるだけでなく，さらに他の企業にも展開していくという大きな動きにつながったのではないかと自負している。

8.4.3 学会・研究団体での ISD の普及

国内企業での ISD，CRI の普及とは別に，筆者らは教育関連の学会や研究団体にも参加して ISD の必要性や有効性を訴えた。筆者が所属したのは以下の団体である。
　　○ソフトウェア技術者協会（教育分科会）
　　○教育システム情報学会（企業内教育研究会）

いずれの研究会でも企業の教育担当者や，大学教員と情報交換し相互に研修のデザインや設計の苦労話を交わした。

1998年6月には，ISD を基本とする教育工学の研究者を招き，前記の2団体共催で「インストラクショナルデザインのシンポジウム」を開催した。以降，筆者は主にソフトウェア技術者協会の教育分科会をベースに，企業関係者や大学をはじめ学校教育関係者に ISD を紹介している。

8.5 技術者研修に ISD を適用する際のポイント

8.5.1 技術者研修に ISD を適用する目的

技術者研修に ISD を適用する目的は，実務に即戦力となる技術遂行能力を求めるためであり，これは技術者研修に限らず他の営業職や事務職，あるいは管理職，経営者向けの教育に対しても同様である（鈴木 2015）。業務遂行能力を習得させるためには ISD は適切であるだけでなく必須である。そうでない

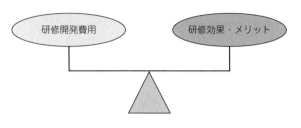

図8-4　研修の経済性の天秤

場合,つまり具体的な目標や目的が曖昧で,著名人の講話を聞かせるとか,慰労会的な意味で社員を集めて社員同士の親睦を深めるなどといった場合にはISDの必要性はほとんどない。せいぜい周到な式次第やプログラムに工夫を凝らす程度で十分であろう。

8.5.2　ISDを適用する人的・時間的コスト

　ISDは教育・研修を対象にしたシステム開発であるから,当然のごとくそのデザインプロセスは論理的で構造的かつ精緻なものである。研修の分析,設計,開発,試行,実施,改善のプロセスを経て研修システムを作り上げるには,それ相当の人的リソースと時間及び費用がかかることはいうまでもない。複数の人を前に適当に思いつきで何かを話したとしても教育として扱われることもある。講師の経験と勘を頼りに,毎回同じ繰り返しで古びた講義メモで多数の受講者を不特定多数の集団と見て,ひたすら一方的に喋るだけの講義もまた教育として扱われる。そうしたやり方が一般的だと思っている教育担当者から見ればISDによるコース開発が非常に手間暇のかかるものであり,取り組むのが大変だと思われるのは致し方のないことである。要は教育・研修の目的次第であって,最終的に受講者にコース修了後に何を期待するかによるのである。

　研修に求められる価値と研修の開発に要するコストを天秤にかけて,「価値＞コスト」となればISDを用いて研修をデザインする意味はある。仮にそうでない場合でも,たとえコストがかかっても実際の価値以上に,金銭には替えられないニーズがあるならばやはりISDの必要性はある(図8-4参照)。

研修におけるコスト意識は意外と忘れ去られがちであるが，何のために行う研修であるのかを意識して，開発費用だけでなく実施のための費用，受講者の時間を拘束することにより発生する費用も含めて経済性を考慮する必要がある。また ISD では，研修終了後に求められる受講者の学習成果としての行動の質や程度，精度に応じて，デザインの緻密さも柔軟に変化させることも可能としているので，目的やニーズの状況に応じて適切な適用を検討すべきである。

8.5.3　コース開発プロセスごとのポイント

ISD によるコースデザインの詳細は他の文献に譲るとして，前述の「表8-2　CRI によるコース開発プロセス早見表」に示した ISD のプロセスを簡潔にまとめ，それぞれのポイント示す（米島 2014）。

① 模範となる技術者の業務上の行動を描き出す

具体的に研修によって習得してもらいたい知識，技能，態度（以降スキルと呼ぶ）はどんなものかを見極めるには，模範となる現存のベテラン技術者をモデルにしてその実務上の行動を分析するのがもっとも手っ取り早い方法である。必ずしもそうしたベテランが理想の仕事ぶりを発揮していないかもしれないので，最新の技術力を活用しているかどうかは確認する必要はあるが，実務上に必要十分なスキルを洗い出して，若干の見直しと技術の最新化を確認すれば良い。実務を離れて非現実的な理想を追うだけでは研修終了後実務に戻っても仕事が出来るかどうかは保証の限りではない。個人の実務は職場の組織環境の中で社会的活動として遂行される場合がほとんどであるからである。研修の場で習得するスキルと，実務上で求められる遂行能力との間にはいくら ISD によって精緻な研修デザインを行ったとして，両者の間には相当のギャップがあることは覚悟しておかなければならい。それを少しでも埋めることがコースデザイナーの腕の見せ所でもある。

② 実務を遂行するために求められる知識，技能，態度を抽出する

これは，いわゆるタスク分析と呼ばれる手法で，一般的には時間的にリニア（直線的）に作業が流れる場合はフローチャートに，作業が状況によってラン

ダムに順番が前後して行われる場合はタスクリストに書き表して実務がどのように遂行されるかを描き出す作業である。

　タスクの実態が明らかにされたら，次にそのタスクの中の一つ一つの作業を行うために必要とされるスキルを抽出していく。重要なのはベテラン技術者の頭の中にある判断行為，複雑な知識を駆使して状況を判断する行為である。これを見逃さないように観察したり直接インタビューしたりして見いだすことが非常に重要である。

　また，抽出された個々のスキルごとに，習得できたかどうかを正確に判断するための「目標」を記述する。ここでいう「目標」とはISDの専門用語であり，スキルを習得した結果できるようになってもらいたい「行動」と，それを行う上で与えられる環境やツールなどの「条件」，その行動が行われる際の出来具合，量，質，所要時間などの「基準」の3要素で記述されるものを意味する。詳しくはISD関連の文献（鈴木 2002など）を参照されたい。

③ 抽出されたスキルをまとまりの良い学習単位（モジュール）にまとめ，段階的に学べる最適な学習経路を決める

　タスク分析から抽出されたスキル群は相当な数になるが，それらについて難易度を考慮して，可能で最適な学習順序と経路を決める。受講者全員が一斉に同時に進捗するスタイルの研修では必要性は高くないが，個々の学習者の既得スキルのレベルにより，それぞれに最適なペースで学習が可能なセルフペース型研修では，この学習経路の策定が非常に重要となる。難易度だけでなく，スキルの前提関係からも無理のない矛盾のないスモールステップで学習していける学習経路のデザインは研修の品質や経済性を決める上でも最も重要な工程である。

④ 学習単位（モジュール）ごとの学習教材を設計，開発する

　一つの学習単位として整理されたモジュールの典型的な構造を表8-3に示す。

第8章　技術者研修と教育工学（ISD）

表8-3　典型的な学習単位（モジュール）の構造

ページの目安	ユニット	内容
1	モジュール No. と名称	わかりやすい番号と，名称，略称などを決める。
	到達目標	第2章設計フェーズ「②目標抽出」で記述したこのモジュールの目標を転載。
	判定テスト（の紹介）	完全対応する判定テストを設計する。
	教材，参考資料の紹介	モジュール内で参照する資料，リソースを列挙する。
2	動機付け	概要をスケッチする。
	パフォーマンスデモ	デモの種類，概要をスケッチする。
	学習順序・要領	ポイントをメモしておく。
3	学習項目1	
	解説	内容の概要をリスト。
	参照指示	参照先をメモ。
	ドリル	確認必要なポイントをリスト。
	ドリルのフィードバック	回答，診断，指示などのポイント。
4	学習項目2	
	解説	同　上
	参照指示	
	ドリル	
	ドリルのフィードバック	
n		以下繰り返し
最終-2	最適実習	第2章設計フェーズ「⑦最適実習記述」をそのまま組み込む。
最終-1	判定テスト	判定テストの概要をスケッチする。
最終	判定テストのフィードバック	フィードバックの種類，方法，ポイントをメモ。

⑤　学習単位（モジュール）ごと，コース全体の試行を行い，不具合を修正する

　　できあがった学習単位（モジュール）一つ一つを，実際の受講者集団にできるだけ近いモニター受講者を対象に，そのモジュール学習を設計通り行うことが可能か，どこか不具合や無理な学習ステップのギャップがないかなどを確認する。その上で，可能であれば実際の受講者に近い規模でコース全体を通して

テストすることも有効である。特にお客様のトレーニングなど，有償無償にかかわらず責任が強く求められる研修では必須である。

⑥ コースを実施し改善のための情報を収集する

学習単位（モジュール）の単体テストやコースの試行でも行うが，実施中に実際の受講者から指摘されたり，コース担当者が自ら気づいたりする不具合などは，次回実施前にコース設計やデザインにフィードバックする必要があるので収集記録しておく。コース改善の重要な鍵となるので漏れなく記録することが大切である。

⑦ コースを改善する

ISDによるコースデザインでは分析，設計，開発，試行，実施，改善の各フェーズとその中の各プロセスでアウトプットされるドキュメントが残る。コース改善に際してはコースのテキストや受講者が手にする教材だけを修正するのではなく，設計段階から作成したドキュメント上に更新履歴を残して修正することが必要である。このことにより，研修がシステムとして機能することになり，修正や改善が誰の手によっても容易にできるようになる。

8.6 おわりに

技術者研修に限ったことではなく，教育・研修のデザインにシステマティックな技法であるISDを適用する際にもっとも注意すべき点は，強力なリーダーシップを発揮して研修改善のプロジェクトを牽引する推進者が必要なことである。担当者レベルの孤軍奮闘では効果的・効率的な研修開発から実施，改善に至るPDCAサイクルを回すのはおそらく困難であろう。理想的なのは，経営者，事業部門長の指導もしくは承認のもとで，ISDを良く理解したマネージャーがリーダーとなり，複数のメンバーから構成されるチームで設計から運営，改善の一連のプロセスを回せることである。

非常に注意すべき点は，例外はあるものの一般的には，教育部門やそこで長年講師を勤めている講師達はどちらかというと保守的で現在のやり方を変えた

表8-4 ISDの適用レベル

段階	レベル	説明
準備	1	ISDの効果, 利点を説明したり, 事例を見せたりして理解者, 協力者を得る, 増やす段階。
導入	2	ISDの特徴の一部をコース開発, 実施に採用してみせたり, もらったりして効果を体験してもらう段階。
適用	3	本格的にISDによるコース開発を行う。ISDの特徴のうち主要なものを最小限度適用して開発を行う。
	4	レベル3に加え, 受講者の参加要件を確認したり, 受講者への個別フィードバックを提供する。
	5	レベル4に加え, 個人の学習進捗を自分で決めたり, 教材の選択幅があったり, より受講者個人の適正に合わせた学習環境を提供する。

なくない傾向があることだ。そうした状況で，一見手間暇がかかりそうなISDという新しいツールを持ち込んで浸透させようと思うと，必ずやそうした守旧派ともいうべき反抗勢力が頭をもたげて，ISDの導入に対し反対を唱えるものである。筆者の経験からもいくつもの企業や組織で起こった事実である。あるメーカーの研修センターのトップとマネージャークラスのISD推進者が中心となって一時期はセンター全体の研修を改善しようという動きにまで盛り上がり，実験的にいくつもの研修コースが新たにデザインし直されて，受講者からも，担当教官からも絶賛された。にもかかわらず，それを快く思わない反対勢力の政治的な策略によってセンターのトップをはじめとする改革の担い手たちが異動させられてしまうといった最悪の事態を招いたこともあった。これは極端な例ではあるが，いずれにせよISDの導入に際しては，段階的に，周囲の理解者を増やしつつ，慎重に行う必要がある。こうした苦い経験を数多く見てきたCRI提唱者のメーガーもこの点を考慮し，CRIの適用レベルとして表8-4の段階を踏むと良いとしている。

　ISDだけに限らず，すべての改善のための活動は，それを推進するための相当なエネルギーとパワーが必要である。しかしそれ以上に，ISDの目的は一人一人の受講者が確実に最適な学習コストと努力によって，できるだけ効率的で，かつ快適に所定の技術スキルを修得できるようにコースをデザインすることである。それにより個人だけでなく組織としての目的を実現することに目

的があるということを常に認識しておく必要がある。

参考文献
稲垣忠・鈴木克明（2011）『教師のためのインストラクショナルデザイン』北大路書房.
君島浩（1995）『新時代の研修技法』マネジメント社.
鈴木克明（2002）『教材設計マニュアル——独学を支援するために』北大路書房.
鈴木克明（2015）『研修設計マニュアル——人材育成のためのインストラクショナルデザイン』北大路書房.
米島博司（2014）『ISDの基礎』パフォーマンス・インプルーブメント・アソシエイツ.

第 9 章

職業人教育の認定評価

筧　捷彦／樽松　明

　産業構造が知識社会に向けて大きく変革している中で，職業人として社会で仕事に従事するための教育としては，基礎学力やその分野の専門知識を学習して，知識の理解と知識を活用できるスキルを身につけることが必要とされる。これに加えて，実際に仕事を遂行できる有効な実践力が求められる。このため，職業の業態や仕事の進め方に合わせて，情報化技術を使った多様化する教育環境のもとで，国際的にひろがった多様化した教育が行われている。その際，職業人教育のための教育の質の評価が重要となる。

　この章では，まず，職業人に求められる必要な能力について，多方面から示されているいくつかの考え方を示し，次に，職業人教育を推進し，必要なスキルを習得させるための枠組みであるスキルフレームワークについて主なものを示す。ついで，職業人教育の中で，業務を遂行するための実務能力についての質評価の概要を示す。最後に，実務能力認定機構で行っている講座（コース）単位で実際に行っている実務能力の評価の仕組みと方法を示す。

9.1　職業人のための必要能力

9.1.1　産業界が期待する人物像

　人材について，最近の企業からの共通的に強い要望は，企業や社会で活躍できる実践力があり，従来型の社会を変革するイノベーション可能な能力を有することである。新しい価値を生む製品・サービス・ビジネスモデル・社会システムを考え出す可能性が高い能力を培うことが挙げられる。イノベーションを創出できるようになるためには，専門知識だけでなく，実務的な能力と課題発見・解決力，社会ニーズの把握力，物事を深く考える能力，システム思考など

図9-1 職業のための効果的な教育——スキル,行動,知識の関係

の社会的能力が不可欠であり,柔軟な応用力を身につけさせることが望まれる。

さらに,実際の仕事の場面でよく出てくる明確に定義されていない実際的な問題に対して,体系的かつ批判的な流儀で対処し,適切な行動の道筋に到達することが必要である。

① 企業が求める雇用適性

企業が求める雇用適性は,「知識」「関係分野の実践可能なスキル」「問題解決能力であるメタ認知」であるといわれている。ここで,メタ認知とは,何が問題となっているかを明確に理解できる能力であり,知覚や記憶や理解などの認知活動を評価した上で制御することである。これによって問題を解決するための適切な行動を遂行することができる。言い換えると,職業のための効果的な教育は,知識,スキル,行動の3つの側面からそれぞれの分野での能力習得が行なわれる。知識は,関わりがある事柄を十分に理解していることであり,スキルは,実際に行うための実務的な能力を有することであり,行動は,適切な時に適切な方法で実際に行うことができることである。図9-1に示すように,知識,スキル,行動は相互に関係がある。

② 職業人として必要とする能力

最近の企業や社会の国際化や情報化に対応でき,自ら現代社会を構築していく力量を備えた人材が要求される。米国に本拠地をもつ国際教育工学会(ISTE)では,学生に21世紀に要求される人間像を ISTE 標準として提示している(坂元 2008 ; ISTE 2007)。これは,表9-1に示すように,21世紀のグローバル化しデジタル化した社会で職に就き有効に生きるために,学生が学習して備えるべきスキルや知識を示したものである。

また,米国労働界では,専門職を養成する必要性から,新規採用者について要求する能力を調査したところ,重要性が高いものとして,批判的思考力,創造性・革新性,外国語能力が挙げられている。

第9章　職業人教育の認定評価

表9-1　ISTE 全米教育技術規準（学習者用）

創造性とイノベーション	・新しいアイディアや手法の創出 ・創造的作品の創作 ・モデルやシミュレーションを用いて複雑なシステムを探究 ・傾向を見つけ可能性を予測
コミュニケーションと協調	・デジタルメディアを使って，仲間と関わり，協働し，表現 ・多様な相手に情報や考えを伝達 ・異文化の学習者と関わり，文化理解とグローバルな気づき ・独創的な仕事や問題解決のためにプロジェクトチームに貢献
研究と情報処理の流暢さ	・探究のために計画立案 ・多様情報を位置づけ，構造化，分析，評価，総合化し活用 ・情報ソースやデジタルツールを，対象課題への適合性を判断し選択 ・データを処理し，結果をレポート
批判的思考，問題解決，意思決定	・本質的な問題や意味のある質問を特定して明示 ・解決を推進し，プロジェクト完成のために，活動を計画し統括 ・解決を導出し情報に基づく判断のために，データを収集し，分析 ・別の解を探るために，多様なプロセスや多角的な見方を活用
デジタル社会における市民性	・ITの安全，合法，責任ある活用を推奨し，実践 ・協働，学習，生産性向上を支援する技術活用の方向に積極的に対処 ・生涯学習への個人としての責任 ・デジタル市民のための指導性を発揮
技術操作と概念化	・技術システムを理解し，活用 ・アプリケーションを効果的に選択し，活用 ・システムやアプリケーションの不具合の検出 ・新しい技術の学習に現知識の活用

③ 21世紀パートナーシップ（米国）

　米連邦政府関連の21世紀向け技能のための連携プログラム（Partnership for 21st Century Skills）は，政府，教育界，産業界など関係する多様な人々の協力のもとに組織されている。産業界を含めてさまざまな意見をくみ上げて，すべての学生が21世紀の社会人ならびに職業人として確実に備えるべき教育のビジョンを明らかにし，大学レベルのスキル実現ガイドが示されている（P21 2007）。図9-2に連携プログラムが作成している21世紀型学生の達成能力の中身を示す。達成能力技能項目としては，語学や社会，科学などの基礎共通のコア教科，および学際内容として，グローバル意識，財務・経済・産業および企

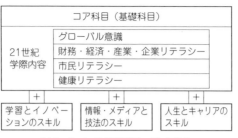

図 9-2　21世紀型学生の達成能力

業リテラシー，市民リテラシー，健康リテラシーについての項目を提示している。さらに，これらの内容を活かす技能として，学習とイノベーションスキル，批判的思考と問題解決のスキル，情報・メディアと技法のスキル，人生とキャリアのスキルの3項目を取り上げている。

　実際に，グローバルに展開する企業にとって雇用者が求めるグロースバリューとして，具体的に次の5つが挙げられている。(1)外部指向：市場，顧客ニーズなど外部の動向を正しく把握しながら行動をとらえること。(2)明快でわかりやすい思考：分析力とコミュニケーション能力。(3)想像力と勇気：新しいアイディアを思いつき，声を出してそれが言えること。新しいものにつきものであるリスクをとること。(4)包容力：多様性を積極的に受け入れ，異なる意見にも耳を傾け，周りを鼓舞し，巻き込んでチームワークを推進する力。(5)専門性：業務としての専門性とテクノロジーを理解する能力。これらには，知識，スキル，メタ認知に関連するものが含まれていることがわかる。

9.1.2　社会人としての基礎能力

　職場や地域社会の中で多様な人々とともに仕事を行っていき，発展して自律的な態度で課題解決へ挑戦するために，コミュニケーション能力や実行力，積極性などの能力を養うことが必要である。経済産業省では，大学卒業生が社会人としてビジネスを遂行するために備えているべき必要な基礎的な能力を社会人基礎力として，「前に踏み出す力」（アクション），「考え抜く力」（シンキング），「チームで働く力」（チームワーク）の3つを基本としている（経済産業省 2010）。

第9章　職業人教育の認定評価

社会人基礎力の具体的内容は，図9-3の通りである。「前に踏み出す力」（アクション）には，主体性，働きかけ力，実行力がある。「考え抜く力」（シンキング）には，課題発見力，計画力，創造力がある。「チームで働く力」（チームワーク）には，発信力，傾聴力，柔軟性，状況把握力，規律性，ストレスコントロール力がある。

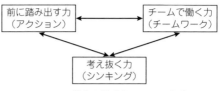

図9-3　社会人基礎力の3つの能力

特に，人と人のつながりを意識してグループでチームワークをとりつつ協働で作業して，洞察や分析を深める新しい知識を生み出す力を養うために，「ロジカルシンキング」「クリエイティブシンキング」「プレゼンテーション」「ネゴシエーション」「ファシリテーション」「リーダーシップ」の基本を身につけることが必要であるといわれている。また，グローバルに仕事を進める機会が多くなることに対処するために，異文化を理解し，世界のビジネスパーソンに向けて自らの考えをしっかりと伝えることができるというコミュニケーション力が不可欠である。

9.1.3　職業人を育成する実務教育

職業人を育成する実務教育や職業に結びつく専門教育は，社会で職業人として働けるためのニーズにマッチするように，観点をふまえて実施することが重要である。

職業人教育の主眼は，提供されるプログラムを学習しその職業を遂行するための専門知識を獲得して，専門家としての基礎を確立することにあるといわれる。学習者としては，包括的でその分野の適切に役立つ知識を得ることができ，関連付けられた基本事項を精しく調べ活用する能力を獲得できることが求められる。

実務的な内容の有効な学習手法として，デザインワークショップなどの手法を導入し，適切な実際的な課題を設定して，学生が自ら参加・体験し共同で学びあいアイディアを創り出すことにより，センスを磨く訓練を積むことが有用となる。実践力の習得には，学生が主体的にチームで取り組み解決策をまとめ

ていく実践型キャリア教育プログラムの展開が有効である。職業人のための実務教育は，実務に必要なスキルを習得するために，実際に即した学習（Practice-based learning）が効果的である。実習を伴う学習（Work-engaged learning）は，これによって得られる能力が企業サイドから要求されるものによく適合するように実施される。

9.2 スキルフレームワーク

9.2.1 ヨーロッパ共通資格フレームワーク（EQF）

EUでは，ヨーロッパ共通資格フレームワークEQF（European Qualification Framework）として，資格レベルを定義している。職業に関する資格取得に必要とされる学習成果を，知識と技能（スキル）と能力（コンピテンス）の3つの項目に類別し，それぞれを達成の難易度に応じて8つのレベルに分けて定義している。関連つけた学習アウトカムを示す記述が示されている。これは，大学をはじめとする教育の目標として参照される。

知識とスキルとコンピテンスの項目についての定義の概要を表9-2に示す。

9.2.2 情報分野のスキルフレームワーク（SFIA）

情報化社会が進展する中で，イギリスでは，世界の情報技術で働く管理職や専門家のための有用なツールとして，共通のフレームワークSFIA（Skill Framework for Information Age）が作成され，広く活用されている（SFIA 2011）。学生が職業や就職先を選択する場合，簡単で一貫性のあるスキルを表すフレームワークが必要であると認識された。SFIAでは，ITベースのスキルが，一貫性をもち，明確に定義するための基となる共通の言葉と道具となるように構築されている。SFIAには，組織での仕事の進め方に加えて，能力開発，能力向上，能力発揮の際に必要な専門的なスキルが記述されている。さらに，これには，IT分野における仕事と役割に必要なスキルの正確な記述がされている。

SFIAは，学会や有力企業の専門家の意見を反映し，実業界の協力のもとに作成され，実際面の多くのニーズにこたえられるようになっている。全体の枠組みは，仕事の責任のレベルを表9-3に示す7段階に設定して構成されてい

第9章　職業人教育の認定評価

表9-2　ヨーロッパ共通資格フレームワーク

レベル	知識 (理論的かつ実務的なもの)	スキル（技能） (認知的，実践的な面)	コンピテンス（能力） (責任と自主性)
レベル1	基礎的な一般知識	単純な作業のための基礎的な技能	組織の中で，直接の監督指導を受けながら作業実行
レベル2	基本的な実務知識	単純な手法を使い，日常的業務を行なえる基本的な認知的・実務的技能	ある一定の自主性を持って，監督指導を受けながら作業実行
レベル3	実務，原理，プロセスおよび一般概念に関する知識	基本的な選択・採用して手法を使い，問題解決と業務遂行をするための認知的・実務的技能	職務遂行のための責任を持ち，問題解決に際して，自己の行動を適応
レベル4	幅広い実務的，理論的知識	特定な問題に解決策を見いだせる認知的・実務的技能	予測可能な業務において，ガイドラインのもとで自己マネジメント
レベル5	包括的，専門的，実務的および理論的知識	抽象的問題に対する創造的解決の開発のための包括的な認知的・実務的技能	予測不可能な変化を生じる業務のマネジメントと管理
レベル6	複数の理論と原理の批判的理解を含む高度な知識	専門化された分野において，複雑な問題の解決のための熟達の革新を伴う高度な技能	複雑なプロジェクトをマネジメントし，予測不可能な状況における意思決定に責任
レベル7	高度に専門化された知識	新たな知識や手法を開発し，研究あるいは革新を要する専門化された問題解決の技能	複雑で予測不可能な戦略的アプローチを要する業務状況をマネジメントし，チームの戦略的パフォーマンスに責任
レベル8	もっとも高度な最先端における知識	最も高度な専門化された技能と技術。統合を行うかを含む技能	実質的な革新と学術的な統合の実践と，最先端において新たなアイディアやプロセスの開発に持続的な実践

る。各レベルは，全般，影響度，複雑さ，ビジネススキルの4つの項目で詳細に内容が記述されている。2001年にリリースし，2011年には，Version 5 ができている。

　IT 専門の能力は，プロフェッショナルのスキル，行動的なスキル，知識の組み合わせからなる。経験と資格は，全体的な能力を証明するものとなる。

表9-3 SFIAの職務の責任のレベル

レベル	職　　務
7	計画を策定し鼓舞して実行に移すことができる
6	影響力をもって新しいことを開始できる
5	確実性をもってでき，助言ができる
4	一人前にできる
3	複雑なことを応用力を発揮してできる
2	上の人を助けながらできる
1	言われたことができる

スキル内容は，6つの職種カテゴリー（戦略とアーキテクチャー，ビジネス変化への対応，ソリューション開発と実装，サービス管理，調達と管理支援，顧客インタフェース）に分けられている。各カテゴリーをサブカテゴリーに細分化し，各サブカテゴリーについて，必要とされるレベルとそのレベルの職務を遂行するのに必要なスキルを記述している。

たとえば，ソリューション開発と実装のカテゴリーは，サブカテゴリーが3つあり，システム開発，ヒューマンファクター，インストールと統合化にわけられる。システム開発の中のデータ解析のスキルはレベルが2からレベル5まであり，レベル2の記述は，「データ分析及びデータモデリング技法を，データ構造とその関連コンポーネントの確立，変更，または維持するために適用する。」と示されている。表9-4に，スキルフレームワークの一例を示す。

9.2.3 iコンピテンシーディクショナリー

わが国のIT分野の代表的なスキルフレームワークとして，情報処理推進機構（IPA）によりITスキル標準が作成され，さらに発展し統合化して2014年にはiスキルコンピテンシーディクショナリーとして整備されている（情報処理推進機構 2014）。

これは，IT分野の仕事（タスク）にはどのようなものがあるかを定義したタスクディクショナリーと，仕事を遂行するために必要な素養を体系的に記述したスキルディクショナリーの2つからなる。それぞれの要素項目が相互にひもづけされている。

タスクディクショナリーは，ITを活用したビジネスのライフサイクルの中で業務化される戦略，企画，開発，利活用，評価・改善のビジネスタイプからなる計画・実行を担うタスク群，タスクを効率的に遂行するための管理・統制するタスク群，他のタスクの実施を推進・支援するタスク群からなる。各タス

表9-4 SFIA スキルフレームワークの一例

カテゴリー	サブカテゴリー	スキル	レベル						
			1	2	3	4	5	6	7
ソリューション開発と実装	システム開発	システム開発管理					○	○	○
		データ解析		○	○	○	○		
		システム設計			○	○	○		
		ネットワーク設計					○	○	
		データベース設計			○	○	○		
		ソフトウエア開発		○	○	○	○		
		アニメーション開発			○	○	○		
		安全性技術			○	○	○		
		持続性技術				○	○	○	
		情報コンテンツ著作権	○	○	○	○	○		
		テスト	○	○	○				
	ヒューマンファクター	ユーザー経験分析			○	○	○		
		人間工学的設計				○	○	○	
		ユーザ経験評価		○	○	○			
		ヒューマンファクタ統合化					○	○	○

クは細かく分類されていて，それぞれの仕事の機能と役割を表す評価項目が記述されている。たとえば，ソフトウエア要件定義の中の「インタフェース要件の定義」のタスクでは，「受け渡しデータを抽出する」など5つの評価項目が示されている。

　スキルディクショナリーは，スキルの特性に基づき，メソドロジー，テクノロジー，関連知識，IT ヒューマンスキルの4つのカテゴリーに分類されている。各スキル項目について，スキルを達成するために必要な知識項目が示されている。たとえば，ソフトウエアの基礎技術のスキルでは，ソフトウエア構築の基礎知識，ソフトウエア設計の基礎知識，プログラミング基礎技術ほかのスキル項目について知識項目が詳細に示されている。

　このiコンピテンシーディクショナリーを教育に利活用する場合，教育機関の学習育成プログラムの目標やねらいと実施内容を，iコンピテンシーディク

ショナリーの項目を参照し選択して構成することができる。

9.3 実務能力教育の質保証

実務能力の質保証は，教育を実施する高等教育機関ないし，職業教育や専門学校，さらに，初等・中等教育にわたる一般に共通したものが多いが，ここでは，主として，大学レベル以上の高等教育に主眼を置いた実務能力教育の質保証について述べる。

9.3.1 高等教育の質保証

グローバル化の進展に伴う新たな教育スタイルの進展に対応し，高等教育の質の保証に関する枠組みをもつことが認識されている。この枠組みは，質の高い高等教育が国際的に展開されることを促し，高等教育の国際化の恩恵を受けるとともに，学習者を質の低い教育から保護する働きをもつ。

高等教育の質評価の方法としては，一般的に，教育課程，学習・教育の実施，教育組織，教育環境・学生支援などの教育手段，目標の達成評価が挙げられる。必要な知識やスキルを習得しているかどうかということと，継続的に高度な仕事に従事できるかどうかが評価される。仕事への従事能力については，その学習課程や教育方法が，学生の学習を向上させ，知的専門能力を向上させ，就業やキャリア開発に役立つかどうかで評価される。コミュニケーションや社会的適応能力については，学習者が社会で貢献できるに足る能力を具備させられるかどうかが評価される。

学習結果の評価（assessment）の方法は，期待するスキルを習得しているかをチェックできるよう適切でなければならない。すなわち，学習者が行った学習成果の質が大丈夫かを評価するものでなければならない。たとえば，問題解決については，実際の世界の問題では，予測不能なことが起こる，区分が不明確で複雑で混乱している，不完全な情報のもとで対処しなければならない，など取り扱いが難しい問題を含んでいる。このため，このような問題の解決のための訓練，学習には工夫を要することが多い。

高等教育の質保証については，大学などの機関単位の質保証，教育プログラ

ム単位の質保証，講座（コース）単位の質保証の別がある。

　教育の国際化が進む中で，高等教育を提供する大学や教育機関の数が多くなり，また，学生や雇用される者が国を超えてモビリティが増して多様化しつつある状況にあって，高等教育の質を評価し，質保証の機関が連携を持って対処する必要性が高まっている。教育の質保証の改善努力の情報を共有し，高等教育の質を向上させるために，INQAAHE（International Network for Quality Assurance Agencies in Higher Education）という国際的なネットワークが構築されている。我が国でも，大学評価・学位授与機構，大学基準協会，実務能力認定機構がメンバーとして，活動に参加している（INQAAHE）。

9.3.2　教育機関単位の質保証

　大学単位の教育の質保証は，その大学の教育が，学生ならびにステークホルダーのニーズに合っているかどうかを評価し，審査している。大学における教育，研究運営管理，財務など全般について包括的に評価することを通じて，大学の教育・研究等の質を社会に対して保証している。

　教育方法の評価は，授業形態などの教育方法および学習指導，授業内容の明示と充実，成績評価の方法，成果の検証と改善努力などの項目について審査される。文部科学省の設置基準に従って設立されている大学等の教育機関は，一定期間ごとに認証評価機関による評価を受けることによって，質評価を行うことになっている。これにより，大学等の質を保証することになる。大学等の教育機関の認証評価機関には，大学基準協会，大学評価・学位授与機構，日本高等教育評価機構の3つがある。

　大学等の教育の質の向上を図るため，教育内容および方法について，基準と観点により評価が行われる。大学評価・学位授与機構の大学評価における学士課程における基準の一部は以下のようになっている（大学評価・学位授与機構）。

　教育課程の編成と実施方針については，教育課程の編成・実施方針（カリキュラム・ポリシー）が明確に定められ，それに基づいて教育課程が体系的に編成されており，その内容と水準が適切であること，および，教育課程の編成または授業科目の内容がニーズにマッチしていること。教育課程の実施方法については，教育課程を展開するにふさわしい授業形態，学習指導法等が整備さ

れていること，および，教育の目的に照らして，講義，演習，実験，実習等の授業形態の組合せ・バランスが適切であり，それぞれの教育内容に応じた適切な学習指導法が採用されていること。学習の評価については，学位授与方針（ディプロマ・ポリシー）が明確に定められ，それに照らして，成績評価や単位認定，卒業認定が適切に実施され，有効なものになっていること（大学評価・学位授与機構「大学評価基準」）。

9.3.3 教育プログラム単位の質保証

専門分野の学科あるいはコースに相当する教育プログラムについて，分野や対象に適した認証評価が行われている。分野別の高等教育機関の認証評価は，専門職大学院の教育課程や教育研究状況の評価が行われている。

工学系の教育プログラムに対しては，国際的に通用する技術者の育成を推進するために，国際的相互承認協定（エンジニアリングでのワシントン協定や情報専門系のソウル協定）があり，日本では JABEE（日本技術者教育認定機構）がこれに対応している。大学や高等専門学校のプログラムを評価し認定することが行われている（木村 2012）。

JABEE は，個々の教育プログラムについて，その教育内容の評価を行い，その結果に基づいて基準を満たし国際的相互承認の対象となるプログラムを認定する。評価対象は，教育活動の資源状況，到達レベルの妥当性，プログラム修了者が目標に到達しているかどうか，継続的な改善プロセスが実施されているかなどである。個別の専門の内容に踏み込んでその教育成果の観点から質評価を行うものである。到達レベルの観点は，同様な専門プログラムの学習者のレベルが，国際的にみて同等なレベルに達しているかということにおかれている。

プログラムが実施する学習・教育の到達目標として次のような能力を有することと定めている。(a)多面的に物事を考える能力，(b)技術が社会や自然に及ぼす影響や効果，ならびに技術者の社会に対する責任の理解，(c)数学および自然科学に関する知識と応用能力，(d)当該分野の専門知識と応用能力，(e)社会の要求を解決するためのデザイン能力，(f)記述，発表，討議等のコミュニケーション能力，(g)自主的に学習する能力，(h)計画的に仕事を遂行する能力，(i)チーム

で仕事をするための能力．

9.3.4　実務教育コース単位の質保証

　教育のスタイルが多様化している状況の下で，実務的な内容の講座（ここでは，科目に相当する学習ユニットを講座と呼ぶ）については，企業が保有する社員教育コンテンツに大学教育で役立つものが多くある．実務能力に関する教育を大学で実施する場合，企業で行っている社員教育コースやプログラムの利用が考えられる．さらに，大学をはじめとする教育機関とプロフェッショナルになるために必要なスキルの教育研修を行う企業とのコラボレーションによる新たな教育システムの実現が考えられる．このような場面で，有用な質の高い講座を設定するために，講座単位で教育内容を検討し，質の保証をしておくことは重要である．特に実務教育の講座が，企業などからeラーニングによって提供される場合には，コンテンツ内容や学習支援体制や学習達成レベルなどについて評価し，実務能力教育として十分な質が確保されていることの保証を行うことが，学習者にとって必要となる．

　こうしたコース単位での質保証にあたっている機関として，実務能力認定機構（ACPA）がある．

9.4　実務能力の認証認定

　教育コース（講座）の質保証の例として，実務能力認定機構（ACPA）が行っている講座認証・個人スキルの認定（筧 2014）の仕組みと方法を紹介する．

9.4.1　実務能力認定機構

　実務能力認定機構（以下「ACPA」という）は，内閣府から認証を受けた特定非営利活動法人（NPO法人）である．大学など教育機関，官公庁，企業の賛同のもと，2003年に設立され，産学官連携による新しい教育システムと実務能力認証認定制度を確立し，社会が求める人材の育成を支援することをミッションとして掲げ，教育コースの質保証を行う第三者機関として活動している．ACPAは，講座の質保証（講座認証）と個人スキルの認定を主として行って

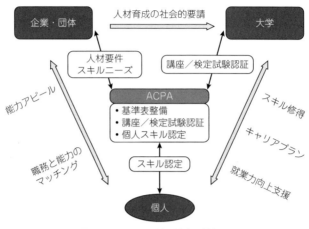

図9-4 ACPA 認証認定の仕組み

いる。図9-4にACPAの仕組みを示す。

講座認証は，個々の講座（コース）の質および有効性を，関連する分野の専門家が，ACPAの審査基準に基づいて，講座（教材，カリキュラム，演習，テストなど）のさまざまな要素について審査し，講座品質の適格性を認証する。これにより，学習者が，認証講座の修了によって習得できるスキル内容を，予め明確化することができる。

個人スキル認定は，認証講座を修了した学習者からの申請に基づき，ACPAはスキル認定を与える。学習者は，スキル認定によって，習得したスキルを外部にアピールすることができる。

9.4.2 実務能力基準表

実務能力基準表は，職種・職務で必要とされる知識・スキル項目を体系化・可視化したものである。この基準表は，学習対象者に対し，職種と実務経験レベルならびにそこに必要な能力・スキルを示すものである。スキル基準は，仕事における期待されるスキルがどのようなものかを提供する。したがって，学生は，それらの期待に合致するために彼らが何を行うことが必要であるかを知ることができる。

実務能力基準表は，スキルマトリクスとスキル項目説明書で構成される。

① スキルマトリクス

　職種に対して求められる具体的スキル要件について，職種とスキルの相関表の形で表わしたものである。表9-5にIT分野のスキルマトリクスの一部を例示する。

　横軸の職種と縦軸のスキル項目の交点において，必要とされるスキルの到達度レベルを★印で表記して示すものである。スキル到達度のレベルは，以下のように設定している。★：概要を把握して業務に適用できるようになる。★★：高度な詳細の知識を習得して，業務に応用できるようになる。★★★：知識をもとに学んだことを活用し実践できるようになる。

② スキル項目説明書

　実務で必要とされる具体的なスキルや知識項目の詳細を，体系的に記述したものである。スキル項目は，カテゴリー，中項目，小項目，要素として階層的に整理され，詳細が記述されている。表9-6にIT分野のスキル項目説明書例（一部）を示す。

　実務能力基準表は表9-7に示す5つの分野で作成され，公開されている（ACPA 2012）。

9.4.3　認証認定のしくみ

　講座ごとに質の保証を行うためには，実務能力を体系的にあらわした基準に基づいて，第三者機関による講座の認証が重要となる。品質保証の体制は，学習者が新たに獲得した技術や知識を実証する機会を提供するものである必要がある。ここでは，科目に相当する講座あるいはコースの質が基準に満たされているかが認められることを「認証」と呼び，学習者が実務的なスキルを習得していると認めることを「認定」と呼ぶこととしている。

① 講座／検定試験認証

　学習する講座あるいは検定試験の個々の質および有効性を評価して認証する。これにより，学習者が講座あるいは検定試験を修了して習得するスキルを明確にする。

表9-5 スキルマトリクス例（一部）

カテゴリ	スキル中項目	スキル小項目	レベル0 就業前	レベル1 開発	レベル1 SE	レベル1 運用	レベル1 サービス	レベル1 営業	レベル1 企画	レベル2 開発	レベル2 SE	レベル2 運用	レベル2 サービス	レベル2 営業	レベル2 企画
IT基礎	インターネット	インターネットの基礎	★	★★	★★	★★	★	★	★	★★★	★★★	★★★	★★	★★	★★
		E-mail													
		情報倫理													
		WWW（World Wide Web）													
	コンピュータ基礎	OSの基本	★	★★★	★★★	★★	★	★	★	★★★	★★★	★★★	★★	★★	★★
		プログラム基礎	★	★★	★★	★	★	★	★	★★	★★	★	★	★	★
パーソナルスキル	コミュニケーション	ドキュメンテーション	★	★★	★★	★★	★★	★★	★★	★★	★★	★★	★★	★★	★★
		プレゼンテーション													
		インタビュー													
		状況対応													
データベース	データベースシステム概要	データベース利用の概要	★	★★	★★	★★	★	★	★	★★★	★★★	★★	★	★	★
		データベースシステムの基本機能													
		関係モデル													
		データウェアハウスの概要													
		データマイニングの概要													
ネットワーク	ネットワーク技術	ネットワーク基礎	★	★★	★★	★★	★★	★		★★	★★	★★	★		
		プロトコルと伝送制御													
		TCP/IP													
		LAN													
情報セキュリティ	脅威	ウイルス	★	★★	★★	★★	★	★	★	★★	★★	★★	★	★	★
		不正アクセス手法													
	防御	ネットワークインフラセキュリティ	★	★★	★★	★★	★	★	★	★★	★★	★★	★	★	★
		ファイアウォール													
		侵入の検知と防御													

第9章　職業人教育の認定評価

表9-6　スキル項目説明書（一部）

中項目	小項目名	要素名	スキル内容
インターネット	インターネットの基礎	インターネット	インターネットサービス（DNS，WWW，電子メール，FTP，その他サービスの仕組み），インターネットへの接続（ダイアルアップ接続，専用線 IP 接続等），インターネットの発展（イントラネット，ファイアウォール，電子商取引等）等の概要について理解している
		インターネット要素技術	インターネット／イントラネットの概要，TCP/IP プロトコル，インターネット上のサービスの仕組み，Web コンテンツの作成技術，ISP/ASP，セキュリティ技術等の概要について理解している
		インターネット情報活用	Web による効果的な情報検索ができる，仕事に役立つツールの操作ができる
	WWW（World Wide Web）	WWW 基礎	WWW の概要を理解している WWW サーバの構成や WWW の仕組みを理解している
		HTML タグ	HTML，アップロードを理解している
		スタイルシート，ホームページツール	スタイルシートの活用，ホームページツールの利用について理解している
		Web サイト構築，プロトタイプ作成	Web サイト構築，プロトタイプ作成について理解している
データベースシステム概要	データベース利用の概要	データベースシステムの基本構造	システムカタログ，関係テーブル，データディクショナリ，データベース利用言語，データのライフサイクル等の概要について理解している
		データベースシステム構築の関係者との役割	データ管理者，データモデリング技術者，データベース設計・構築技術者，データベース運用管理者，データベース管理者について理解している
	データベースシステムの基本機能	システムカタログの保持機能	データベースに関する自己記述，システムカタログ保持の方法（DDLL（Data Definition Language）による）について理解している
		関係テーブルの取り出し・格納実行機能	関係テーブルの取り出し・格納実行機能について理解している
		データベース利用要求の解釈機能（SQL）	対話型利用（QBE（Query By Example），コマンドライン），プログラムによる利用（汎用言語，データベース利用言語）について理解している
		データベース利用の記録機能	データベース利用の記録機能について理解している
		データベースのバックアップ・リカバリ機能	データベースのバックアップ・リカバリ機能の概要について理解している
		インテグリティ確保機能	インテグリティ確保機能について理解している
ネットワーク技術	ネットワーク基礎	ネットワークの利用基礎知識	ネットワークの利用，ネットワークの種類，ネットワークの基礎知識を理解している
		通信プロトコル	通信プロトコルの意味，OSI 参照モデル，TCP/IP の基礎を理解している
		アドレス	アドレスの意味，MAC アドレス，IP アドレス，ポート番号，利用イメージの概要について理解している
		LAN	LAN の構成要素（標準化，ネットワークトポロジ，伝送路，NIC，媒体アクセス制御方式），LAN 接続装置（装置の種類，リピータ，ハブ，ブリッジ，スイッチングハブ，ルータ等），無線 LAN 等の概要について理解している
		WAN	利用形態，接続装置，データリンク層プロトコル，WAN サービス等の概要について理解している
		ネットワークセキュリティ	セキュリティの重要性，代表的な不正アクセスの手口，主なセキュリティ対策，ネットワーク技術とセキュリティの概要について理解している

199

表9-7 実務能力基準表の種類

分 野	概 要
IT	IT分野の職種を提示し，要求されるスキルを示す。
ビジネス	企業のビジネス一般において必要とされる職種と必要とするスキルを示す。
語学（英語）	英語をヨーロッパ第2外国語共通フレームワーク（CEFR）基準に基づき6レベルに対応したスキルを示す。
社会人リテラシー	大学生および社会人若年層を対象として，どの職種でも仕事を遂行するために共通に必要とされるスキルと能力を示す。
大学マネジメント・業務スキル	大学職員の担うべき職務と必要な能力・スキルを体系的に示す。

② 個人スキル認定

　学習者には，学習して習得した実務的なスキルの学習結果をわかりやすく実証するために，第三者機関での品質保証が重要である。たとえば，大学科目の履修を通じて，習得できる実務的スキルを証明する手立てとして，ACPAのスキル認定が利用できる。

9.4.4 効　果

　実務能力のスキル標準は，大学関係者（学生・教職員）と企業人・社会人の相互に，仕事をする上で期待されるスキル体系のフレームワークを提供するものといえる。実務能力の認証・認定のしくみについては，これまでの運用実績からいくつかの効果が見出せる。

　実務能力基準表は，知識，技術などの能力に対する産業界の期待レベルを反映しており，認証講座の履修を通じた計画的なスキル体系の習得は，就業の際に役立つことが示されている。

　実務能力基準表は，個別の講座およびテストの中で習得できるスキルアイテムを判断するのに役立つ。個人の学習目標の設定と達成スキルが明確になり，長期にわたる学習の積み重ねがはっきりし，スキルのパーソナライズに対処できることがわかっている。個別の講座のメリットとして，学習アウトカムを明確にできる。講座の評価は，教材，演習，修了条件などを確認してピアレビューによる評価を行うので，講座内容の改善が図れることが挙げられる。

実務能力基準表の枠組みの利用により，学習内容が明確化され，教育の多様化に役立ち，単位互換が容易になる。教育機関においては，実務教育講座を提供するにあたって，基準表を参照して，実務教育講座の位置づけを明確化し，講座認証を受けることで，その機関が提供する講座・プログラムの品質向上に役立てることが期待される。学習者にとっては，実務能力の習得によって専門知識を駆使して本当に役立つ実力をつけ，それぞれの職務において高い専門性を発揮しプロフェッショナルとして成長し，自律的な能力促進を図ることが期待される。

9.5　今後の課題

　進歩が早い情報通信分野では，社会に出た後でも継続的な学習が必要となる。また，働く環境がグローバルに展開し，仕事の内容が変化することが多いので，これに対応したタイムリーなスキル習得が求められる。

　情報通信の発達により，大学レベルの講義をインターネット上で，無料あるいはきわめて安価にて受講できる大規模な開かれた講義サービスが出現している。これは，提供団体の種類が多様であるが，一般に MOOC（Massive Open Online Course）と呼ばれている。オンライン教育は，遠隔で大学に通うことが困難な学生や，すでに大学を卒業している人にとってはキャリアアップの一手段であり，さまざまな理由から大学へ進学する機会がなかった人にとっては良い就職先を見つける重要なチャンスである。MOOC の内容や形態は多様で，日本および海外から毎月多くの講義が配信されている。一般に，講義中のテストあるいは課題レポートに合格した修了者には修了証が与えられる。

　最近，米国の MOOC を提供する組織である Udacity は，Open Education Alliance（OEA）というプログラムを発表している。これは，仕事での実践にフォーカスした内容で，雇用者（企業）や教育者がキャリアアップを目指す人々を支援し，高等教育を促進することを目的としている。産業界のニーズに合わせて，「積み重ね可能な」プログラムとして多くの人のスキルアップのための注目されている方法である。いくつかの講座を受講していって，それらをすべて修了することでナノデグリーと呼ばれる「小さい学位」が付与される。

仕事上における生徒自身の資格証明取得においてコンパクトであり，雇用者が価値があると認める方法でプロジェクトを学ぶことができる，適切なカリキュラムである。学習者には，関心の高いスキルをもっていることを目立たせられる。現在の仕事を離れないでスマートに学ぶことができる。

　職業人教育に関しては，学習スタイルは世界的にみて多様化され，職種固有の高品質なトレーニング・プログラムの提供は，今後増えるものと思われる。オンライン教育の MOOC によって才能ある人材を容易に確保することができ，スキルの組み合わせを広げ，新しいキャリアパスを手に入れることができるようになろうとしている。学習の機会が大きく広がるにつけても，教育の質保証が重要となる。

参考文献

ACPA（2012）「ACPA 実務能力基準表」　http://www.acpa.jp/kijun/jigyo.php
大学評価・学位授与機構「大学評価基準」
　　http://www.niad.ac.jp/n_hyouka/daigaku/__icsFiles/afieldfile/2015/05/20/no6_1_1daigaku2kijun28.pdf
INQAAHE "International Network for Quality Assuarance Agencies in Higher Education"
　　http://www.inqaahe.org/
情報処理推進機構（2014）「i コンピテンシ・ディクショナリ」
　　https://www.ipa.go.jp/jinzai/hrd/i_competency_dictionary/
筧捷彦（2014）「実務能力認定と大学教育」『経営システム』24(10)：147-152.
経済産業省編（2010）「社会人基礎力育成の手引き」.
木村孟（2012）「技術者教育の質保証に向けた JABEE の取り組みとその意義」『情報処理』53(7)：661-666.
P21（2007）"Partnership for 21st Century Skills"
　　http://www.p21.org/about-us/p21-framework/
坂元昂（2008）「人類の知を有効活用する e-Learning」『日本知能情報ファジィ学会誌』20(6)：891-903.
SFIA（2011）"Skill Framework for the Information Age",
　　http://www.sfia-online.org/
ISTE（2007）"ISTE Standards for Students"
　　http://www.iste.org/standards/standards-for-students/

第10章

職業人の学習と教育工学研究の展開

中山 実

10.1 はじめに

　本書では，職業に関係する教育や学習，あるいは訓練やその習得した技能の認定法などが，さまざまな観点から詳細に説明されている．この章では，これらの「職業人教育」をさらに発展させるために，教育工学における研究が貢献できる内容について論じたい．

　そのために，まず，職業人教育とは何かを改めて考えたい．教育・学習活動の分類はさまざまあるが，日本をはじめアジア地域では学校教育が社会的に与える影響が大きいため（佐藤 1999a），学校教育での教育・学習活動が中心的に議論されてきた．日本では学校教育修了後の教育制度として，社会教育が行われている．言うまでもなく，人は生涯にわたって学習することから，この学習を生涯学習と呼ぶこともある．このため，生涯学習の枠組みは，後述のように政策的にも推進されている．

　職業人教育は，この社会教育や生涯学習とも区別される活動である．類似の用語に，企業内で必要な実学を教育する企業内教育があり，職場で業務をしながらの教育研修（OJT：On the Job Training）と，職場の外に出て受ける教育研修（OffJT：Off the Job Training）の分類がよく知られる（小松 2000）．

　本書で議論されている「職業人教育」あるいは「職業人の学習」は，仕事を持つ者が，仕事における専門性を向上させるために取り組む教育・学習を指しており，さらに言えば，職業人がコミュニティの中で主体的に取り組む学習も含まれている．その意味では，上記に挙げた現行制度での教育活動から差別化も可能である．その一方で，学校教育と比較すると，学習に参加する者の年齢や意識，指向など学習者の属性は極めて多様である．たとえば，学校教育を修

了したばかりの者と，退職を控えた者が，同一の内容を新たに学ぶ状況も考えられる。

このような条件でどのように効果的な教育を実現するかが，現在そして今後の課題である。本章では，この問題に教育工学が貢献できると考えられる次の3つのアプローチについて，著者の意見を述べる。

1. 職業人学習の位置付け：教育システムとしての検討と関連事例
   学習の内容，学習内容の検討，学校教育との接続
2. 職業人の学習過程：教育学習過程の分析
   学習と発達，熟達化，職場での学習
3. 職業人学習の支援：学習指導に関する最適化の方法論
   専門家としての成長，有能人材の育成，継続的な学習の支援

ただし，社会教育が職業人にどの程度活用されているのかは，明確ではない。その意味で，職業人のための教育システムを改めて見直す必要がある。

10.2 職業人学習の位置づけ

10.2.1 職業人教育と社会教育

学校教育を中心とした制度の中で，社会教育や職業人の教育・学習があることを述べたが，これらの関係を考えてみたい。前者は教育制度として確立されているので，これと職業人の学習を対比させ，図10-1のようにまとめた。学校教育に続くこれらの教育すべてを統合したものが，本来は成人教育や生涯学習であろう。

まず，職業人学習は，生業としての仕事を持つ者が，その生業のために学習する活動を指すものと考える。職業人の場合，必要な学習内容を職場で提供される教育訓練で修得したり，独自に職場外の機関で教育訓練を受けることが考えられる。このようなコミュニティの中で学習することが多い。さらに，独学することも多いが，その場合も出版物など，独学のための教材が用意されていることが多い。教材の作成者は，独学する学習者を想定して，内容を検討している。たとえば，国家試験による資格取得を目標とするような独学を取り巻く環境も一つのコミュニティである。

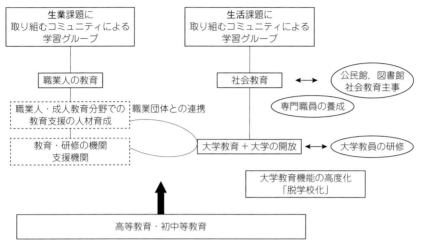

図10-1 課題に対するコミュニティによる学習グループの比較

　職業人のこのような教育訓練で修得した能力，職業能力はキャリアと称されることがある。仕事をする上で必要な職業能力（開発）育成を支援するキャリア・コンサルタントが，個別に助言するシステムや，修得した能力をジョブ・カード制度によって記録，蓄積する仕組みも構築されている（西村・榧野 2011）。あるいは職業能力育成のための資金的な援助制度も確立されている（厚労省キャリア形成支援）。しかし，その職業能力の開発や育成については，人の適性や経験も関係することから，制度や方法論も含めて有効な方策が確立されているわけではない。

　社会教育法では，社会教育は学校教育法で定める教育活動を除いた，青少年や成人に対して行われる組織的な教育活動と定義している。社会教育は，公民館などの公共機関で自主的に学習する活動で，まず，学びの場を構成することが重要な活動となる（田代 2004）。この学びの場は，法で定められた制度に基づいた公共機関での学習であり，学校の週休2日制度の導入以来，学校教育の補完もするようになっていることからも，その体制は確立されて機能している。この体制の下，社会教育主事や学芸員などの，教育に関わる人材も制度的に養成されている。

　ただし，社会教育が職業人にどの程度活用されているのかは，明確ではない。その意味で，職業人のための教育システムを改めて見直す必要がある。

10.2.2 高等教育との関連

　生涯学習は1980年代の臨時教育審議会で生涯学習の語が用いられて以来，広まってきた用語である（上杉 2013）。上杉（2013）によれば，生涯学習は1965年にユネスコで提起された概念で，学校教育と学校外教育の統合が強調されたものであり，学習者の主体性に着目した概念である。学校教育の政策と生涯学習を連携させるための指針や評価の枠組みが示されて（OECD 2011），促進が求められている。欧米での生涯学習は，大学の拡張などによる教育活動として位置づけられており，日本でも生涯学習の広がりに応じて，大学教育開放センター，エクステンションセンターが設置されるようになった（上杉 2013）。これは，大学が生涯学習の活動を導入し，これまでの社会教育では対応していなかった学習支援に取り組むようになったことを示している。

　典型的な事例として，米国では，職業に必要な知識や技能を学ぶための継続教育が制度化されており，大学などの教育機関が必要なコースを提供するほか，修了認定によって継続教育単位（Continuing Education Unit：CEU）を加算できる仕組みがある（森 2002）。この単位制度は，大学教育とは明確に分けられているが，大学の活動と位置づけられて，エクステンションセンターなどでプログラムを提供している。

　日本の高等教育機関や社会教育は，人材育成に貢献してきたが，その枠組みから，職場で必要な能力を指導したり，それらを育成する人材養成には積極的ではなかった。しかし，大学が生涯学習の支援を行うようになると，大学も職業人をも含めた人たちが社会で必要とする知識や技能を指導するコースを提供したり，その指導法の開発に取り組むようになった。さらには，その指導に協力する大学教員にも，このようなニーズに対応できるような研修が必要になってきた。このような過程で，社会と大学との接続を意識した「脱学校化」と言われるような，主体的な学習への転換が求められている。

　これらの大学あるいは大学教育への指摘は，社会教育やエクステンションセンターの活動に限ったことではなく，今日の大学教育改革で求められているトピックスである点であることに気がつく。一方，2007年からの大卒者就職難の社会問題化も影響して，大学でキャリア教育が義務化されたが，その実態については，さまざまな意見も出された（IDE 2010）。さらに近年では，大学機能

論の観点から，一部の大学を職業訓練校化する意見も出されるに至っている（冨山 2014）。このように，職業人の学習に対する大学教育機能の貢献は，まだ模索が続いている。

10.2.3　Employability 教育／ジェネリックスキル

生涯学習の推進あるいは社会の構造変化によって，前述のように大学教育への要求にも変化が見られた。

海外では，高等教育機関として，大学や「非大学」の教育機関もあり，この「非大学」とよばれる教育機関では職業教育を志向している。その例として，アメリカのコミュニティカレッジでは，「アカデミックなものから職業的なものまで幅広いプログラムを提供している。（中略）さらには基礎学力の向上といった今までとは異なる役割を果たすものもあるし，余暇のために学習するというのも認めているし，職業選択や進学先の選択のための情報を提供したり相談に乗ってあげたりすることも行われている」（OECD 2011）と説明されている。

一方，金子（2007）は，日本の大学教育の特質として，次の3つを挙げている。教員の学術専門志向，大学における職業教育と社会における職業知識への需要関係の偏り，リベラルアーツの教育理念が希薄，である。この上で，卒業生の就職における資質向上を目指すために，近年，職業知識を指導しようとする大学もあるが，さまざまな職業に対応する知識を指導することの困難さがあることを述べている。そうした条件の中で，「理論的・体系的には表現できないが，職業上では重要な役割を果たす能力」を指導する必要性を述べている（金子 2007）。この能力の例として，「employability」（就職可能性），「人間力」，「社会人基礎力」が挙げられている（金子 2007）。

類似の能力として，大学教育関係では「学士力」が挙げられる。このような動向は，大学教育だけでなく初等中等教育でもこれまでの「習得型学力」と対比させた「活用型学力」として捉えられるようになった。このきっかけは，OECD-PISA で取り上げられた，キー・コンピテンシーである。PISA は，世界の15歳児の学習到達度調査として知られるようになった。これは日本においては，義務教育修了段階での高校1年生を対象とした調査である。具体的な検

討事例として，OECD-DeSeCo が定義するキー・コンピテンシーは，以下の3つの能力とされている（ライチェン・サルガニク 2006）。
　○自律的に学習する力
　○道具を相互作用的に用いる力
　○異質な集団で交流する力
前述した他の能力でも，それぞれ能力の名称は異なるが，これらは，ほぼ同様な能力を指しており，総称としてはジェネリックスキルと呼ばれることが多い。

欧州の大学教育では，このようなジェネリックスキルの能力育成をする employability 教育が進められている。以下に英国の例を説明する。英国大学の一部では，従来から職場での研修を重視したサンドイッチプログラムなどが実施されていた。このプログラムは，在学中の1年間を大学との協力で企業におけるインターンシップによって，実務を行いながら学習して能力を伸ばし，自身の履歴書に習得した能力を明記できるようにするものである。このプログラムは，大学正規の授業であり単位認定されるが，これに加えて短期のインターンシップ派遣の制度もある（多田 2005）。また，一部の大学では，インターンシップ前に学生を学内のセミナーに参加させることによって，インターンシップでの学習を効果的にする支援もしている。さらには，Work-Based Learning のように，学生のニーズに合わせてインターンシップに参加させて単位認定している大学もある（Margaryan 2012）。いずれのプログラムでも，ジェネリックスキルの習得が目的の一部になっており，シラバスに学習されるジェネリックスキルが明記されているものもある。

この考え方は，欧州の大学教育でのボローニャ・プロセスでも重要視されている。ボローニャ・プロセスは，欧州域内での高等教育の国際通用性を踏まえた，学生の学習時間に基づいた単位数の互換を目指したもので，各国の大学で履修する教育プログラムのチューニングが，一般的コンピテンスと専門分野別コンピテンスで議論されている（ゴンザレス・ワーヘナール 2012）。このうち，一般的コンピテンスとしては，以下のような内容が取り上げられている。
　1. 道具的コンピテンス
　　○認知能力，方法論的能力，技術的能力，言語的能力

2. 対人的コンピテンス
3. 統合的コンピテンス

　これらの能力が，大学で育成されているかを調べるために，卒業生と雇用者への調査で検討している（ゴンザレス・ワーヘナール 2012）。大学教育の評価としては，専門分野に関連した能力に関することはもちろんであるが，このようなジェネリックスキルの育成も期待していることを示している。
　これらの事例は，大学教育を含めた学校教育で生涯学習に必要な学習のための能力習得を目指していること示している。職業人の学習でもこの種の能力が，まず求められる。

10.2.4　職場での人材育成への接続

　前節では，就職前の義務教育修了段階や大学教育でも，職業での適応を考慮した教育指導が行われていること，就職後の職場では，従来より企業内教育などによって教育訓練が実施されてきたことを述べた。
　現在の企業では，人材育成が経営の観点でも重要になっている。厚生労働省の調査（2014）では，以下のように現状が示されている。企業が競争力をさらに高めるため求められる事項の選択では，「人材の能力・資質を高める育成体系」の強化とする回答が最も高い（52.9％）。さらに，正規雇用労働者について，業務をしながらの教育訓練（OJT）の実施を重視する企業は73.5％と高く，金融業，保険業，複合サービス事業では約9割が実施している。これらの教育訓練の主な対象は，入社3年程度までの者を対象としたものが多く，実施状況の割合こそ半分程度以下であるが，正社員以外にも計画的な教育訓練が行われている。また，人材の確保については，「新規学卒者を定期採用し，育成する」を7割近くの企業が重視し，内部育成・昇進を重視する企業も約7割になっている。このような背景から，新規学卒者の採用選考では，「コミュニケーション能力」「主体性」「チャレンジ精神」「協調性」などを重視するように，専門性よりも採用後の成長力を期待した人間性や人物像に重きを置いた採用がされている（厚労省 2014）。
　これらの分析結果は，企業での人材育成が，前述の日本の大学での教育改革

や，欧州での教育モデルに大きな影響を与えていることを示している。この現状を反映して，日本の学校教育でも，企業での人材育成に接続できるような教育が既に取り入れられていることを述べた。このような変化は，職業人の教育を支援する動向と考えることができるが，職業人の学習活動については，冒頭に述べたように，あまり明確にされていないのが現状である。

10.3　職業人の学習過程

10.3.1　学習と熟達化

　学校教育での学習に加えて，実務や作業を通した学習や発達，さらには熟達化の過程については，認知心理学の分野でも継続的に研究されてきた（波多野 1996）。特に熟達者と初心者との違いから，熟達者の知識獲得や問題解決が検討されている（波多野 1996；米国学習研究推進会議 2002）。この検討で，熟達者は持っている知識と課題の情報との対応づけが形成できることや，メタ認知的な活動である自己モニタリング・自己調整が可能であることから，課題に柔軟に対応できることが示された。さらに，新しい状況でも柔軟に対応できる適応的な知識をもつ「適応的熟達者」（波多野 1996）が詳細に検討されてきた。

　波多野（2001）は，この理論的枠組みをめざして検討を重ね，適応的な熟達者がもつ知識について，次の3つを紹介している。すなわち，(1)手続きとその対象の理解を可能にする概念的知識，(2)知識の結束性，とくに手続的知識と概念的知識の間，(3)メタ水準の知識，特にメタ理解，である。その上で，「われわれの力点はよく構造化された知識の獲得こそ適応的熟達者の優れた問題解決，転移，創造性の源だ」としている。さらに，適応的熟達化の動機付けとなる条件として，(1)絶えず新規な問題に遭遇すること，(2)対話的相互作用に従事すること，(3)緊急の（切迫した）外的な必要性からの解放，(4)理解を重視するグループに所属，が挙げられている。いずれの活動も，概念的葛藤である認知的不調和による理解活動の促進が関係している。

　ただし，このような活動には事前に獲得されている知識やスキルが前提になっている（米国学習研究推進会議 2002）。この熟達化の検討は，仕事における熟達者の活動や発達を理解する上では有効であるが，基本的には個人の発達や

他者との相互作用の範囲で検討されている。職業人の学習も，基本的には個人の発達成長に依存するが，組織の中での活動を通した学習や獲得によるものが大きいと捉えられている。この観点で，教育訓練の個別化や個性化も検討されてきており，それに対応したパフォーマンス・サポートシステム（PSS：Performance Support System）のようなシステムも一部では利用されてきた（菅原・村木 2007）。

10.3.2 職場での学習

職場での学習は，前述のように業務をしながら行われる人材育成であり，ひとりで多様な業務がこなせる熟達者になることが期待される。大学で employability 教育で行われる内容から，学習や業務を行うための一般的なコンピテンスや，業務に関係する専門分野別コンピテンスを用いる学習活動と考えられる。

職場といった仕事の現場での必要業務の習得や育成は，前述のように業務をしながら行われることが多いことから，状況論的学習や正統的周辺参加（レイヴ・ウェンガー 1993）として捉えることができる。職業人は，いわば徒弟的な環境で正統的周辺参加として活動している。職場で育成されるものは徒弟として，利害があり，能力の向上を求めることが常である。このような関係を，レイヴ＆ウェンガー（1993）は実践共同体と呼んでいる。

正統的周辺参加は，ヴィゴツキーの活動理論に基づく学習活動であり，個人や共同体での学習として議論される。この学びの共同体と呼ばれる枠組みは，学校教育の改革でもよく議論されるアプローチである（佐藤 1999b）。ただし，学校のような場での学習を論じることは容易ではなく，前述のインターンシップでのような学校外の活動への参加によって体現されることが考えられる。その過程は，参加者の内省によって検討されることが多い。

このようなコミュニティでの活動として，職場での学習活動を分析した中原（2010）は，職場での能力向上には，「業務支援」「内省支援」「精神支援」の3つの支援を他者から受けていることを明らかにし，職場での「能力向上」と支援との関係について分析した。特に，業務内容に関する省察を深める「内省支援」が寄与することを示した。さらに，コミュニティの中での相互作用をモデ

ル化して，学習活動を説明したほか，「職場外の学習」の寄与も論じている。この「職場外での学習」は，図10-1で述べた生活課題に取り組むコミュニティよりも，正統的周辺参加している生業課題に取り組むコミュニティの中での活動が中心と考えられる。

10.3.3 人材育成と実践共同体

仕事における業務を遂行するには，業務の経験から獲得される暗黙知と呼ばれる知識を獲得して適応する実践知が求められる（金井・楠見 2012）。この実践知はいくつかのスキルで構成されることから，その評価測定や段階的に獲得していく過程も検討されている。この獲得過程について，職業人の熟達化のメカニズムや，その個人差の要因として，態度や批判的思考が関係するとされる。これらの熟達化が組織やコミュニティでどのように行われているかを，職業や職種の文脈で検討が行われている（金井・楠見 2012）。

また，職業間での類似性を考慮した分析も検討されている。たとえば，笠井（2007）は，対人サービス職の4職域での熟達に寄与について質的分析を行い，13の共通する経験を抽出した。そして，熟達過程の2つの特徴として，「新しい知識と重要な関係者との相互作用」「発達段階ごとの熟達経験の順番や対人サービス固有の『つなぐ』経験」を挙げた（笠井 2007）。このような分析結果は，人材の育成を検討するための一つの資料となる。

前述の職場での学習や企業としての人材育成の活動を，実践共同体によって検討するプローチもある。すでに述べたように，職場での業務の習得や熟達者への成長は，正統的周辺参加の活動として捉えることもできる。

松本（2013）は，職業人の学習や熟達化を，実践共同体への参加と捉えている。この実践共同体は，職場である公式組織だけに留まらない活動を含めて検討されている。また，実践共同体の機能としては，(1)正統的周辺参加，(2)職場から距離をとる（「学習のための共同体」），(3)複眼的学習（規範的視点と非規範的視点の差異による学習），(4)ループ学習（人的ネットワークの活用），が挙げられている。そして，これらの機能が果たす役割として，(1)個人学習・熟達化と正統的周辺参加の相互作用，(2)チーム・組織学習の促進，(3)学習環境としての支援，(4)自律的学習と知識創造・共有の促進，を説明した上で，さらに，

地域社会や行政機関との相互作用の効用についても示唆している。

　これらは，職業人に対する，個人あるいはフォーマル，インフォーマルなコミュニティでの活動といった幅広いアプローチでの支援が求められていることを示している。

10.4　職業人学習の支援

　職業人の学習をとりまく環境や学習に関する検討を調べてきたが，具体的に学習者をどのように指導したり，学習するコミュニティへの参加誘導について検討する必要がある。職業人の学習が検討されるのは，前述のように有能人材の育成が求められるためであり，熟練者の属性を抽出した上で，多くの熟達化を促進することが主な目的になっている。

　この観点で，実際の職場で指導されている実態を分析した結果もいくつか報告されている（中原 2010；金井・楠見 2012）。ここでは，大学における職場での学習を検討した方法論を紹介する。

　前述のように，大学での employability 教育の一つとして，職場での学習経験を取り入れた Work-Based Learning（WBL）がある。これは，職場での学習についての分析結果から，職場での状況や文脈の中での学習活動を取り上げたものである。

　この WBL の学習活動を，Margaryan（2012）は Engeström の活動論モデルにあてはめて図 10-2 のように表している。この活動論のモデルは，個人の学習活動を表す，主体，媒介（道具），対象の 3 つから構成されるヴィゴツキーの「活動」の三角形の底辺を，Engeström が社会的文脈を考慮してルール，共同体，分業を追加した「拡張された学び」として表現したものである（佐藤 1999b）。これまでに述べた職業人の学習や，それを取り巻く要因を，この図で表現できる可能性も考えられる。もちろん職業それぞれに固有の要因もあるが，それらをこのモデルで具体的に記述すれば，ある固有の職業人の学習を表現できる。

　Margaryan（2012）は，学習者と WBL の関係をこの活動論の枠組みで説明している。図 10-2 では，両側の辺の中点を，学習者と WBL に位置づけ，

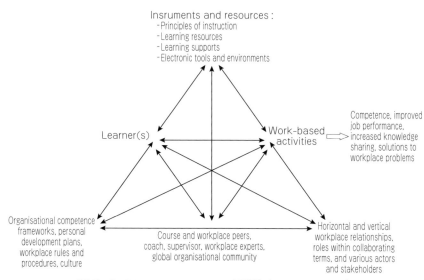

図10-2 Work-based learning の活動論（Margaryan 2012）

WBL による結果も示されている。このために，道具，ルール，共同体，分業を以下のように対応させている（中山ほか 2013）。

　　ルール：職場での能力枠組み，暗黙・明示の規範，文化的要因
　　共同体：職場での組織，構造，専門的な集団
　　分　業：職場での協働や分担の役割や，学習相手
　　道　具：少なくとも下記の4つの要因を含む
　(a) 学習の原理（実社会での問題解決）
　(b) 学習資源（教材やデータベース，人材）
　(c) 学習支援（指導や情報共有，事例）
　(d) ICT 環境（LMS，知識マネジメント，EPSS（electronic performance support system））

　次の段階では，この活動モデルで表現された内容を，どのように理解したり，指導するかが問題となる。Margaryan（2012）は，インストラクショナル・デザイン（ID）の技法を使って，次のような手法を展開している。具体的にはMerrill の ID の第一原理である（Merrill 2002；鈴木 2008）。Merrill の第一原理は，5項目で構成されているが，Margaryan（2012）はこれを11項目に拡張し，

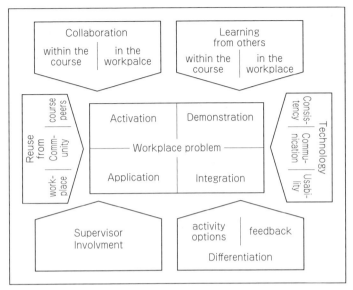

図 10-3 Work-based learning の参照モデルを加えた Merill の第一原理
　　　　（Margaryan 2012）

項目間の関係も Merrill の図を拡張して図 10-3 のように示した。この図に示された WBL の活動論は，以下のように説明されている。

(1) 業務課題の特定（Problem）
(2) 既存知識やスキルの活用（Activation）
(3) 新たな知識やスキルの例示（Demonstration）
(4) 新たな知識やスキルの応用（Application）
(5) 新たな知識やスキルの統合（Integration）
(6) 他者からの学び（コースの内外から）
(7) 指導者／職場熟達者の関与（Supervisor involvement）
(8) 学習者，職場，共同体からの資源の活用（Reuse）
(9) コースや職場での同僚との協同学習
(10) 職場での活動の個別化や文脈化と学習者の評価と適応（Differention）
(11) 学習支援のための技術の活用（Technology）

この対応する表記の(1)～(5)は Merrill の項目であるが，(6)～(11)については，独自の項目であるので，対象ごとに見直しが必要となる（Margaryan 2012）。

この WBL は，大学での伝統的な学習指導から，職場での学習に適応させるための訓練プログラムであると考えると，職場でのさらなる人材育成や能力開発にも適応できる。これまでの教育理論を応用することによって，インストラクショナル・デザインの技法で，知識やスキル，共同体での活動などをこのモデルを活用することで，分解できる可能性を示している。

もう一つの課題として，長期的な視点での支援である。これらの教育訓練を短期的に実施するだけでよいのか，継続的に実施する必要があるのか，それらによって支援や育成をどのように継続的に進めるのかは，さらに検討する必要がある。

10.5 教育工学の貢献

職業人が参加する教育や学習に関して，それを取り巻く教育制度，知識やスキル，教育学習の理論や支援などについて述べてきたが，本書の読者の興味は，そのような背景的な事柄ではなく，具体的な学習や訓練の実施方法であろう。

それに対する簡潔な回答は，職業人の学習活動を分析して，その最適化を検討するインストラクショナル・デザインの技法を適用することである。これは，教育工学的なアプローチとして，従来から検討されてきた方法論である。このアプローチでの先行事例は多いが，それだけでは十分に対応できなかった部分があることも事実である。一般的な学習発達については，個人の行動を中心的に取り扱うことが多く，職場での学習のような正統的周辺参加は取り上げにくいことも影響している。その意味で，改めて職業人を取り巻く環境要因や，さまざまな学習・発達に着目して，研究開発や実践への適用を進める必要がある。

さらに，教育制度で縦割りにされた教育学習活動を横断的に検討する必要もある。既に述べたように，義務教育や高等教育から職業人の学習への接続を意識した学習研究や方法論が検討されている。職業人の教育や学習を考える上で，学校教育，社会教育との相互利用や合同プログラムの開発も効果が期待できると考えられる。図10-1のような制度間，コミュニティ間での相互作用を期待

第10章　職業人の学習と教育工学研究の展開

したい。

　ところで，本章では職業人の学習について，学校教育を修了した後の活動を中心に説明してきたが，義務教育，中等教育，高等教育を含めた学校教育での，生涯学習の参加に必要なスキル学習や学習経験が前提になっている。生涯学習に学校教育を通してジェネリックスキルの習得が重要であることを述べたが，この学習は通常の学習活動を通して行われる。このため，時には社会的な影響も受ける。たとえば，2007年に起きたリーマンショックと言われる金融危機は，職業人に雇用や給与面で大きな影響を与えたが，国によっては義務教育段階の子どもの学習にも影響を与えた。経済的な影響による家庭の問題から子どもの就学に顕著な影響が出た地域もあったが（de Vries et al. 2012），これは生涯学習に必要な能力習得に影響することを意味した。この問題は，その後の就労などにも影響を与えるため，学習機会を得られなかった個人の不利益はもちろんであるが，結果的に社会保障などの名目で公的資金を必要とするため，社会的な損失に繋がってしまう。EUでのあるプロジェクトではこれを補う方法として，学校教育での学習者の動機付けや教育方法の改善について多様な観点から検討した（reAct Project）。このプロジェクトは，学校教育における教員の指導力向上や授業の改善が，子どもの生涯学習での活動に繋がっていくことを促進しようとしていた。これは，職業人の学習や生涯学習の促進を考える上で，職業に関する訓練ではない学校教育での学習活動，学習経験の意義を改めて考えることが重要であることを意味している。そして，社会保障の支出抑制にもつながることが期待される。ただし，この意味においては，学校教育のさらなる展開も必要と考えられる。著者は，この点において，学校教育の学習指導要領において強調される「生きる力」（文科省 2011）は，生涯学習に繋がる能力育成であると理解している。

　教育工学の分野では，学校教育を始めとする教育分野での実践が活発に検討されている。さまざまな教育分野では，教育理論やモデルの検討も進められている。これらの基礎・理論研究とも相互に協力することによって，新たな教育プログラムや教育システムの開発が期待される。

　本章ではあまり触れなかったが，インターネットなどの情報技術を活用した，教材や共同体活動も広く普及している。これらを利用することによって，新た

な場や活動を創出することもできる。

10.6 むすび

　本章では，職業人の学習について，その位置づけ，学習過程などについて，理論的背景を概括した上で，学習活動の分析とその学習設計の可能性を述べた。

　職業人の教育や学習は，職業のための人材育成であることだけに留まらず，人の発達成長を支える活動の場であることも注目すべきである。職場での人の学習は，個人の利益や効力感を高めるだけでなく，コミュニティの活動を促進し，一企業だけに留まらず，広く社会に参加貢献する姿勢を促進することである。現在の就労率（15〜64歳）は73.1％（総務省 2014）であり，多くの成人は職場に参加している。職業人の教育や学習は，これら成人の学習機会と考えることもできる。この学習について，より積極的な支援や学習過程に関する研究開発が望まれる。

　さらには，職業人の教育や学習の活動は，企業やそのコミュニティの人材育成に関する姿勢と理解され，働く人たちの職場環境を示す要因として注目される可能性もある。さらには，国や地域の仕事に対する姿勢をも示す。その場で働く人たち，全員で学びのコミュニティを形成していくことが求められる。学習者個人から，コミュニティの形成までの幅広いレベルでの教育，学習の設計やその支援を研究開発することが，教育工学に求められている。そして，職業人の学習活動を支えるために必要な，基本的な学習能力を育成するために，学校教育における教育活動の推進も重要な要素である。職業人の学習を支援する意味でも，学校教育について教員の資質向上を含めたさまざまな観点で多様化と活性化を促進することが大きな意義を持つ。むしろ，職業人の学習や生涯学習の活動を意識した学校教育のさらなる活性化が必要である。

　人の生活に密接に関係している教育学習活動に関する研究開発が，なお一層，社会に貢献できるようになることを祈念する次第である。

参考文献

米国学習研究推進会議（編著），森敏昭・秋田喜代美（監訳）（2002）『授業を変える──認

知心理学のさらなる挑戦』北大路書房.
de Vries, P., dos Santos, A. and Hennis, T. (2012) Inspiring Dropouts and Their Teachers to Connect to Lifelong Learning Practices, Proc. of CSEDU 2012, 246-251.
González, J. and Wagenaar, R. (2008) *Tuning Educational Structures in Europe, Universities' contribution to the Bologna Process: An introduction*, 2nd edition, Publicaciones de la Universidad de Deusto.（ゴンザレス・ワーヘナール（著），深堀聰子・竹中亨（監訳）（2012）『欧州教育制度のチューニング――ボローニャ・プロセスへの大学の貢献』明石書店.）
波多野誼余夫（編著）（1996）『認知心理学5 学習と発達』東京大学出版会.
波多野誼余夫（2001）「適応的熟達化の理論をめざして」『教育心理学年報』40：45-47.
『IDE 現代の高等教育』「大学とキャリア教育」，No. 521，2010年6月.
金井壽宏・楠見孝（2012）『実践知――エキスパートの知性』有斐閣.
金子元久（2007）『大学の教育力――何を教え，学ぶか』（ちくま新書），筑摩書房.
笠井恵美（2007）「対人サービス職の熟達につながる経験の検討――教師・看護師・客室乗務・保険営業の経験比較」リクルートワークス研究所『Works review』50-63.
小松秀圀（2000）「OJT, OffJT」『教育工学事典』（日本教育工学会編），実教出版.
厚生労働省（2014）「平成26年版労働経済の分析-人材力の最大発揮に向けて」平成26年9月12日
　　http://www.mhlw.go.jp/wp/hakusyo/roudou/14/14-1.html
厚生労働省キャリア形成支援
　　http://www.mhlw.go.jp/stf/seisakunitsuite/bunya/koyouroudou/shokugyounouryoku/career_formation/index.html
Lave, J. and Wenger, E. (1991) *Situated Learning: LegitimatePeripheral Participation*, Cambridge University Press.（レイヴ・ウェンガー（著），佐伯胖（訳）（1993）『状況に埋め込まれた学習』産業図書.）
Margaryan, A. (2012) *Work-based Learning: A Blend of Pedagogy and Technology*, Akademiker Verlag, Germany.
松本雄一（2013）「実践共同体における学習と熟達化」『日本労働研究雑誌』639：15-26.
Merrill, M. D. (2002) First Principles of Instruction, ETR & D, 50(3)：43-59.
森利枝（2002）「アメリカの職業教育のユニット化について――国際継続教育訓練協会と継続教育ユニット」『学位研究，大学評価・学位授与機構研究紀要』16：107-121.
中原淳（2010）『職場学習論――仕事の学びを科学する』東京大学出版会.
中山実・松田岳士・石橋嘉一（2013）「職場学習での評価要因の抽出と大学教育改善に関する一検討」日本教育工学会第29回全国大会講演論文集，171-174.
西村公子・梶野潤（2011）「ジョブ・カードを活用したキャリア・コンサルティングの効果」JILPT Discussion Paper Series, 11-04.
　　http://www.jil.go.jp/institute/discussion/2011/documents/DP11-04.pdf
OECD（編著），御園生・稲川（監訳）（2011）『OECD 教育政策分析，（OECD（2005）Education Policy Analysis 2004)』明石書店.

reAct Project (2011) http://www.reactproject.eu

Rychen, D. S. and Salganik, L. H. (2003) *Key Competencies for for a Successful Life and a Well-Functioning Society*, Hogrefe & Huber Publishers.（ライチェン・サルガニク（編著），立田慶裕（監訳）(2006)『キー・コンピテンシー――国際標準の学力を目指して』明石書店.）

佐藤学（1999a)『教育改革をデザインする』岩波書店.

佐藤学（1999b)『教育の方法』放送大学教育振興会.

総務省統計局労働力調査（基本統計），平成26年12月分結果
http://www.stat.go.jp/data/roudou/sokuhou/tsuki/index.htm

菅原良・村木英治（2007)「日本におけるeラーニングの発展に関する時系列的再整理――eラーニングの発展過程，定義，分類に注目して」『コンピュータ＆エデュケーション』23：17-22.

鈴木克明（2008)「インストラクショナルデザインの基礎とは何か――科学的な教え方へのお誘い」『消防研修』84：52-68.

多田順子（2005)「イギリスの大学におけるエンプロイヤビリティ向上への取り組み」『国立教育政策研究所紀要』135：163-176.

田代裕一（2004)「社会教育の方法」『現代教育方法事典』図書文化.

冨山和彦（2014)「我が国の産業構造と労働市場のパラダイムシフトから見る高等教育機関の今後の方向性」，実践的な職業教育を行う新たな高等教育機関の制度化に関する有識者会議，第1回資料4（平成26年10月23日）.
http://www.mext.go.jp/bmenu/shingi/chousa/koutou/061/gijiroku/icsFiles/afieldfile/2014/10/23/1352719_4.pdf

上杉孝實（2013)「生涯学習の理念と現実――大学との関連において」『UEJ ジャーナル』10：1-6.

あとがき

中山　実

　最近の話題に，どの職務が将来まで残るかという議論がある。ロボットや人工知能などの技術革新による機械化によって，多くの職務がなくなることを危惧する意見である。Frey & Osborne が *The Future of Employment*（2013）で職務がコンピュータ化されるリスクの確率を発表したことに加え，自動車の自動運転が実現可能な技術と捉えられるようになり，現実の問題として認識されはじめたことが影響している。同じような職務消失を危惧する現象は，産業構造の変化や企業活動のグローバル化によって経験済みであるとは言っても，所得や生活に直結する話であるため，人々の関心は高い。このため，近年の経済的な要因に加えて，急激な技術革新が進む中での職務による失業可能性は，懸念されている。これについては，多くの専門家が指摘するように，機械化によって仕事の多様化や専門性が求められることになるため，より柔軟に対応できる能力育成が求められる。むしろ，早い段階での特定のスキル習得に傾倒することへの警鐘とも考えられる。

　同じように学生が就職活動においても，企業や職務による失業可能性を意識したり，仕事の内容へのこだわりを持っているとも聞く。たとえば，ある大学で受け入れ可能な地元企業のインターンシッププログラムを希望学生に紹介したところ，職務や場所が希望に沿わないことを理由に辞退した学生が多かった。この学生たちは，インターンシップでの経験がその後の就職活動に直接的に影響すると誤解しているようである。インターンシップは能力育成の機会であるが，その趣旨が理解されていない事例である。一方，企業の事業内容の多様化から，就職時の職務を永続的に続けることも難しくなっており，業務の高度化に対応するだけでなく，多様な業務への適応も求められている。

　このため，就職後の教育訓練によって，継続的な能力開発が求められる。時折，ある年代以上の方とお会いすると，会社の中で大事にされてきた話を伺う。

会社に在職中は企業内教育が充実し，さまざまな能力開発や教養教育を受けてこられて，今日に至るまで，企業だけでなく社会で能力を発揮し活躍されている話をごく自然な話としてされている。一方で，近年では多くの会社が企業内で教育を担当してきた部門や教育研修内容を縮小し，社員に自己努力による能力開発を求めている。その多くは経費削減のためと考えられる。さらには，必要な人材を必要に応じて期間雇用する考え方も多い。これらは，企業経営の財務面からは効果が大きいが，職場で働く人たちにとっては，能力開発の機会が減少しているのではないかと想像される。一方では，グローバル競争の中で，各個人にさらなる自己啓発を求めているようにも見受けられる。このような経緯から，現状では職業人の発達・成長の機会を自ら職場の外に求めなければならなくなっていると思われる。

　本書では，さまざまな職場における職業人への要求とそれを満たすための職場内外での教育・訓練について論じられている。医療や看護における事例では，制度による要求が明確化されており，それを満たすために教育訓練が促進されていた。その他の事例では職業人個人や組織の要求に対応した教育訓練が実施されていた。また，それぞれの実施事例からも，人材の能力開発について学ぶべき点は多い。特に，本書を通して，述べられていることは，職業人の成長・発達があり，それによって業務やその目標を達成できている事実である。

　職業人の能力発達のためには，それに見合った学習機会や学習経験が必要であり，学校教育，生涯学習を問わず，その充実が求められる。また，職場の要求が高ければ高いほど，独自の教育指導を継続的に行うことが必要であり，それが将来を担う人材育成に繋がるはずである。その指導を効果的に行うために，本書で議論された方法論が検討されることを期待したい。また，制度を含めた教育システムの高度化，多様化とその適応力を進めるための研究開発も求められる。教育工学の研究者がこの分野でも貢献できることを示す努力も必要である。

索引（＊は人名）

A-Z

ABEST21　116
ACPA　195
ADDIE（Analyze, Design, Development, Implement, Evaluate）　51
ARCS モデル　13, 47, 142, 150, 156
CAI　46
CEP 社（The Center for Effective Performance/ CEP World Wide）　174
CNE（Certified Nurse Educator）　50
CRI（Criterion- Referenced Instruction）　172, 181
CSCL（Computer Supported Collaborative Learning）　137
Employabillity 教育　207
＊Engeström, Y.　213
EQF（European Qualification Framework）　188
e ポートフォリオ　152
e ラーニング　51, 175
Faculty Development　160
FD 活動　160
FLM（First Line Manager）　98
GOLD メソッド　81
Grounded Theory Approach（GTA）　56
ICT 活用能力　142
ID の第一原理　13, 214
INQAAHE　193
International Board of Standards for Training Performance and Instruction　71
ITU（International Telecommunication Union）　168
i コンピテンシーディクショナリー　190
JABEE　194
MHB 研究会　150
MOOC（Massive Open Online Course）　201
MOT 学位プログラム　112
MOT 教育　111
MOT 教育コア・カリキュラム　119
MOT 教育に寄せる社会ニーズ　128
MOT 教育の10年間　111
MOT 教育は社会人教育　131
MOT 人材の活用　127
MOT 人材の必要性　125
MOT 専門職大学院　115
MOT 専門職大学院協議会　118
MOT プログラム　112
MR 認定センター　90, 103
OCNE（Oregon Consortium for Nursing Education）　50
OEA（Open Educaiton Alliance）　201
OECD-PISA　207
OffJT　203
OJT　203
OSCE　22
PBL　17
PDCA サイクル　63, 138, 156
reflection in action　67
reflection on action　67
SFA　108
SFIA（Skill Framework for Information Age）　188
SMON（スモン）　91
Subject Matter Expert（SMB）　1
TBL　17, 107
＊Tennyson, R.　53
TOTE モデル　13
TQC（Total Quality Control）　166
TQM（Total Quality Management）　65
Training Development Guidelines　168
VARK モデル　51
WBL（Work-Based Learning）　213

ア行

アウトカム基盤型教育　31
＊東洋　1
アメリカ心臓協会　70
暗黙知　212

医学教育 20
医学教育モデル・コア・カリキュラム 20
異業種交流の場 115
生きる力 217
一般化志向 5
一般的コンピテンス 208
医療教授システム 79
医療者教育 20
インストラクショナル・システムズ・デザイン（ISD） 160
インストラクショナル・デザイン（ID） 50, 160, 214
インストラクターコンピテンシー 71
インターンシップ 208
＊ウェンガー，E. 211
エクステンションセンター 206
＊エペリン，R. 90
＊エリクソン，E.H. 13
教えない教育 100, 101

カ行
海外の日本語学習者 134
学習成果の5分類 6, 156
学習単位（モジュール） 178
学習とパフォーマンスのアーキテクチャ 10
学士力 207
学生の個別性 49
＊カークパトリック，D.L. 156
課題適性処遇交互作用研究 4
学校教育 203
活動論 213
活用型学力 207
＊ガニェ，R.M. 6, 156
科目履修生制度 124
カリキュラム開発 22
看護・福祉教育 48
看護学 48
看護教員養成講習会 43
完全習得学習モデル 6
完全習得学習理論 43
キー・コンピテンシー 207
技術カード 81

技術経営（MOT） 111
技術経営人材育成プログラム導入促進事業 112
技術実践カード 82
基準 178
基準参照型研修開発技法 →CRI
基礎知識項目 120
逆三角形研修設計法 11
ギャップ分析 9
キャリア 205
キャリア開発 58
キャリア教育 206
キャリアデベロップメント 55
9教授事象（ガニェ） 6, 53
教育工学的思考の特徴 2
教育システム情報学会（企業内教育研究会） 175
教育設計（Instructional Design）理論 141
教育設計学 5
教育目標分類 23
境界連結者 15
教師間ネットワーク 148
教師教育サイト 152
共用試験 21
経営課題の解決 130
経営系専門職大学院基準 115, 116
経営者の意識 127
継続教育 102, 104
継続教育単位 206
決定指向 3
結論指向 3
＊ケラー，J.M. 13
効果 2
工学的アプローチ 45
講座認証 195
行動 178
高度専門職業人 117
高度専門職業人の育成 121
効率 2
ゴールベースシナリオ理論 18
国際教育工学会（ISTE） 184
国際交流基金 137

索　引

国際交流協会　136
国際電気通信連合　→ITU
国内在住外国人　135
個人スキル認定　195
コンサルタントMR　109
コンピテンス　188
コンピュータによる協調学習支援　→CSCL

サ行

＊佐藤みつ子　44
サリドマイド　91
サンドイッチプログラム　208
ジェネリックスキル　207
支援を支援する　149
資格試験　13
自己調整学習　51
システム的思考　4
事前テスト　9, 11
実証的・帰納的思考　5
実践共同体　211
実践知　15, 212
質の研究法　56
質保証　192
実務家教員　122, 123
実務能力基準表　196
実務能力認定機構　→ACPA
シミュレーション教育　26, 52
社会教育　203, 204
社会人学生　113
社会人基礎力　96, 186, 207
社会的変化　10
社内研修　126
習得型学力　207
習得主義　7
柔軟な思考　5
授業設計　45
熟達化　13, 210
熟達者　210
受講者層　114
生涯学習　203, 204
状況設定問題　14
状況的学習論　53

状況論的学習　211
条件　178
小集団改善活動　166
情報処理推進機構（IPA）　190
職業能力　205
シラバスの教材化　147
新医師臨床研修制度　64
人材育成　209
親和性　1
スキル　184
スキル項目説明書　197
スキルディクショナリー　190
スキル到達度　197
スキルフレームワーク　188
スキルマトリクス　197
スクリプト　81
ストーリー中心型カリキュラム　18
生活者としての外国人に対する日本語教育　138
成人教育　204
正統的周辺参加　211
折衷主義　6
専門職大学院設置基準　115, 123
専門職大学院の今後解決すべき課題　132
専門分野別コンピテンス　208
総合領域　120
ソフトウェア技術者協会（教育分科会）　175
ソリブジン　92
大学基準協会　116, 193
大学教育開放センター　206
大学設置基準大綱化　20
大学等機関　136
大学評価・学位授与機構　193
タスクディクショナリー　190
タスク分析　171, 177, 178
脱学校化　206
ダブルディグリー　2
短期修了制度　124
『力-CHIKARA-』開発プロジェクト　145, 146
知識領域　120
中核知識項目　120

225

長期修了制度　124
積み上げ式　16
適応的熟達者　210
テクニカルスキル　50
テクノロジとしての教育　4
テクノロジによる教育　4
デザイン研究　74
デブリーフィング　66
添付文書　94
導入教育　93
トレーナーズ・セミナー　99

ナ行
内容の専門家　→SMB
21世紀パートナーシップ　185
＊二宮昌平　90
日本医療教授システム学会　73
日本技術者教育認定機構　→JABEE
日本高等教育評価機構　193
日本語学習者数　134
日本語教育能力検定試験　139
日本語教師　135
日本語指導が必要な児童・生徒　135
日本語非母語教師　136
日本語ボランティア　136, 140
日本語リソース　47, 142, 145, 146
人間力　207
認証評価機関　115, 116
認定資格制度　92
＊沼野一男　43
ノンテクニカルスキル　50
＊波多野誼余夫　210
パフォーマンス（行動）　161
反転授業（Flipped Classroom）　160
ビデオ作成プロジェクトワーク　142
批判的思考　212

フィジカル・シミュレーション　86
＊藤岡完治　44
ブリーフィング　66
プリセプターシップ　109
フルタイム学生　113
文化審議会国語分科会　138
法務省　135
法務省告示機関　136
ポータルサイト　150
ポータルサイト「ハーモニカ」　148
母語の重要性　149
ボローニャ・プロセス　208

マ行
学びの場　205
身分又は地位に基づく在留資格　135
魅力　2
みんなの日本語教材サイト　137
＊メーガー, R.F.　172, 181
メタ認知　184, 210
＊メリル, D.A.　13, 84, 214
メンタル・シミュレーション　83
模擬患者　26
目標　178
問題解決志向・決定志向　5

ヤ・ラ行
養成すべき人材　116, 130
ヨーロッパ共通資格フレームワーク　→EQF
4段階モデル　157
＊ラムズディン, A.A.　3
履修主義　7
履修制度　123
留学生30万人計画　140
＊レイブ, J.　211
＊ローゼンバーグ, M.J.　10, 16

執筆者紹介（執筆順，執筆担当）

鈴木　克明（すずき・かつあき，編著者，熊本大学大学院社会文化科学研究科）第1章

大西　弘高（おおにし・ひろたか，東京大学医学教育国際研究センター）第2章

村中　陽子（むらなか・ようこ，順天堂大学大学院医療看護学研究科）第3章

三宮　有里（さんのみや・ゆり，順天堂大学医療看護学部）第3章

池上　敬一（いけがみ・けいいち，日本医療教授システム学会）第4章

水野　能文（みずの・よしふみ，元・公益財団法人MR認定センター）第5章

田中　義敏（たなか・よしとし，東京工業大学工学院経営工学系）第6章

鈴木　美加（すずき・みか，東京外国語大学大学院国際日本学研究院）第7章

タサニー・メーターピスィット（タイ国タマサート大学教養学部）第7章7.3.1

来嶋　洋美（きじま・ひろみ，国際交流基金日本語国際センター）第7章7.3.2

鈴木　庸子（すずき・ようこ，国際基督教大学教養学部）第7章7.3.3

加藤由香里（かとう・ゆかり，名古屋外国語大学外国語学部）第7章7.3.4

米島　博司（よねしま・ひろし，Performance Improvement Associates）第8章

筧　　捷彦（かけひ・かつひこ，特定非営利活動法人実務能力認定機構）第9章

榑松　　明（くれまつ・あきら，特定非営利活動法人実務能力認定機構）第9章

中山　　実（なかやま・みのる，編著者，東京工業大学工学院情報通信系）第10章

教育工学選書Ⅱ 第15巻
職業人教育と教育工学

2016年7月10日　初版第1刷発行　　　　　　　〈検印省略〉

定価はカバーに
表示しています

|編著者|中　山　　　実|
|印刷者|鈴　木　克　明|

発行者　杉　田　啓　三
印刷者　坂　本　喜　杏

発行所　株式会社　ミネルヴァ書房
607-8494　京都市山科区日ノ岡堤谷町1
電話代表　(075)581-5191番
振替口座　01020-0-8076番

Ⓒ中山・鈴木ほか, 2016　　冨山房インターナショナル・新生製本

ISBN 978-4-623-07697-0
Printed in Japan

教育工学研究の方法
　　　　　　　──清水康敬・中山実・向後千春編著　A5判　232頁　本体2600円
●教育工学における研究の方法論とその実際を体系的に解説する。研究法の分類，レビュー，測定の方法についても紹介。調査研究法，質的研究法，研究開発の方法，教授法，実験研究，デザイン研究等個別の研究法について具体例を交えて解説する。今後の教育工学の方法についても述べる。

教育工学における学習評価
　　　　　　　──永野慶三・植野真臣・山内祐平編著　A5判　232頁　本体2600円
●新時代の学習評価のために挑戦的に行われている最新の教育工学研究を紹介する。最先端の学習評価研究を平易に解説するだけでなく，研究対象としての学習評価について，その多様なアプローチや展開を提示する。

成長と変容の生涯学習
　　　　　　　　　　　　　　　　　──西岡正子著　A5判　220頁　本体2400円
●「生涯学習論」のテキスト。生涯学習の理念と意義をわかりやすく解説する。生涯学習の最新理論と事例に学びながら，日本での展開と支援の実際についての課題を考察，生涯学習社会への展望を示す。

健康・安全で働き甲斐のある職場をつくる
　　　　　　　　　　──岸-金堂玲子・森岡孝二編著　A5判　300頁　本体3400円
●今日，労働者の生活や健康や安全の問題は，日本社会の発展や持続性にも直結する重要課題である。本書では，働く人々の健康・安全・生活について，医学，保健学，法律や経済，工学など多様な分野からとらえ直し，現場での問題解決に有効な方策を考える。

── ミネルヴァ書房 ──

http://www.minervashobo.co.jp/